Frauke Teegen

Die Begegnung mit dem Schatten

Erkundungen in den Tiefenschichten des Bewußtseins

Rowohlt

Das für den Umschlag verwendete Bild wie auch alle anderen bildlichen Darstellungen im Buch stammen aus der therapeutischen Arbeit der Autorin.

1. Auflage September 1985

Redaktion Jens Petersen
Umschlaggestaltung Klaus Detjen
Satz Times (Linotron 202)
Gesamtherstellung Clausen & Bosse, Leck
Printed in Germany
ISBN 3 498 06487 8

Inhalt

Zur Einführung 7

Erster Teil
Verstärkte Atmung, Rebirthing –
Dimensionen des Erlebens 11

Selbsterkundung bei Verstärkter Atmung 13
Prozeßerfahrungen und Auswirkungen 24
Dimensionen des Erlebens 39
Im Kontakt mit bedeutsamen Lebenserfahrungen 51
Geburts- und Übergangserlebnisse 63
Mandala-Bilder 78

Zweiter Teil
Einzelprozesse 91

Die Öffnung der Power-Mauer 93
Es springt ein Ring von meinem Herzen 116
Und Trauer vermischt sich mit Freude 135
Der Schleier zerreißt 156
Die Hochzeit mit dem Satan 184
Die Begegnung mit dem Schatten 211
Licht und Schatten auf dem Weg zu uns selbst 238

Literatur 245
Register 248

Zur Einführung

In diesem Buch stelle ich Erlebnisprozesse dar, die Menschen bei der rhythmischen Intensivierung ihrer Atmung in von mir geleiteten Gruppen erfuhren. Meine Darstellung beruht auf Berichten und Bildern, mit denen die Teilnehmer ihre Erfahrungen aus vier bis acht Sitzungen – die über einen Zeitraum von ein bis zwei Jahren verteilt waren – dokumentierten, sowie auf Forschungsergebnissen zu diesen Prozessen.

Die Intensivierung des Atmens ist ein uraltes Heilverfahren, das es Menschen ermöglicht, körperliche und seelisch-geistige Blockierungen zu erkunden und zu lösen. In neuerer Zeit ist es unter dem Namen «Rebirthing» bekannt geworden. Dieses Wort bedeutet «Wiedergeburt» und weist darauf hin, daß die Selbsterkundung bei Verstärkter Atmung sehr ungewohnte Erlebnisdimensionen – wie zum Beispiel auch die Geburtserfahrung – zugänglich machen und in das Bewußtsein heben kann.

Unter der Verstärkten Atmung werden körperliche und seelische Spannungen deutlicher fühlbar, sie verbinden sich mit Erinnerungen an frühe Lebenserfahrungen und gewähren so einen Einblick in grundlegende Haltungen zum Leben. Im Kontakt mit zentralen Ängsten, die emotional und bildhaft verdichtet aufsteigen, haben wir die Chance, die Begrenztheit des vertrauten Lebensgefühls zu erkunden und behindernde Barrieren zu überschreiten. Damit öffnet sich eine neue Erlebnis- und Sehweise; körperliche Spannung, Angst und Bedrohung schwinden, und es erschließen sich neue Möglichkeiten, mit Schwierigkeiten umzugehen und bisher gehemmte Potentiale zu verwirklichen.

Im ersten Teil gebe ich zunächst eine allgemeine Einführung in das Verfahren und die dabei auftretenden typischen Prozeßerfahrungen und Dimensionen des Erlebens. Im Zentrum des Buches stehen jedoch die Erlebnisse von drei Frauen und drei Männern. Ihre Erfahrungen erinnern an Begebenheiten, wie wir sie aus Märchen oder auch aus Träumen kennen: Da findet sich ein Mann vor einer unüberwindlichen Mauer, die ihn vom Kontakt mit anderen abgrenzt. Die Mauer wird zum Gefängnis, und der Gefangene fühlt sich von einer sadistischen Macht bedroht, die mit vielen Händen nach ihm greift. In der Begegnung mit den wiederbelebten Erfahrungen von Angst und Aggression aus der Kindheit findet er in sich ein Zentrum und eine Kraft, die ihn vor der Vernichtung bewahren und zur Gemeinschaft mit anderen führen kann. – Ein anderer Mann droht zwischen zwei Kräften vernichtet zu werden. Er begegnet einer kalten Dunkelheit und einer unheimlichen Leere. Und in der Bedrohung findet er seinen Weg und auch die Kraft, ihn zu gehen. – Ein dritter Mann begegnet einem Schatten, der hinter der vertrauten Wirklichkeit hervortritt, größer wird und ihn zu vernichten droht. Und in der Dunkelheit erschließt sich ihm ein Licht; er weiß sich geliebt und vertrauensvoll mit einer Kraft verbunden, die ihn lehrt, alle Erscheinungsformen des Seins zu achten. – Eine Frau fühlt sich hilflos und unbeweglich mit einem wilden schwarzen Mann konfrontiert. Sie überschreitet die lähmende Angst, findet zu ihrer Identität, die Kraft und Handlungsfähigkeit einschließt, und fühlt sich mit der Fülle des Lebens verbunden. – Eine andere Frau erlebt eine Hochzeit mit dem Satan; durch große Bedrohung erkennt sie ihren Weg zum Licht, zur Wahrheit, zur Liebe. – Eine dritte Frau fühlt sich widerstrebend an eine archaische Muttergottheit gebunden, die am liebsten Kinder gebären und dann fressen will. Sie begegnet ihrer eigenen Grausamkeit und Härte. Und sie überwindet diese Fixierung – ihre harte Schale zersplittert, und es entfaltet sich in ihr die Fähigkeit zu lieben ...

In diesen Prozessen kommt es zur Konfrontation mit jeweils spezifischen Schattenbereichen, das heißt mit Erfahrungen – aber auch Potentialen –, die für das Bewußtsein des Erlebenden bisher auf der Schattenseite lagen, abgelehnt und nicht integriert waren. Dabei werden individuelle Konflikte und Lösungsmöglichkeiten deutlich – und zugleich erschließen diese Erlebnisse ein Verständnis für allgemeine Probleme und Entwicklungshemmungen von Männern und Frauen in unserer Kultur.

In den Prozessen treten häufig sehr ungewöhnliche Erfahrungen auf, die die Person des einzelnen übergreifen und transpersonale oder auch spirituelle Kraft haben. Sie geben dem Erlebenden das Gefühl, mit dem Zentrum seines Seins in Kontakt zu treten. Solche Erlebnisse erlauben einen Einblick in Bewußtseinsdimensionen, die in der westlichen Welt überwiegend unbekannt sind. Die dabei erlebten und auch gemalten Bilder steigen aus sehr tiefen Schichten des Bewußtseins auf. Sie sind nie vollständig zu deuten und regen vielleicht gerade deshalb die Imaginationskraft und Empfindungsfähigkeit des Lesers an.

Der Wert der hier dargestellten Prozesse liegt für mich vor allem darin, daß sie aufzeigen, wie der Mut zur Begegnung mit vorher abgelehnten Lebenserfahrungen und Persönlichkeitsanteilen – die körperlich und seelisch als Spannung deutlich spürbar werden – neuen Sehweisen, Heilkräften und Reifungsimpulsen den Weg bahnen kann. Solche Erlebnisse sind sicherlich nicht nur bei Verstärkter Atmung zugänglich, sondern auch im Kontakt mit anderen therapeutischen, kreativen oder Lebenserfahrungen möglich. Ich betrachte die Verstärkte Atmung auch nicht als ein Verfahren, das für alle Menschen zu jeder Zeit einsetzbar und effektiv wäre. Ich gehe vielmehr davon aus, daß sie eine sehr intensive Form der Selbsterkundung möglich macht, die in Lebensphasen wirksam werden kann, in denen es nicht primär um die Bewältigung aktueller Probleme geht, sondern eher um das Bedürfnis nach innerer Neuorientierung und Sinngebung.

Erster Teil

Verstärkte Atmung, Rebirthing – Dimensionen des Erlebens

Selbsterkundung bei Verstärkter Atmung

Der Atem wird nicht nur im biologischen, sondern auch im seelisch-geistigen Sinne als vitaler Energieträger verstanden. Mit einem Atemzug beginnt und endet unser Leben, und mit jedem Atemzug sind wir im Kontakt und Austausch mit dem uns umgebenden Medium. In der jeweiligen Bewegung des Atmens – in Volumen und Frequenz – spiegelt sich auch unsere gefühlsmäßige Bewegung: Mit Freude und Lust, aber auch mit Ärger und Wut verstärkt und erweitert sich die Atmung, bei Angst, Schock stockt sie, und eine bewußte Verlangsamung und Vertiefung des Atmens wirkt angst- und spannungslösend.

Mit dem Atmen vollzieht der Mensch ständig eine Bewegung, in der er sich öffnet und wieder schließt. Jede Störung dieses ständigen Flusses beeinträchtigt nicht nur die organismische Leistungskraft, sondern zeigt auch eine seelische Stokkung oder Verhärtung gegen Lebendigkeit, Bewegung und Wandel an. Die häufigste Atemstörung besteht darin, daß die Einatmung mit einer Kontraktion des Zwerchfells festgehalten und gestaut wird, so daß die Bauchatmung und das Ausatmen unterbrochen und vermindert werden. Dabei wird die Beweglichkeit des Zwerchfells oft durch eine Tätigkeit der Brustmuskulatur ersetzt, die Brust kann aufgeblasen wirken, der Atem strömt nicht frei, sondern wird «gemacht». Eine andere Störung besteht darin, die Einatmung zu vermindern, die Erweiterungsbewegungen der Brust und die Aufnahme von Energie zu hemmen, so daß der Mensch sich mit dem Ausatmen aufzulösen scheint. Ob nun die Atmung durch Verminderung oder Unterbrechung des Ein- oder Ausatmens oder durch beides gestört ist – immer wird das Zusammenspiel und der harmonische Wechsel von zwei verschiedenen Erlebnis- und Seinszuständen unterbrochen, mit denen sich Lebendigkeit offenbart. Jede Einseitigkeit, ob sie sich nun in verspannter und überbetonter Form äußert oder sich als Auflösung und Formlosigkeit zeigt, zerstört lebendige Rhythmen und Schwingungen. So ist es auch nicht verwunderlich, daß bei den meisten Menschen, die über Störungen ihres Wohlbefindens klagen (wie Müdigkeit, Depression, körperlich-seelische Spannungen, psychosomatische Symptome) immer auch Verspannungen der Atemmuskulatur und ein verändertes Atemmuster beobachtet werden können. Auffällig sind häufig die hochgezogenen Schultern, der verfestigte Brustkorb und das festgehaltene Zwerchfell (weitere damit zusammenhängende Verspannungen können sich in Kehle, Armen, Händen, Beckenboden, Beinen, Knien, Füßen und Gesicht manifestieren).

Wir können alle Störungen des Atemflusses auch als Ausdrucksgebärden verstehen, als innere und äußere Selbstschutzhaltung, als Ausdruck mangelnden Vertrauens in das Leben und als Anzeichen einer fehlenden Zentrierung in der eigenen körperlich-seelischen «Mitte». Diese Störungen stehen im Zusammenhang mit dem Bedürfnis, Schmerz zu vermeiden, Bedingungen zu kontrollieren, die als feindlich erlebt werden, oder mit der Erfahrung, ihnen schwach, hilflos und erschöpft ausgeliefert zu sein. Schon bei Kindern kann man beobachten, wie sie Impulse und Gefühle, die von der Umwelt als unerwünscht betrachtet werden, unter Kontrolle zu bringen versuchen, indem sie den Atem anhalten und das Zwerchfell fixieren. Bei einer so eingeschränkten Atmung wird dem Organismus weniger Sauerstoff zugeführt, so daß die vegetativen Funktionen geringer sind. Die eingeschränkte und flache Atmung hat letztlich die Funktion, den Energiefluß im Organismus und die damit verbundenen Empfindungen herabzusetzen.

So erhalten wir sehr schnell Hinweise über unser körperlich-seelisches Befinden, wenn wir unsere Atembewegungen und -blockierungen bewußt wahrnehmen. Da die Atmung nicht nur unwillkürlich geschieht, sondern auch willentlich beeinflußt werden kann, ist es nicht erstaunlich, daß viele therapeutische und spirituelle Verfahren dem Atem eine Schlüsselposition bei der Förderung körperlicher, seelischer und geistiger Vitalität und Reifung zumessen. Die Bedeutung des Atems für Selbsterkenntnis und Bewußtseinserweiterung und die Verwendung spezifischer Atemtechniken ist in östlichen Kulturen seit langem bekannt. So werden im Yoga bestimmte Atemverfahren (zum Beispiel Pranayama) angewendet, um den psychophysiologischen und spirituellen Energiefluß zu steigern. Die Verwurzelung des Menschen in der Erdmitte (im «Hara», körperlich im Bauch-Becken-Raum) wird im Za-Zen durch das Geschehenlassen und die Beobachtung des Atems gefördert. Im Dhikr der Sufis geschieht die «Erinnerung» an das Zentrum des Seins auch im Zusammenhang mit der Intensivierung, Vertiefung und Lösung des Atmens.

Auch im Westen wird diese in den östlichen Kulturen seit langem geläufige Bedeutung des Atmens zunehmend erkannt. So wird das natürliche Geschehenlassen der Atembewegung zum Beispiel mit Entspannungsverfahren geübt und zur Lösung von Angstgefühlen eingesetzt. Bevor wir jedoch eine wirkliche Entspannung erleben können, müssen wir im allgemeinen spezifische Widerstände gegen Lebenserfahrungen erkunden und die mit diesen Erfahrungen verbundenen Gefühle durchleben. Wirkliche Entspannung – und damit natürlich fließende Atmung – hängt immer auch damit zusammen, daß wir unser grundlegendes Mißtrauen und unsere Ängste gegenüber dem Leben, gegenüber den beiden Polen, zwischen denen es schwingt, erkunden und lösen. Die Erkundung grundlegender Widerstände und das Durchleben vermiedener Erfahrungen und Gefühle setzen sehr schnell ein, wenn die Atmung intensiviert und beschleunigt wird.

Der therapeutische Einsatz beschleunigter, verstärkter Atmung geht auf Wilhelm Reich zurück. Bei seiner Arbeit mit körperlichen und emotionalen Blockaden, dem Versuch, Widerstände, Symptome und Verpanzerungen des Körpers in emotionale Erfahrung umzusetzen, benutzte er sowohl spezifische Körper- als auch Atemübungen. Er setzte die rhythmische Beschleunigung des Atmens ein, um das Energieniveau seiner Patienten zu heben und ihre Empfindungsfähigkeit und Beweglichkeit zu fördern. Seine theoretischen und praktischen Hinweise haben viele Therapeuten beeinflußt (wie Alexander Lowen, den Begründer der Bioenergetik, und Ida Rolf, die die Strukturelle Integration entwickelt hat).

Später brachte Leonard Orr (Orr, Ray 1977) die gestörten und flachen Atemmuster des Menschen in Verbindung mit den Erfahrungen und Konditionierungen bei der Geburt. Mehr als 90 Prozent aller Ängste und körperlichen Beschwerden könnten, so Orr, im Zusammenhang mit dem Geburtstrauma verstanden und auch wieder gelöst werden.

Die Geburtserfahrung ist – vor allem wenn die Entbindung unter den üblichen Versorgungsbedingungen in Kliniken geschieht – im wesentlichen eine Konfrontation mit einer Umwelt, die der Säugling gegenüber den idealen Bedingungen des Uterus als feindlich erlebt. Grelles Licht, harte Berührungen und vor allem das verfrühte Durchtrennen der Nabelschnur führen dazu, daß am Beginn des Lebens in der äußeren Welt für viele Menschen die reale Erfahrung zu sterben, zu ersticken steht und daß sie den Eintritt in das Leben außerhalb des Uterus erfahren als «Die Welt ist feindlich» oder (nach dem anstrengenden Weg durch den Geburtskanal) «Es hat ja doch keinen Zweck».* Orr zufolge ist also die Atmung für die meisten Menschen von Anfang an mit Schmerz und Angst assoziiert. Eine unserer Möglichkeiten, uns so auf Schmerz einzustellen, daß wir ihn nicht mehr spüren, besteht darin, die Atmung zu vermindern und festzuhalten. Nach Orr besteht die Therapie gegen dieses eingeschränkte Atem- und Lebensmuster darin, die festgehaltene Atmung wieder zu lösen – und damit auch das Vermeidungsverhalten und den Widerstand gegenüber der Erfahrung des Lebens und den damit verbundenen Gefühlen in all ihren Qualitäten. Denn mit der Vermeidung von Angst weichen wir ja zugleich auch allen anderen intensiven Gefühlen mit negativer und positiver Tönung aus.

Orr versuchte, die Prägung durch das Geburtstrauma mit Hilfe der Verstärkten Atmung zu lösen. Nach seinen Erfahrun-

* Eine ganz andere Erfahrung macht das Neugeborene zum Beispiel bei der sogenannten «sanften Geburt» nach Frédérick Leboyer (1981), bei der freundliche äußere Bedingungen geschaffen werden und die Nabelschnur erst durchtrennt wird, wenn das Kind den ersten Atemzug von sich aus vollzogen hat. Außerdem wird zum Beispiel durch eine sanfte Massage nonverbal vermittelt: «Das war eine große Anstrengung, aber nun ist alles gut. Wir freuen uns, daß du da bist.»

gen betrachtet er «Hyper-Ventilation» als Kur gegen «Sub-Ventilation», die «meist als normale Atmung beschrieben» wird. Er berichtet, daß sich während der intensivierten Atmung durchaus auch schmerzhafte körperliche Begleiterscheinungen zeigen. Wenn der Prozeß jedoch *nicht unterbrochen* wird, vermindern sich diese Beschwerden, und allein die andere Art zu atmen scheint eine Quelle von Energie, Gesundheit und Freude zu sein. «Was medizinisch als Krankheit etikettiert wird, könnte eine der wesentlichsten Techniken für spirituelle Erneuerung und Reifung sein.»

Nach Orr soll der Therapeut den Klienten überwiegend verbal stimulieren und ihn nicht zum Ausagieren ermutigen. Das Ziel liegt im bewußten Wiedererleben der Geburt und der damit verbundenen traumatischen Erlebnisse während dieser verletzlichen und sensiblen Phase. Orr nannte diesen therapeutischen Prozeß «Rebirthing – Wiedergeburt». Dieser Ansatz geht davon aus, daß der Übergang vom intra- zum extrauterinen Leben für den Menschen eine sehr bedeutsame Lebens- und Lernphase darstellt, in der sich alle über die Sinneswahrnehmung stimulierten Informationen als tiefe Kernerfahrung einprägen, so daß dieses Erfahrungsmuster sowohl die Vitalität als auch grundlegende Haltungen zur Welt und Lebensstrategien mitbestimmt. Die so vorgeprägte Ausrichtung (Weltbild, Glaube) führt zu weiteren ähnlichen Erfahrungen, die die erste Prägung wiederum bestätigen und verstärken. So ist die erneute Herbeiführung der sensiblen Prägungsphase in einem liebevollen und Sicherheit schaffenden Setting eine Möglichkeit, solche inneren Lebenshaltungen zu erkunden, zu lösen und durch eine lebensbejahendere Einstellung zu ersetzen.

Inzwischen haben sich auch andere Formen der Therapie mit Verstärkter Atmung entwickelt, die Orrs Ansatz aufnahmen, sich jedoch nicht ausschließlich auf die Wiederbelebung der Geburtsphase konzentrieren. Bei diesen Ansätzen soll kein bestimmtes Ziel erreicht werden, alle auftauchenden Erfahrungen und Erlebnisse werden als persönlich sinnvoll angenommen. Häufig werden dabei auch körpertherapeutische Hilfen zur Verstärkung und Lösung von Körper- und Atemblockaden gegeben, und das Ausagieren von Spannungen, Schmerzen und Gefühlen wird zugelassen und ermutigt. Ein Vertreter dieser atemtherapeutischen Richtung ist Stanislav Grof. Nach langjährigen Forschungen zu Bewußtseinsveränderungen unter LSD-Therapie erkannte er, daß recht ähnliche Erlebnisprozesse bei Verstärkter Atmung auftreten können. Bei der Anwendung dieses Atemverfahrens kam er zu dem Ergebnis, daß allein das damit verbundene Durchleben traumatischer Erfahrungen (nicht unbedingt die Geburtserfahrung) in einer sicheren und liebevollen Umgebung sowie der Kontakt mit tiefen Bewußtseinsschichten, die auch sogenannte transpersonale Erfahrungen zugänglich machen, eine neue Perspektive und innere Haltung zum Leben möglich machen.

Die bewußt eingeleitete Intensivierung des Atmens in einem therapeutischen Setting darf nicht mit unwillkürlicher Hyperventilation verwechselt werden – obwohl auch diese möglicherweise ein spontaner Selbstregulationsvorgang ist, wenn sie zum Beispiel bei Geburtsprozessen einsetzt. Ein vertrautes Beispiel für die Natürlichkeit intensiver Atemvorgänge sind auch sexuelle Erlebnisse.

Aus medizinischer Sicht gilt jedoch die intensivierte Atmung (Hyperventilation) als Störung. Das Hauptaugenmerk liegt dabei auf der Beobachtung von Beschwerden: Kribbeln, Verkrampfungen in den Extremitäten, Schwindel, Lufthunger, Schmerzen, Druck in Hals, Herz, Magen. Von Hyperventilationstetanie spricht man, wenn es bei Verstärkter Atmung zur Pfötchenstellung der Hände, zur Spitzfußstellung und zum Karpfenmaul kommt. Ein Großteil der Beschwerden wird dadurch erklärt, daß durch die Hyperventilation zuviel Kohlendioxyd ausgeatmet wird. Dadurch sinkt der arterielle CO_2-Druck, das Säure-Basen-Gleichgewicht verschiebt sich auf die basische Seite (Alkalose), es kommt zu einer Verengung der Hirngefäße und Bronchiolen. Man nimmt auch an, daß durch die Verschiebung des Säure-Basen-Gleichgewichts ein Mangel an freiem Kalzium entsteht, der zu einer Steigerung der Nervenerregbarkeit führt (Piiper, Koepchen 1975). Wenn Hyperventilation bei Patienten (zum Beispiel in Aufnahmestationen) beobachtet wird, versucht man, sie zu unterbinden. Eine Sofortmaßnahme besteht darin, ihnen eine Plastiktüte über Mund

und Nase zu stülpen, um so durch erzwungene Rückatmung des ausgeatmeten CO_2 den normalen CO_2-Druck wiederherzustellen. Bei Gebärenden oder bei psychiatrischen Patienten wird Hyperventilation oft medikamentös unterbrochen (Kalziumspritze, Morphium). Im Zentrum von Forschungsprojekten zur Hyperventilation standen bislang physiologische Begleiterscheinungen, spezifische Atemmuster und Zusammenhänge mit Beschwerden oder mit Persönlichkeitsvariablen und bestimmten Lebenssituationen, zum Beispiel emotional belastenden Konflikten (Haugartner-Wurtz 1976, Weimann 1968, Pfeffer 1978). Aus psychosomatischer Sicht wird Hyperventilation jedoch auch teilweise als «Ausdrucksbewegung» für ängstliche Erregung oder Erwartungsspannung gewürdigt (Jores 1981).

Die psychischen Vorgänge *während* der Hyperventilation wurden bisher nicht erforscht. Es hat sich aber herausgestellt, daß eine Anzahl von Beschwerden (zum Beispiel Druck und Schmerz in Kehle, Herz, Magen) durch die bekannten physiologischen Prozesse bei der Hyperventilation nicht erklärt werden. Die isolierte Betrachtung von Einzelsymptomen auf der körperlichen Ebene (wie auch die Ausrichtung auf Schmerzvermeidung und Unterbrechung von Kontrollverlust) erschwert ein Verständnis für funktionelle und ganzheitliche Zusammenhänge. Die Körperspannungen und -schmerzen werden zum Beispiel nicht in Zusammenhang mit inneren Haltungen und Emotionen gebracht und können so auch nicht als Ausdrucksgesten für Blockierungen verstanden werden, die unter einem höheren Energieniveau deutlicher und spürbarer, aber natürlich auch schmerzhaft erfahren werden.

Bei dieser Sicht bleibt die Möglichkeit außer Betracht, die spontane Hyperventilation als körperlich-seelischen Selbstregulationsvorgang zu verstehen. Auch findet der Schock keine Beachtung, der durch die (oft als gewaltsam empfundene) Unterbrechung der Hyperventilation entsteht. Dazu zwei Beispiele:

«... dann wurde mir in der Aufnahmestation ohne Kommentar eine Plastiktüte über den Kopf gestülpt. Es war grauenhaft. Dabei bekam ich erst richtige Angst und begann die Schmerzen viel mehr zu fühlen [die Hyperventilation trat im Zusammenhang mit schweren Verletzungen bei einem Unfall auf]. Vorher wollte ich eigentlich nur Ruhe und Zuwendung. Aber unter der Plastiktüte und weil sie nichts sagten, hatte ich fürchterliche Angst zu sterben» (aus dem Vorgespräch mit einer Gruppenteilnehmerin).

«Als es zur Geburt kam, ging es in der letzten Phase los: Ich fühlte ungeheure Energieströme, da war weißes Licht, Erbeben, lauter befremdliche Sachen – jenseits aller Erfahrung, die ich je gemacht hatte. Aber alle Signale der Menschen um mich herum besagten: Das ist nicht gut! Und ich war freudig erregt und gleichzeitig voller Angst. Und die anderen verstärkten meine Angst. Und dann bekam ich Morphium, und das stoppte alles.

Dasselbe geschah zwei Jahre später mit meinem zweiten Kind. Und diesmal war die Erfahrung noch intensiver. Und sie gaben mir Tranquilizer mitten während des Geburtsprozesses, um es zu stoppen.

Und jetzt ist mir klar: Wenn ich damals schon gewußt hätte, was ich heute weiß, wenn ich diese Erfahrung hätte zulassen können, dann wären mir viele Probleme erspart geblieben.

Damals versuchte ich, die Energie zurückzudrängen. Und doch kroch sie in mein Leben in Form von Depressionen, Allergien, Bronchitis, Erkältungen und dem ständigen Gefühl der Erschöpfung. Und ich weiß jetzt: Es war damals nicht so, daß ich keine Energie gehabt hätte – sondern ich hatte zuviel davon. Und ich bemühte mich so, sie zurückzuhalten. Kein Wunder, daß ich erschöpft war.» (Bericht von Christina Grof, 1980)

Mein Zugang zu Erlebnisprozessen bei Verstärkter Atmung ergab sich zunächst durch eigene Selbsterfahrung. Bei Aufenthalten in Indien und Kalifornien lernte ich bestimmte Atemtechniken kennen und nahm an Rebirthing-Einzelsitzungen (nach Orr) teil. Dabei beeindruckte mich sowohl das Erleben körperlicher Spannungsmuster und deren Lösung im Verlauf des Prozesses als auch die Erfahrungen, die mit der Aufhebung der rationalen Kontrolle, mit dem freien Geschehenlassen der intensivierten Atmung und dem damit zugänglichen inneren Erleben verbunden waren. Einige dieser Erlebnisse brachte ich in Zusammenhang mit meiner Geburt. Beeindruckt hat mich auch die Sensibilisierung, Zentrierung und Vitalität, die ich im Anschluß an die Sitzungen spürte. Ein tieferes Verständnis für das Verfahren und für seine Möglichkeiten erschloß sich mir dann im Kontakt mit Stanislav Grof und durch die Teilnahme an Gruppensitzungen, die er und seine Frau Christina leiteten. Zugleich wuchs in mir ein großes Interesse, mehr über spezifische Prozeßerfahrungen, dabei auftretende Bewußtseinszustände und über Veränderungen herauszufinden, die sich dadurch ergeben.

Prozesse bei Verstärkter Atmung können sehr dramatisch sein und mit heftigen Bewegungen und lautem Schreien einhergehen. Oft werden dabei Erfahrungen erkundet, die auch auf Grund ihrer Intensität sehr ungewohnt und mit heftiger Angst, Aggression, Lust, Resignation, Todesnähe und transpersonalem Erleben verbunden sind. Für Außenstehende – die solche Prozesse zum Beispiel in Videoaufnahmen sahen – ist das Geschehen oft erschreckend, erinnert an Phantasien über «Tollhaus» und «Hölle» oder ruft – in den letzten Prozeßphasen – auch tief beglückende Gefühle hervor. Um solche Prozesse mit entspannter, angstfreier und empathischer Konzentration zu begleiten und zu leiten, ist deshalb nicht nur therapeutische Kompetenz erforderlich, sondern menschliche Reife in dem Sinne, daß der Leiter die bei den Teilnehmern auftauchenden Erfahrungen in umfassender Form selbst erlebt und durchschritten hat. Eine persönliche Unsicherheit des Leiters und die Verhaftung an eigene Ängste wirken sich in jeder Therapie ungünstig aus, können bei hochenergetischen Prozessen jedoch gefährlich sein. Da sich eine solche Selbstüberschätzung manchmal erst während eines intensiven Gruppenprozesses herausstellt, habe ich versucht, die Frage meiner Kompetenz mit meinem damaligen Lehrer in intensiver Selbsterforschung so lange zu klären, bis ich sicher war, mit dem Verfahren arbeiten zu können.

Da ich das Verfahren selbst als hochwirksam erlebt hatte, führte ich pro Vierteljahr nicht mehr als vier bis sechs Sitzungen mit Verstärkter Atmung durch, wobei die Teilnehmer in Paaren zusammenarbeiteten und wechselweise aktiv atmeten und den anderen als persönlicher Helfer während der Sitzung begleiteten. Vorbereitet wurden diese Sitzungen durch theoretische Informationen über das Verfahren, durch Klärung der Motivation und Befindlichkeit in Vorgesprächen, durch Einübung von einfachen körpertherapeutischen Hilfen und durch eine meditative Übung, mit der alle Sitzungen begannen und endeten und die die Teilnehmer auch zwischenzeitlich durchführen sollten. Weitere Sitzungen dienten der Aussprache über die Erlebnisse.

Die Gruppen bestanden aus vier bis sieben Paaren, und die Prozesse verliefen jeweils über ein Jahr, wobei die Teilnehmer im allgemeinen sechs aktive Sitzungen erlebten und in weiteren sechs Sitzungen den Prozeß des Partners als Helfer begleiteten. Die Helfer sorgten für die körperlichen Bedürfnisse ihrer aktiven Partner (Abwischen von Tränen, Schleim usw.), gaben einfache Hilfen zum Spüren von Körper- und Atemblockierungen und emotionale Zuwendung und Schutz bei leidvollen Erfahrungen und starker Regression. Sie vertraten während der Prozesse gewissermaßen das Prinzip einer liebevollen und beschützenden – elterlichen – Bewußtseins- und Kontrollinstanz, so daß die aktiven Teilnehmer diese Funktion abgeben und sich den spontanen Prozeßerfahrungen überlassen konnten, ohne sich um ihre Sicherheit sorgen zu müssen. In den Helfern wurde sehr schnell eine unterstützende Mitmenschlichkeit angesprochen, und es gelang den meisten, Tendenzen zu emotionaler Distanz oder Überfürsorglichkeit zu überwinden.

Im allgemeinen dauerten die Sitzungen zweieinhalb Stunden und wurden durch Musik begleitet, die einerseits den Zugang zu emotionalem Erleben fördern und andererseits die einzelnen gegen die Geräusche der anderen Teilnehmer schützen sollte. Zu Beginn atmeten die Teilnehmer willkürlich verstärkt, bis sich mit einem unwillkürlich werdenden Atemmuster ihre jeweils individuellen Prozesse entfalteten.

Die Teilnahme an den Sitzungen erfolgte freiwillig, jedoch nach ausführlicher Vorinformation, die auch der Überprüfung der Motivation, Ernsthaftigkeit und Verantwortlichkeit diente.

Die Verstärkte Atmung wurde als sinnvolle Möglichkeit zum Erleben und Durchschreiten körperlich-seelischer Blockaden dargestellt und von Vorstellungen zur Hyperventilation aus medizinischer Sicht abgegrenzt. Ich habe mögliche Erlebnisformen gekennzeichnet, die bei dieser Selbsterkundung auftreten könnten, und darauf hingewiesen, daß die Teilnehmer zu Beginn der Prozesse damit rechnen müßten, körperliche und seelische Spannungen verstärkt zu spüren, wobei es wichtig sei, das Erleben dann nicht zu unterbrechen, da sich sonst die Spannungen nicht lösen würden. Spezifische Risiken (Vorgeschichte mit epileptischen oder psychotischen Erfahrungen, Herz-Kreislauf-Schwäche, bestimmte Stadien der Schwangerschaft usw.) wurden durch Vorgespräche ausgeschlossen.

Die Abstände zwischen den Sitzungen verhinderten eine Überflutung mit intensiven Erlebnissen. Nachbereitende Sitzungen erleichterten es den Teilnehmern, ihre Erfahrungen zu integrieren und auf die alltägliche Lebenssituation zu übertragen. Eine starke Beschleunigung von «Durchbrüchen» oder Selbst- und Weltbildveränderungen oder auch ein oberflächliches Konsumieren innerer Erlebnisse scheint mir nicht wünschenswert und kann nach meiner Erfahrung durch zeitliche Abstände zwischen den Sitzungen vermieden werden.

Prozeßerfahrungen und Auswirkungen

Die hier im Überblick dargestellten Prozeßerfahrungen und Auswirkungen beruhen auf den Erlebnissen und Angaben von 54 Teilnehmern, 31 Frauen und 23 Männern. Sie waren im Durchschnitt 30 Jahre alt (Range 23 bis 46 Jahre), und die meisten hatten bereits Erfahrungen mit intensiveren seelischen Prozessen durch Teilnahme an Selbsterfahrungs- und Therapiegruppen gemacht. Fast alle berichteten vor Beginn der Sitzungen über körperliche Beschwerden (Müdigkeit, Schwäche, Rücken- und Kopfschmerzen, Verdauungs- und Menstruationsbeschwerden, Allergien, häufige Blasenentzündungen) sowie über Ängste, Partner- und sexuelle Probleme. Bei allen Teilnehmern konnten jedoch akute körperliche oder seelische Beeinträchtigungen, höherer Medikamentenkonsum, Suizidgefahr und starke soziale Isolation ausgeschlossen werden. Kein Teilnehmer hatte epileptische oder psychotische Erlebnisse gehabt, einige berichteten jedoch über Erfahrungen mit ungewöhnlichen Erlebnisdimensionen (Einheitserlebnisse in der Natur, Bewußtseinsveränderungen im Zusammenhang mit Drogen). Eine Erhebung zur Geburt und frühen Kindheit zeigte, daß ein Drittel der Teilnehmer eine schwierige Geburt erlebt hatte (stark verlängerter Ablauf, Frühgeburt, verschlungene Nabelschnur, Zangengeburt, Wiederbelebungsmaßnahmen). Etwa die Hälfte hatte den Eindruck, daß ihre Kindheit durch viele belastende Erfahrungen (zum Beispiel lange Isolation als Kleinkind in Kliniken, häufige und schwerwiegende Erkrankungen) gekennzeichnet war. Als Motive für die Teilnahme wurden überwiegend benannt: das Bedürfnis, die frühe und jetzige Lebenssituation aus einer umfassenderen und tieferen Sicht zu klären, in Kontakt mit persönlichen Lebenszielen zu kommen, und die Sehnsucht nach intensiverem und sinngebendem Kontakt mit sich selbst.

Die Erfahrungen jeder Sitzung wurden von den Teilnehmern

in einem freien Bericht festgehalten; sie stellten die jeweils wichtigste Erfahrung auch bildlich dar (Mandala-Bild) und füllten einen Fragebogen zu verschiedenen Erlebnisaspekten aus. Mit dem Bild konnte das jeweils bedeutsamste Erlebnis erfaßt werden, der Bericht machte das Zusammenwirken körperlicher und seelischer Erfahrungen nachvollziehbar. Anhand des Fragebogens war es möglich, die Häufigkeit spezifischer Körpersensationen, bestimmter Gefühle, erinnerter Lebenserfahrungen oder bildhafter und transpersonaler Erlebnisse zu erkunden sowie ihr Auftreten und Zusammenwirken in spezifischen Phasen des Prozesses zu beobachten.*

Im Gegensatz zu Erlebnissen unter Drogen konnten die Teilnehmer den Prozeß in fast allen Phasen unterbrechen und stoppen. Vor allem in Anfangssitzungen waren einige von ihnen ängstlich und versuchten, schmerzhafte oder ungewohnte Erfahrungen durch Verminderung der Atmung zu vermeiden. Oder sie störten den sich entfaltenden Prozeß, indem sie ihn bewerteten oder sich bestimmte Zielvorstellungen setzten.

Im allgemeinen jedoch hat die Prozeßerfahrung folgenden Verlauf: Vom Anfang bis zur Mitte der Sitzung nehmen die Teilnehmer Verspannungen und Blockierungen deutlicher und oft auch schmerzhaft wahr. Die Spannungen konzentrieren sich besonders in Armen und Händen, Beinen und Füßen und am Mund.** Sie werden auch als Panzerungsringe um Kopf und

* Der Fragebogen wurde anhand der Erlebnisprotokolle aus der ersten von mir geleiteten Gruppe durch Kategorisierung und Rating erstellt (Kuhn 1982). Eine Verrechnung der Daten, die Aussagen über Häufigkeiten, durchschnittliche Prozeßverläufe und statistisch bedeutsame Unterschiede zuläßt, wurde von Roger Reinhold (1984) vorgenommen. Die Einzelergebnisse werden ausführlicher dargestellt in Teegen 1985.

** Diese Spasmen werden als «Hyperventilationstetanie» bezeichnet und gelten aus medizinischer Sicht als zwangsläufige physiologische Reaktion auf intensive Atmung. Sie wurden auch bei der bewußt eingeleiteten Verstärkten Atmung von 90 Prozent der Teilnehmer für den Beginn von Anfangssitzungen beschrieben. Diese Reaktion verminderte sich jedoch signifikant zum Ende der Sitzung hin und trat auch mit zunehmender Sitzungszahl seltener auf. Diese Befunde weisen darauf hin, daß während des Prozesses eine Selbstregulation erfolgt, mit der sich vorhandene Spannungsmuster zunächst verstärken; dann erfolgt eine Entladung der Spannung, die zu Gelöstheit und Entspannung führt. Dies deutet auch darauf hin, daß die Unterbrechung des Prozesses, wie

Körper gespürt und als Verkrampfung der Atemmuskulatur. Dieser Vorgang ist mit einer gefühlsmäßigen Aktivierung und auch mit Wahrnehmungsveränderungen verbunden. Mit dem Spüren der Spannungsmuster wird den Teilnehmern häufig die Bedeutung chronischer körperlicher Fehlhaltungen bewußt («Ich mache Männchen», «Ich bin gefesselt, angekettet», «Meine untere Körperhälfte ist tot», «Ich trage ein Stahlkorsett um die Mitte»). Von außen eingeleitete Interventionen zielten oft darauf ab, Verspannungen und Körperblockierungen zu verstärken und deutlicher zu machen, um eine Lösung anzuregen.

Die negativen Körpersensationen steigen vom Anfang bis zur Mitte des Prozesses deutlich an. Sie lösen sich dann durch Weinen, Schreien, heftige Bewegungen (Schlagen, Treten, Strampeln), Zittern und Vibrieren. Negative Körpersensationen und die verschiedenen Formen des Ausagierens nehmen dann von der Mitte zum Ende der Sitzung hin wieder ab, wobei zugleich das Erleben körperlicher Entspannung zunimmt, das von der Öffnung, Vertiefung und Harmonisierung des Atems, von wohligen Wärmegefühlen, «Strömungsempfindungen» und einer Vitalisierung des gesamten Körpers begleitet wird. Besonders tief war die Entspannung bei den Teilnehmern, die vorher körperlich-seelische Erfahrungen und spontane Impulse nicht unterbrochen hatten. Das Erleben tiefer Entspannung wird oft auch von langsamen, harmonischen Körperbewegungen begleitet, die manchmal den Charakter von Mudras haben. («Mudra» bedeutet die Erkenntnis, die in der Bewegung liegt und durch Bewegung erfahren und ausgedrückt wird.) Mit zunehmender Sitzungszahl werden negative Körpersensationen seltener, beziehungsweise das Lösen von Blockierungen erfolgt schneller und tritt als Erlebnisdimension in den Hintergrund.

Alle Teilnehmer berichten zu allen Sitzungen über intensive Gefühle, die im Zusammenhang mit den körperlichen Erfahrungen und anderen Erlebnisebenen stehen. Sogenannte negative Gefühle (Traurigkeit, Verzweiflung, Hilflosigkeit, Wut, Haß, Einsamkeit und Angst) erwähnen sie vom Anfang zur

sie in der medizinischen Praxis bei unwillkürlich einsetzender Hyperventilation meist erfolgt, diese sinnvoll wirkende Regulation verhindert.

Mitte der Sitzung hin immer häufiger, zum Ende hin dagegen seltener. Sie verringern sich ebenfalls im Verlauf des Gesamtprozesses. Berichte über positive Gefühle dagegen (Sehnsucht, Geborgenheit, Friede, Dankbarkeit, Glückseligkeit und Liebe) nehmen kontinuierlich vom Anfang über die Mitte zum Ende der Sitzung hin zu. Sowohl negative als auch positive Gefühle werden in einer für den Teilnehmer oft noch nie erlebten Intensität erfahren und führen manchmal zu einer seelischen Erschütterung, die als gefühlsmäßige Erfahrung neu ist und den Erlebenden total ergreift.

Die meisten Teilnehmer erinnern sich in ihrem Prozeß auch an bestimmte Lebenssituationen, sie durchleben diese Erfahrungen erneut und können sie oftmals als Teil eines umfassenderen Themas einordnen oder aus einer erweiterten Perspektive verstehen und annehmen. Oft setzen sie dieses biographische Material zur Mitte der Sitzung hin im Zusammenhang mit körperlich-seelischen Spannungsmustern oder spezifischen Bewegungen frei. Meist werden zunächst traumatische Erfahrungen aktiviert, die mit großer Angst, Hilflosigkeit und körperlich-seelischer Verletzung verbunden sind.

Eine neunundzwanzigjährige Frau erlebt in ihrer dritten Sitzung: «Ein Kribbeln vom Kopf bis in die Füße stellt sich ein. Doch plötzlich merke ich, daß ich meine Beine nicht mehr als zu mir gehörig fühle. Ich spüre auch Schmerzen im linken Kiefergelenk, drehe meinen Kopf nach links und bin plötzlich in einer Situation, in der ich fünf, sechs Jahre alt war: Ich liege auf dem Waldboden, vor mir ein Mann, der sich durch mich, mit mir sexuell betätigen will. Links von der Lichtung tauchen Spaziergänger auf, die dieses Vorhaben unterbinden.» – Eine dreiundzwanzigjährige Frau erlebt in ihrer ersten Sitzung im Zusammenhang mit starker Verkrampfung der Hände: «Da war ich plötzlich wieder bei dem Krankenhausaufenthalt mit vier Jahren: Ich sah mich fast immer im Bett liegen, ich brülle nach meiner Mutter und fühle mich so verlassen und dieser Krankenhausmacht ausgeliefert. Ich spüre wieder den Tropf an meiner rechten Hand und das Gefühl, meinen Daumen, noch nicht einmal meinen Daumen in den Mund stecken zu können.»

Oft tauchen Erinnerungen aus verschiedenen Lebensaltern

auf. Sie werden – meist über mehrere Sitzungen – in ihrer Bedeutung erkannt und führen dann häufig zu einer positiven Transmodulation, mit der sich körperlich-seelische Spannungen und verfestigte Einstellungen lösen. Ein fünfunddreißigjähriger Mann erlebt dies im Ansatz in seiner ersten Sitzung. Seine Hüften sind zunehmend gefühllos und taub geworden, die Beine werden starr, er ist von tiefer Traurigkeit erfüllt und erlebt plötzlich: «Ich habe das Gefühl, wieder gelähmt zu sein. Es kam ganz plötzlich die erste Begegnung mit E., einer vierundfünfzigjährigen Frau, die seit elf Jahren an Multipler Sklerose leidet und die ich acht Jahre lang – seitdem sie im Rollstuhl sitzt – betreut habe. Es war so etwas wie eine Erkenntnis, daß ich mich selber getragen habe, wenn ich sie die Treppe runtertrug, wenn ich sie ins Bett brachte, später sie in Windeln gelegt oder gebadet habe. – Dann kam kurz das Bild, als ich sechs oder sieben war. Ich hatte eine Hüftknochenentzündung, und der Verlauf erschien so negativ, daß meine Eltern schon einen Rollstuhl gekauft hatten ... Dann sah ich mich im Rollstuhl als kleiner Junge, festgefahren im Rasen, und von weitem das große Haus meiner Familie.» Mit diesem Erleben lösen sich die körperliche Starre und die Traurigkeit im Weinen, und er ist sehr berührt von der Erkenntnis, «daß ich mich selbst geheilt habe in der Pflege von E., die ich jetzt gerade abgegeben habe».

Die Wiederbelebung bedeutsamer Erlebnisse und die Erkundung von Zusammenhängen im Laufe mehrerer Sitzungen können zu einem umfassenderen Verständnis und Akzeptieren auch verletzender Erfahrungen führen und eine neue innere Haltung erschließen. Am häufigsten schilderten die Teilnehmer Erlebnisse aus dem Erwachsenenalter und aus der frühen Kindheit. Zahlreiche Erlebnisse brachten sie jedoch auch in einen Zusammenhang mit ihrer Geburt und mit vorgeburtlichen Erfahrungen, für die sich teilweise Beziehungen zu realen biographischen Geschehnissen nachweisen ließen. Mit der intrauterinen Existenz und auch der Geburt als Übergangserfahrung sind jedoch auch häufig transpersonale Erlebnisebenen verbunden, die ein tiefes Verständnis für existentielle Grundnöte und Heilungskräfte aufschließen können. Die Konfrontation mit bedeutsamen Lebenserfahrungen im Kontext der körperlichen, emotionalen und transpersonalen Erlebnisebenen war für die Selbsterkundung zahlreicher Teilnehmer von großem Wert, so daß ich diese Erfahrungen im folgenden noch gesondert darstelle.

Während des gesamten Prozesses kann sich die Wahrnehmung um eine bildhafte Qualität erweitern und so auch einen Zugang zu ungewohnten seelischen Tiefenschichten und transpersonalen Erlebnisebenen bahnen. Ich erkläre mir dies damit, daß das Verfahren der Verstärkten Atmung die rechtshemisphärische Wahrnehmung mit ihren spezifisch bildhaften, ganzheitlichen oder auch zeitlosen Qualitäten öffnet, während die linkshemisphärische Realitätssicht, das linear-kausale und rationale Bewußtsein, teilweise zurücktritt.

Bildhaft ganzheitliche Wahrnehmungen und transpersonale Erfahrungen steigern sich zur Mitte und zum Ende der Sitzung hin und werden auch mit zunehmender Sitzungszahl häufiger. Auffällig ist, daß Frauen signifikant häufiger über dieses Erleben berichten als Männer. Dabei verändert sich zunächst vor allem die Wahrnehmung des eigenen Körpers in eine bildhaft-symbolische Richtung: Im Hals oder Bauch wird zum Beispiel ein «Kloß» wahrgenommen, die Bauchdecke kann sich um den Nabel «wie ein Trichter zusammenziehen», Arme können zu «schwingenden Ästen» werden. Der Bauch wird als «rote Kugel» empfunden, die Vagina als «zweiter Mund», oder es entsteht der Eindruck, der Körper sei halb in die Erde eingelassen. Aus dieser Sicht erkunden die Teilnehmer psychosomatische Zusammenhänge. Oft erleben sie den Körper auch aus der Perspektive eines zellulären oder Organbewußtseins. Eine Frau erfährt in ihrer zweiten Sitzung: «Ich genoß die Exkursion durch meinen Körper. Als Blutkörperchen schwamm ich an den Wänden vorbei, durch Röhren, an den Knochen entlang, teilte mich in Verästelungen. Bei dieser Entdeckungsfahrt blieb ich im Becken. Ich empfand eine tiefe Ruhe und eine fast vergessene Ahnung davon, wie wohl ich mich in mir fühlen kann.»

Andere Erfahrungen tauchen als verbildlichte Empfindungen auf und verdeutlichen zum Beispiel ein bestimmtes Lebensgefühl, das der Erinnerung vorher nicht zugänglich war. Eine dreiundzwanzigjährige Frau erlebt in ihrer ersten Sitzung: «Ein schreckliches Bild taucht auf: Zwei Menschen ohne Gesichter – ich erkannte in ihnen meine Eltern – standen regungslos an einem offenen Grab, in das sich gerade an langen Seilen ein schwarzer Sarg hinabsenkte. Ich war in dem Sarg. Der Sarg glitt tiefer und tiefer, und meine Eltern standen nur da und taten nichts. Ich wollte, daß sie etwas tun, daß sie mich wieder hinaufzogen, daß ich wieder leben könnte. Aber sie taten nichts, und ich konnte und wollte das nicht wahrhaben. Ich fragte mich immer wieder: ‹Warum, warum nur?› Und ich hörte mich wimmern: ‹Nein, ich will nicht!› Aber sie taten nichts für mich. Ich fühlte mich entsetzlich enttäuscht, verzweifelt und einsam und verloren. Das Bild blieb lange. Aus dem Gefühl der Unfaßbarkeit wurde ein Gefühl des Hinnehmens, daß es so ist; und damit kamen Erleichterung, Ruhe und Entspannung. Ich fühlte mich richtig um eine Last erleichtert. Und plötzlich war mir das Gefühl, das ich hatte, als meine Eltern an meinem Grab standen, bekannt: Es war das Gefühl, das ich im Alter von elf bis vierzehn Jahren hatte, als mein Bruder geboren wurde, mein Lieblingsopa starb und mein Vater alkohol- und tablettenabhängig wurde. Ich habe mich immer gewundert, warum ich an diese Zeit so wenig Erinnerung habe. Ich konnte nie sagen, wie ich mich damals wirklich gefühlt hatte. Jetzt weiß ich es!»

Auch Farbwahrnehmungen, Berührungsempfindungen und akustische Mitteilungen (jeweils ohne äußere Stimulation) können auftreten und bestimmten Erlebnissen Bedeutung geben. Eine Frau spürt in ihrer vierten Sitzung nach dem Durchleben von großer Kälte und Erstarrung: «Da berührten mich ungeheuer liebevolle, warme, strahlende Hände. Ich war so frappiert, daß ich mit den Händen nachfühlte, ob mich wirklich jemand anfaßt. Aber da war keiner! ... Und da war sie wieder, die Berührung: auf dem Brustbein und über dem Sonnengeflecht ... Ich empfand die Berührung als ungeheuer heilsam. Ich fühlte mich geborgen.»

Viele Teilnehmer erleben Kontakte und auch Identifizierungen mit Tieren, Pflanzen, Mineralien und anderen Wesenheiten und erkunden die damit verbundenen Seinszustände. Eine

Frau erlebt in ihrer dritten Sitzung: «Nun werde ich zu Stein, ein grauer Granitblock, eher oval. Ganz fest presse ich mich zusammen. Ich fühle mich wie ein schwerer Stein ... Der Stein verwandelt sich in einen Marmorblock, und aus diesem Marmorblock trete ich hervor, eine Gestalt, die sich aus dem Stein befreit hat.» Eine andere Frau erkundet die elementaren Kräfte von Feuer und Wasser in ihrer vierten Sitzung: «Ich stehe in Flammen, leuchtende Flammen kommen aus mir heraus, ich sehe das Bild vor mir, spüre gleichzeitig meinen Körper, der unheimlich kribbelt und warm ist, als ob er brennen würde. Dann wieder habe ich das Gefühl, ich liege da am Strand und verbrenne. Ich genieße das Feuer, die Flammen sind wunderschön, heiß, sie lodern. Ich genieße es, wie mein Körper verbrennt. Ich atme heftig und rufe dabei immer wieder ‹Ja!› Ich bejahe es, daß ich verbrenne. Das, was von mir übrig bleibt, mein ‹innerstes Wesen› oder was immer es sein mag, wird mit dem Fluß davongetragen. Ich bin der Fluß, bahne mir meinen Weg durch Wüsten und karge Gebirgslandschaften. Ich bin in Ägypten, bin der Nil, fließe dahin.» Mit diesen Erfahrungen werden die vertrauten Ich-Grenzen sehr weitgehend überschritten.

Noch deutlicher wird dies bei Begegnungen und Identifikationen mit «höheren Wesenheiten», wie dem «alten Mann» oder «Gott». Meist sind die Teilnehmer bestrebt, sich mit diesen Wesen, die oft archetypische Qualität haben, zu vereinigen. Eine Frau erlebt: «Ich spüre, wie Gott mich mit ausgebreiteten Armen erwartet. Ich sehe ihn schemenhaft vor mir, er hat die Gestalt eines unheimlich lieben, älteren weisen Mannes. Ich strecke ihm meine Arme entgegen, ich nähere mich ihm ganz langsam, zögere noch etwas, brauche einige Zeit, bevor ich dann selig in seine Arme sinke. Ich fühle mich so sicher und geborgen, er hält mich fest in den Armen, ich habe das Gefühl, daß ich langsam eins mit ihm werde. Mir kommen die Tränen, das ist so schön, und ich liege ganz still und genieße es.» Bei einigen Teilnehmern steigen im Zusammenhang mit dem Nacherleben psychodynamischer Situationen oder mit dem Erleben von Bildern, Szenen oder Kontakten zu anderen Wesenheiten bedeutsame innere Erkenntnisse auf: «Ich *erfahre* die

Unendlichkeit des Weltalls, seine Grenzenlosigkeit, seine Größe und meine Winzigkeit. Und mir ging auf, welch ein Wunder der Mensch ist, daß so etwas wie er in dieser Unendlichkeit existiert. Ja, ich konnte nur noch staunen und erkannte, daß der Mensch, daß ich etwas Kostbares, Einzigartiges bin. Es hat in mir das Gefühl der Verbundenheit mit allen Menschen ausgelöst, und ich empfand Ehrfurcht vor dem Wunder Mensch» (weiblich, 36, dritte Sitzung).

Für Männer erschließt sich mit diesen umfassenden Erfahrungen eher ein Einblick in grundlegende Lebensprinzipien und geistige Gesetzmäßigkeiten, während Frauen ein eher gefühlsmäßig-ganzheitliches Erleben beschreiben, das von ihrem Körper ausgeht und sie mit der Natur verbindet. «Nach langer Zeit erschien mir ein Bild: eine Sonne über dem Wasser, alles in Orange, in Farbnuancen, die ich nicht wiedergeben kann. Das Bild strahlte viel Ruhe aus, Freude und Wärme. Ich weinte, es erschien eine Träne in dem Bild, aus der die Sonne schien. Es rührte mich so tief an, daß ich noch mehr weinte, und Trauer vermischte sich mit Freude. Eins ist nicht ohne das andere fühlbar und denkbar, zwei Seiten derselben Sache, begriff ich intuitiv» (männlich, 26, zweite Sitzung). – «Ich bin die Sonne, ich spüre meine unbändige Kraft, ich bin das Gebirge, ein Stein, ich spüre, ich bin zu allem im Kontakt, was es in diesem Universum gibt ... Mir wird bewußt, daß all das, was ich hier erlebe, zu mir gehört, daß ich das bin. Die Erkenntnis überwältigt mich fast. Mir kommen die Tränen» (weiblich, 38, vierte Sitzung).

Alle Erlebnisprozesse unter Verstärkter Atmung schätzten die Teilnehmer so ein, daß sie sowohl in der Intensität als auch in der Art des Erlebens die vertraute alltägliche Wahrnehmung und Erfahrung deutlich bis sehr weitgehend überschritten. Die ungewöhnliche Intensität und Dichte der Erlebnisse vermittelte sich auch anderen Personen, die zum Beispiel die Erlebnisberichte einschätzten, Videoaufnahmen von Sitzungen sahen oder auch nur Erlebnisprotokolle abtippten. Sie waren teilweise so tief angerührt und betroffen, daß sie die Arbeit oder Betrachtung häufig unterbrechen mußten, um eigene Gefühle zu klären. Das Ungewöhnliche der Erfahrungen hängt zum Teil auch mit dem Spannungsbogen zusammen, dem das Erleben folgt. Während wir normalerweise daran gewöhnt sind, innere und äußere Erlebnisse zu blockieren, bevor sie eine bestimmte Intensität erreichen – ausgenommen vielleicht sexuelle Erfahrungen –, unterbrechen die Teilnehmer den Prozeß bei Verstärkter Atmung meist nicht und lassen die Intensitätssteigerung zu, so daß sie eine Klimax, eine Entladung von Spannung, ein «Umkippen» und eine Verwandlung der Energie erleben können.

Dies wird verständlicher, wenn wir noch einmal den durchschnittlichen Prozeßverlauf betrachten: Vom Anfang zur Mitte der Sitzung hin intensiviert sich das Erleben auf allen Erfahrungsebenen. Zur Mitte hin führt die Intensitätssteigerung zu einer Klimax und zur Entladung von Spannung, die sich zum Teil sehr heftig und explosiv vollzieht. Zum Ende der Sitzung hin nehmen dann negative Körperempfindungen und Gefühle signifikant ab, während positive Empfindungen, Entspannung, Harmonisierung des Atmens und transpersonale Erfahrungen in den Vordergrund treten. Dieser Rhythmus – den viele Teilnehmer im Verlauf einer Sitzung auch mehrmals durchleben – erinnert an die «Spannungs-Ladungs-Formel», die Wilhelm Reich formuliert hat. Reich beschrieb grundlegende Lebensprozesse als Aufeinanderfolge von Spannung – Aufladung – Entladung – Entspannung. Für die Verstärkte Atmung läßt sich dieser Rhythmus folgendermaßen veranschaulichen: 1. Spannung: Erleben von muskulären Spannungen und Mißempfindungen. 2. Ladung: Intensivierung und Differenzierung körperlicher Spannung bei gleichzeitigem Wahrnehmen psychischer Inhalte sowie Einblick in typische Widerstandsmuster. 3. Entladung: Zulassen der Entäußerung von körperlich-seelischer Spannung, Lösung von Widerstand, Entleerung des Bewußtseins von vertrauten Inhalten, Überschreitung gewohnter Wahrnehmungskategorien. 4. Entspannung: Körperlich-seelisch-geistige Entspannung, Spüren eines lebendigen Energieflusses, Erleben von Wohlbefinden, Harmonie, Ganzheit.

Das «Umkippen des Systems» mit der Entladung ist vor allem dann sehr heftig und beeindruckend, wenn Teilnehmer vorher viel Angst und Widerstand gegen diese Erfahrung aufgebaut hatten: «Sekundenlang umgibt mich totale Schwärze, das Nichts. Aber dann spüre ich, daß mir ein neuer Raum erschlossen ist, den ich vorher nicht kannte.» – «Ich habe mich gewehrt und geschrien, und dann kam dieser Knall, und dann konnte die Energie fließen.» – «Dann explodierte etwas mit unvorstellbarer Kraft in mir. Es flimmerte und blitzte vor einem glühenden Hintergrund.

Dann einen Moment lang eine totale weiße Leere, kein Bewußtsein mehr von irgendwas.» – «Ich kämpfte und konnte nicht loslassen, nicht nachgeben. Und dann geschah es: Eine große Mauer stürzte ein, eine Fassade brach zusammen, und plötzlich spürte ich einen Fluß von Energien.»

Nach dieser Entladung und Lösung ist es den Teilnehmern möglich, bestimmte Gefühle und Erinnerungen zuzulassen, Wohlbefinden und Entspannung, Pulsieren von Energie und transpersonale Erlebnisse zu genießen. Da die Teilnehmer diesen Spannungsbogen während der jeweiligen Sitzung und im Gesamtprozeß oftmals durchleben, erkunden sie damit sowohl ihre Widerstände gegen spezifische Erfahrungen als auch einen grundlegenden Widerstand gegen das freie Pulsieren von Energie, den lebendigen Fluß von Erfahrungen und reinigende und orgiastische Energieentladung.

Leonard Orr sieht deshalb den Prozeß, der sich unter der Verstärkten Atmung entfaltet, als Modell für Heilvorgänge überhaupt: «Das schnelle Atmen löst Spannungen und negative Einstellungen und pumpt diese aus dem Körper hinaus. Vibrationen – die sehr dramatisch und erschreckend sein können – begleiten diesen Reinigungsprozeß. Rhythmisches Atmen entlädt den Körper von Negativität und ermöglicht stattdessen die Belebung des Körpers mit Lebensenergie ... Wenn die Energie gleichmäßig und frei im Körper fließt, heilt, balanciert und gründet sie den Menschen, er hat ein tiefgreifendes Gefühl von Frieden, Heiterkeit und Wohlbefinden» (Orr/Ray 1977).

Bevor ich auf Veränderungen eingehe, die die Teilnehmer im Anschluß an ihren Prozeß wahrnahmen, möchte ich zunächst kurzfristige Auswirkungen erwähnen, über die sie nach den einzelnen Sitzungen berichteten. Im Anschluß an die Sitzungen erlebten sich die Teilnehmer überwiegend als «wacher», «klarer», «entspannter» und aufmerksamer für inneres und äußeres Geschehen. Sie erwähnten häufig ein vermindertes Schlafbedürfnis und eine Zunahme von Sensitivität und Vitalität. Auch schilderten sie bedeutsame Träume, in denen zum Beispiel Geburts- und Erweiterungserlebnisse fortgesetzt und vertieft wurden. Nach Anfangssitzungen, in denen Teilnehmer die Intensität ihrer Erfahrung durch vermindertes Atmen oder rationale Kontrolle steuerten und keine vollständige Lösung und Entspannung erfuhren, erlebten sie jedoch auch körperliche Erschöpfung oder Traurigkeit.

Daß in den Sitzungen sehr tiefgreifende körperlich-seelische Prozesse stattfanden, zeigt auch eine Untersuchung von Fritz Plotzitzka (1983). Er untersuchte kurzfristige «charakterliche» Veränderungen von Teilnehmern über zwei Sitzungen. Er ging dabei (nach Reich) von der Annahme aus, daß sich körperliche und damit verbundene charakterliche Energieblockierungen (Panzerungen) auch in spezifischen Gesichtspartien ausdrükken und daß sich solche Blockierungen bei Verstärkter Atmung verändern. So ließ er Gesichtsporträts (die alle Teilnehmer unter standardisierten Bedingungen direkt vor und nach den Sitzungen von sich anfertigten) von einem erfahrenen Körpertherapeuten einschätzen. Diesem Beurteiler waren die Teilnehmer und ihre Erlebnisprozesse nicht bekannt.

Es zeigte sich, daß bei allen aktiv atmenden Teilnehmern Gesichtsveränderungen (deutliche Muskelentspannung, Abnahme der Panzerung und erhöhter Energiefluß) beobachtbar waren. Solche Veränderungen waren bei den Helfern nicht sichtbar – obwohl auch ihre Gesichter nach den Sitzungen «offener», «weicher» wirkten. Die bei den aktiv Atmenden beobachtbaren charakterlichen Veränderungen standen inhaltlich in einem deutlich nachweisbaren Zusammenhang zu den subjektiven Angaben aus den Teilnehmerberichten und Fragebögen. Tendenziell wurde bei Männern eine höhere Ausgangsverspannung zu Beginn der Sitzungen beobachtet und bei Frauen eine weitergehende Lösung der Blockierungen.

Alle Teilnehmer, die vier bis acht Sitzungen in einem Zeitraum von ein bis zwei Jahren erlebt hatten, berichteten im Anschluß – etwa vier Monate nach der letzten Sitzung – über Veränderungen, die sie mit dem Prozeß in Verbindung brachten. Sie erlebten vor allem eine Zunahme von Sensitivität für das eigene körperlich-seelische Befinden. Sie sind sich typischer Verhaltensmuster stärker bewußt, nehmen ihren Körper, ihre Körpersprache, ihre Gefühle und auch das Zusammenspiel von körperlichen und seelischen Prozessen deutlicher wahr. Bestimmte Symptome wie Atem- und Augenstörungen, Muskelverspannungen, Allergien und Migräne, verminderten sich oder wurden seltener. Frauen erkundeten in den Sitzungen häufiger ihre Sexualität, damit zusammenhängende Lebenserfahrungen und körperlich-seelische Blockierungen und berichteten auch häufiger über die Verminderung von Bauch- und Beckenverspannungen oder Blasenentzündungen sowie über eine Zunahme ihrer sexuellen Empfindungsfähigkeit. Den meisten Teilnehmern ist es wichtig, die Erkenntnisse, die sie in den Sitzungen über Lebens- und Verhaltensmuster gewonnen haben, auf ihre alltäglichen Erfahrungen zu übertragen. Das intensivere Erleben bestimmter Muster, die genauere Beobachtung und der Versuch, neue Verhaltensmöglichkeiten zu realisieren, führen meist zu einer Steigerung von Vitalität und Energie.

Insgesamt drücken die Teilnehmer ein verändertes Lebensgefühl aus, das lebensbejahender wirkt. Fast alle berichten, daß sie eine stärkere Sicherheit bekommen haben, die aus ihnen selbst kommt und sich auch in Beziehungen zu anderen auswirkt.* Im Kontakt mit anderen fühlen sie sich offener, manchmal dadurch auch verletzlicher. Sie können jedoch ihre Gefühle und Wahrnehmungen angstfreier und direkter mitteilen. Auch in den Kontakten zu wichtigen Bezugspersonen füh-

* Hier wirken sich auch die Erfahrungen aus, die die Teilnehmer als Helfer machten. Die Intensität der Prozesse öffnete in den meisten Helfern sehr schnell eine empathische Fähigkeit, mit der sie ihren Partner intuitiv verstanden und sinnvoll unterstützten. Dabei wurden Neigungen zu Überfürsorglichkeit oder kühler Distanz meist schnell überschritten. Die Begleitung eines anderen Menschen in leidvollen und beglückenden Erlebnissen, die mitfühlend ist und auch respektvoll die Selbstregulation des anderen achtet, kann in gewissem Ausmaß auch auf andere Beziehungen übertragen werden.

len sie sich freier, versöhnlicher oder empfinden die Kostbarkeit einer Liebesbeziehung stärker. Für Bezugspersonen ist es nicht immer leicht, solche Einstellungs- und Verhaltensänderungen nachzuvollziehen und zu akzeptieren. So erfordert es auch Mut, den neuen Sehweisen und dem eigenen Weg treu zu bleiben. Die Beziehungen mit anderen können sich dabei vertiefen und wesentlicher werden – oder aber auch lösen. Zahlreiche Teilnehmer machten in ihren Prozessen sehr ungewohnte Erfahrungen, die sie als «religiös» empfanden. Dies führte bei einigen zu einer Auseinandersetzung mit ihrem Glauben und vertrauten kulturellen Ausdrucksformen. Dabei öffnete sich oft eine Art tieferer, unmittelbarer Spiritualität, die auf Erfahrung beruht und nach lebendigen Ausdrucksformen sucht, zum Beispiel in der Verbundenheit mit anderen Menschen und in der Achtung für alle Seinsformen. Diese Erfahrungen führen auch zu einer Erweiterung des Erkenntnisinteresses und des Denkens, zu einer Beschäftigung mit östlicher und westlicher Spiritualität oder moderner Physik, das heißt mit Betrachtungsebenen, die die Grenzen der vertrauten Raum-Zeit überschreiten.

Die Teilnehmer sind natürlich weiterhin in emotionale, biographische, psychosomatische und zwischenmenschliche Probleme involviert. Erkennbar wird jedoch eine andere Toleranz für Lebensschwierigkeiten. Dabei geht es nicht mehr so sehr um die Beseitigung negativer Erfahrungen, Symptome, Konflikte, sondern eher um das Verstehen des «Negativen» als Spiegelung innerer Konflikte, Verhaftungen und Widerstände sowie um das Akzeptieren von Spannungen, die mit der Bewußtwerdung verbunden sind, und von Konflikten, mit denen sich die Vielschichtigkeit des Seins in einem Zusammenwirken von Licht und Schatten offenbart. Deutlich wird auch ein zunehmendes Gespür dafür, daß das Leben sich auch als Netzwerk von Beziehungen äußert, an dem man teilhat, das man verantwortlich mitgestaltet.

Die von fast allen Teilnehmern wiederbelebte Geburtserfahrung sowie die von Orr verwendete Benennung des Verfahrens als «Rebirthing – Wiedergeburt» erinnern an die Vorstellungen einer erneuernden «zweiten Geburt» des Menschen. Diese

Vorstellung taucht in vielen Kulturen auf, sie findet sich in den magischen Heiltraditionen, in den Anfängen der Medizin, in mystischen Erfahrungen und Initiationsritualen. Sie impliziert sowohl eine Stärkung und Verbesserung körperlicher und seelisch-geistiger Funktionen als auch die Möglichkeit einer totalen Wandlung. Ansätze dazu werden in zahlreichen Prozessen erkennbar.

Die Verwirklichung dieser Erfahrung erfordert jedoch im allgemeinen ein kontinuierliches Bemühen im alltäglichen Lebenskontext. Nicht alle Teilnehmer waren dazu nach Abschluß der Prozesse bereit und fähig, und so verflachten erlebte Einsichten und existentielle Erkenntnisse auch wieder. Dies zeigt einerseits, daß die Annäherung an das innere Zentrum nicht linear verläuft, sondern in kreisenden Bewegungen, die immer auch wieder in eine Entfremdung gegenüber den seelischen Tiefenschichten führen können. Andererseits ist jedoch auch sehr viel Achtsamkeit erforderlich, um den Kontakt zu solchen Erfahrungen in den Tiefenschichten des Bewußtseins zu halten, damit sie eine umfassendere Wandlung und Reifung bahnen können. Die «Neugeburt» ist kein Besitz, den man ein für allemal hat, sondern eine inspirierende Erfahrung, die den einzelnen mit der Verwandlungsqualität des Lebens verbindet und so auch in jedem Moment neu ausgedrückt, neu bezeugt werden muß.

Dimensionen des Erlebens

Die bei Verstärkter Atmung einsetzenden Erlebnisprozesse sind im allgemeinen von großer Intensität. Sie überschreiten den Rahmen der vertrauten alltäglichen Erfahrungen und führen zu ungewohnten und erweiternden Wahrnehmungen und Einsichten. Prozesse dieser Art, die sowohl intensive Körpererfahrungen als auch transpersonale und spirituelle Erlebnisformen umgreifen, sind im Rahmen der westlichen psychologischen Persönlichkeits- und Bewußtseinsforschung bisher nur begrenzt erkundet und beschrieben worden, so daß kaum theoretische Bezugssysteme vorliegen. Wenn es jedoch auch kein umfassendes Modell gibt, das zum Verständnis und zur Einordnung aller auftretenden Erfahrungen herangezogen werden könnte, so lassen sich doch jeweils bestimmte Erfahrungen im Zusammenhang mit körpertherapeutischen und tiefenpsychologischen Sehweisen verstehen, mit Untersuchungen zur LSD-Therapie vergleichen oder auf Forschungen zur menschlichen Bewußtseinsentwicklung beziehen.

Vor allem in Anfangsprozessen erleben die Teilnehmer die Verbundenheit von körperlichem und seelischem Geschehen. Sie nehmen zunächst Körperblockierungen bewußter und intensiver wahr und beginnen, sie zu lösen. Zugleich steigen Gefühle und Lebenserfahrungen, die mit den Verspannungen verbunden sind, in das Bewußtsein, und die Teilnehmer erhalten einen Einblick in typische Vermeidungshaltungen und Widerstandsmuster, mit denen sie das freie Strömen und Pulsieren körperlich-seelischer Energie unterbrechen. Zum Verständnis solcher Erfahrungen sind vor allem die Beobachtungen und Forschungen von Wilhelm Reich und anderen Körpertherapeuten hilfreich, die Zusammenhänge zwischen «Körper-» und «Charakterpanzer» dargestellt haben.

Wilhelm Reich erkannte, daß Menschen mit Hilfe körpertherapeutischer Einwirkungen oder unter intensivierter Atmung spezifische Widerstandsmuster spüren und erleben. Im Kontakt mit diesem Widerstand tauchen spontan auch die Gefühle und Lebenserfahrungen auf, die zuvor abgewehrt wurden – und zwar in einer bestimmten und logischen Abfolge, bis der Mensch schließlich auf seine Grundkonflikte stößt. Wenn er diese erlebt und erkundet, zeigt er starke Veränderungen in seiner körperlichen Befindlichkeit, seiner Körperhaltung wie auch in seiner inneren Haltung und seiner gesamten Persönlichkeitsstruktur. Reich entdeckte, daß ganz bestimmte charakterliche Haltungen mit spezifischen körperlichen Verspannungen, chronischen «Verpanzerungen» korrespondieren. Als Panzerung beschrieb er einen Zustand, der entsteht, wenn Energie an eine Muskelspannung gebunden wird und nicht frei im Körper fließt oder als Emotion oder Tätigkeit entäußert wird. Als vorübergehende Selbstschutzmaßnahme kann sie vorteilhaft für den einzelnen sein – sofern er sie wieder aufgibt, wenn kein Grund mehr für ihn besteht, sie aufrechtzuerhalten. Als chronische Selbstschutzhaltung blockiert sie jedoch das freie Pulsieren von Energie und die natürliche körperlich-seelische Beweglichkeit und Ausdrucksfähigkeit. Im Kontakt mit solchen Panzerungen und bei ihrer Lösung wird dem Menschen deutlich, daß Angst immer auch eine Kontraktion ist, die sich gegen Ausdehnung und Erweiterung richtet, und daß eine solche übertriebene und chronische Kontraktion meist auch von einem spezifischen Atemmuster begleitet wird, bei dem zum Beispiel das Einatmen gegenüber dem Ausatmen betont ist: Er atmet tief ein, aber nur unvollständig aus. Ausdehnung und Erweiterung gehen dagegen mit vertieftem und vollständigem Ausatmen einher, das vom Kopf aus abwärts fließt und von lustvollen Empfindungen begleitet ist.

Wilhelm Reich hat den Körper in sieben Segmente unterteilt und anhand dieser Systematik Zusammenhänge zwischen bestimmten Körperpanzerungen, gestauten Gefühlen und Lebenserfahrungen beschrieben. Er unterschied: Augen-, Mund-, Hals-, Brustkorb-, Zwerchfell-, Bauch- und Beckensegment. Jedes dieser Segmente umfaßt den ganzen Querschnitt auf der betreffenden Körperebene, so daß sich mehrere Panzerringe im rechten Winkel zur Wirbelsäule unterscheiden lassen. Zusätzlich zu diesen Ringen kann auch eine Körperhälfte stärker gepanzert sein als die andere. Auf solche Panzerungen und die mit ihnen verbundenen Gefühle und Lebenserfahrungen gehe ich bei der Darstellung und Interpretation der Einzelprozesse genauer ein.

Die Erkundung der «eingefrorenen Lebensgeschichte», die einsetzt, wenn sich solche Körperblockaden lösen, ist meist mit bildhaften Wahrnehmungen und transpersonalen Erlebnissen verbunden. Diesen Phänomenen wird jedoch in der körpertherapeutischen Intervention wenig Beachtung geschenkt.

Es gibt in unserer Kultur nur eine psychologische Tradition, in der die Bedeutung solcher Erfahrungen betont und der Wert bildhafter Wahrnehmung und transpersonaler Erlebnisse für die Psychotherapie und für Reifungsprozesse erforscht wird: die von C. G. Jung begründete tiefenpsychologische Schule. Jung hat im Zusammenhang mit seinen Forschungen zum «Individuationsweg» des westlichen Menschen ein sehr anschauliches Modell der seelischen Struktur und Entwicklung entworfen: Die Psyche wird als Kugel vorgestellt. Ihre Oberfläche ist zu einem kleinen Teil erhellt durch das Bewußtsein, den «Raum», in dem der Mensch seine Gedanken, Gefühle und Empfindungen bewußt wahrnimmt, interpretiert und einordnet. Im Mittelpunkt des erhellten Bewußtseinsraumes befindet sich das Ich, der Teil der Psyche, mit dem der Mensch sich identifiziert. Das Ich wirkt im Vergleich zur Kugel, der psychischen Gesamtstruktur, klein. Es ist jedoch ein hochkomplexer Faktor, der sich in dem langwierigen Prozeß der menschlichen Bewußtseinsentwicklung herausgebildet hat und der in jeder individuellen Entwicklung erworben werden muß. Das Ich ist das «Subjekt» aller persönlichen Bewußtseinsinhalte. Kein Inhalt kann bewußt werden, der ihm nicht vorgestellt wäre. Im Mittelpunkt der Gesamtpsyche ruht das Selbst, der «Seelenkern», Ursprung und Quelle unseres Seins. Es ist der Kern und gleichzeitig die ganze Kugel. Die Annäherung des Menschen an sein Selbst ist ein heilsamer Prozeß und führt zur Vereinigung mit seiner wahren, ganzen Natur. Der Weg zum Selbst führt durch Schatten (abgelehnte und abgespaltene Erfahrungen, Impulse und Persönlichkeitsanteile); er konfrontiert den einzelnen mit den in ihm wirksamen gegengeschlechtlichen seelischen Kräften und anderen archetypischen Ebenen und ist ein Prozeß der Entautomatisierung und Bewußtseinserweiterung. Die Erweiterung des Bewußtseins zur Mitte hin, und von der Mitte zum Ich, erhellt schließlich den seelischen Kern und gleichzeitig die ganze Kugel, die gesamte psychische Struktur. Diesen Prozeß hat Jung als «Individuation» beschrieben, als einen Entwicklungsweg, der schließlich die gesamte Person vollständig (nicht als vollkommen) offenbar werden läßt. Auf diesem Weg der Selbsterkundung geht der Mensch zunächst durch einen Engpaß, in dessen peinlicher Enge er sich mit einem Schattenbereich und abgelehnten persönlichen Attributen konfrontiert, die wir im allgemeinen auf unsere Umwelt projizieren und in ihr ablehnen. Die Begegnung mit dem eigenen Schatten erschließt den unbewußten Teil der Psyche.

Das Unbewußte versteht Jung als den Teil der Psyche, der «aus der Tageshelle eines geistig und sittlich klaren Bewußtseins» in einen Bereich hinabreicht, der «das Gleichgewicht des Lebens erhält und auf geheimnisvollen Wegen durch Miterregung nicht nur Kunde vom innersten Wesen anderen Lebens vermittelt, sondern auch auf dieses innere Wirkung ausstrahlt» (GW, 9/I). Die Begegnung mit dem Schatten bahnt den Zugang zu Bereichen des persönlichen Unbewußten, in denen zu Komplexen verdichtete abgespaltene Persönlichkeitsanteile, Erlebnisse und Vorstellungen mit hoher Gefühls- und Energieladung ruhen und auf das Bewußtsein als unabgeschlossene Erlebnisgestalten einwirken. Sie führt jedoch auch in Bereiche, die Jung als «kollektives Unbewußtes» bezeichnete. Diese seelischen Energiefelder sind nicht im Zusammenhang mit der individuellen Lebensgeschichte entstanden, sondern «ererbt». Der Begriff Archetyp deutet das Vorhandensein bestimmter präexistenter Formen, Motive oder «patterns of behaviour» an, die, wenn sie bewußtseinsfähig werden, eine jeweils individuelle Tönung erfahren. Je deutlicher etwa der Archetyp des Weiblichen in das Bewußtsein tritt, um so individueller differenziert er sich zum Beispiel vom Motiv der Nacht (über Motive wie die des Meeres, der Erde, der Höhle, der Göttin, des Drachens, der Hexe, des Hauses, der Katze) zur Begegnung mit der Urahne, Großmutter und persönlichen Mutter aus.

Vor allem das Konzept des «Schattens» habe ich für das Verständnis der Prozeßerfahrungen als hilfreich empfunden. Gemeint sind damit die Persönlichkeitsanteile, die für das Bewußtsein auf der Schattenseite liegen, bisher verleugnet, zurückgewiesen und nicht gelebt wurden. Der Schatten besteht einerseits aus den natürlichen – und meist in der Kindheit gehemmten – Bedürfnissen, sich frei zu zeigen, bestätigt zu werden, Liebe zu empfangen, und andererseits aus nicht zugelassenen Vergeltungsreaktionen gegenüber Kränkungen und Verletzungen. So umfaßt der Schatten als «dunkler Bruder» eine Vielzahl blockierter Ausdrucksmöglichkeiten und Aggressionen und steht oft in starkem Kontrast zu der hellen äußeren Fassade, mit der der Mensch sich den Erwartungen der Umwelt angepaßt hat. In den von mir geleiteten Gruppen näherten sich die Teilnehmer solchen Schattenkräften vor allem über die Intensivierung und Lockerung der Spannungsmuster an. Sie empfanden und äußerten die Kräfte als gestaute Emotionen. In diesem Prozeß wurden sie ihnen als verfestigte innere Haltungen, die mit der Körperhaltung korrespondieren, verstehbar. Indem die Teilnehmer solche Erfahrungen wiederbelebten und erkundeten, erlebten sie eine Reinigung und auch fruchtbare Umwandlung und Integration der gestauten Impulse. Jung betont bei seiner Darstellung des Individuationsweges vor allem seelische Phänomene und bezieht die körperliche Verfassung und Sensibilität und die Atmung kaum ein. In den von mir untersuchten Prozessen zeigte sich jedoch, daß der Kontakt mit den Schattenkräften und der Zugang zu Impulsen, die mit dem «Selbst» verbunden sind, immer mit spezifischen körperlichen Erfahrungen einhergehen. Die Teilnehmer erlebten, daß Schmerz, Verspannung und Atemblockierungen mit dem Vermeiden von Erfahrungen zusammenhängen, die in einem früheren Lebenskontext als «ungünstig» oder «bedrohlich» eingeordnet worden waren, und daß das Zulassen und Durchleben «unangenehmer» Erlebnisse mit Entspannung, Erweiterung, Energetisierung verbunden ist. Sie erlebten auch, daß erst der gelöste Kontakt zum eigenen Körper – körperliche Entspannung, harmonische Atmung und das freie Pulsieren von Energie – Gefühle des Vertrauens, der Geborgenheit, der Hingabe und Liebe und erweiternde transpersonale Erfahrungen ermöglicht.

Die hohe Intensität der Prozesse und die Häufigkeit, mit der ungewohnte Bewußtseinsebenen geöffnet wurden, legten für mich auch den Vergleich zu Ergebnissen aus der psychedelischen Forschung nahe. In einer frühen Studie unterschieden Robert Masters und Jean Houston (1966) vier Stadien des Erlebens bei LSD-Therapie: 1. die sensorische Ebene (eidetische Vorstellungen und Wahrnehmungsveränderungen, verändertes Körperschema, zeitliche und räumliche Verzerrungen); 2. die erinnernde analytische Ebene (Nacherleben emotionaler Erfahrungen aus der Vergangenheit, Bearbeitung persönlicher Probleme, Beziehungskonflikte und Lebensziele); 3. die symbolische Ebene (historische, legendäre, mythische, rituelle und archetypische Vorstellungen); 4. die integrale Ebene (religiöse Aufklärung, mystisches Einswerden, Erleuchtung, psychische Integration). Stanislav Grof (1983) kommt nach seiner Forschung zur LSD-Therapie, die er mehr als zwanzig Jahre lang betrieben hat, zu einer Einteilung in ähnliche Stadien. Er unterscheidet: 1. abstrakte und ästhetische Wahrnehmungen; 2. psychodynamische Erlebnisse; 3. perinatale Erfahrungen (Erlebnisse von Geburt, Tod, Wiedergeburt im Zusammenhang mit den Stadien des Geburtsvorgangs); 4. transpersonale Erfahrungen (Erlebnisse, in denen sich das Bewußtsein über die gewöhnlichen Ich-Grenzen hinaus erweitert und die Schranken von Raum und Zeit überschreitet). Die dritte und die vierte Ebene, schreibt er, seien teilweise miteinander verbunden.

Die von Masters, Houston und Grof isolierten Erlebnisebenen waren auch in den Prozessen zu beobachten, die unter der Verstärkten Atmung einsetzten. Vor allem die von Grof herausgearbeiteten «perinatalen Matrizen» sind sehr geeignet, um geburtsähnliche Erfahrungen und bestimmte transpersonale Erlebnisse zu verstehen oder auch einzuordnen. Ich werde sie im folgenden noch genauer darstellen.

Eine andere Möglichkeit, die Vielschichtigkeit und Eigenart der Prozeßerfahrungen zu verstehen, ergibt sich aus Jean Gebsers Darstellung der Bewußtseinsmutationen, mit denen er die Entwicklung des menschlichen Bewußtseins in seinem Werk *‹Ursprung und Gegenwart›* beschreibt. Er stellt darin die Entwicklungssprünge vom archaischen über das magische und mythische zum mentalen Bewußtsein und über dieses hinaus zum integralen Bewußtsein dar. Gebser zeigt damit auch auf, daß die jeweils spätere Stufe des Bewußtseins die vorangehenden nicht nur voraussetzt, sondern in gewissem Sinne auch noch in sich enthält, und zwar nicht nur in regressivem, sondern auch in progressivem Sinne. Die von ihm aufgezeigte Entwicklung führt somit zu einem integralen Bewußtsein, in dem alle vorangegangenen Bewußtseinsstrukturen – insbesondere auch das mentale Bewußtsein (das als nur rationales Bewußtsein in der heutigen Zeit defizient geworden ist) – aufgehoben und integriert sind.

Wenn ich Gebsers Modell einbeziehe, dann lassen sich die Erlebnisprozesse bei Verstärkter Atmung auch als Erfahrungen auf dem Weg zu einer integralen, das heißt vierdimensionalen, aperspektivischen, raumzeitfreien Bewußtseinsstruktur verstehen. Dabei werden die vorausgegangenen Strukturen erkundet, bestimmte Verhaftungen gelöst und damit verbundene Erfahrungen auch im Kontakt mit der phylo- und ontogenetischen Entwicklung integriert. Gebser beschreibt folgende Entwicklungsstufen:

Archaische Struktur: Das griechische Wort «archos» bedeutet Anfang, Ursprung. Es bezeichnet den dimensionslosen Zustand nahe der «Einheit». Die Seele schläft noch. Es ist die Stufe der Ununterschiedenheit zwischen Mensch und All, des Unerwachtseins – der Mensch ruht noch fraglos im Ganzen.

Magische Struktur: Ein eindimensionales, punktförmiges Bewußtsein bildet sich heraus. Diese Bewußtseinsstruktur liegt in der Vor-Zeit, in der prähistorischen Zeit, vor der Entwicklung eines Zeitbewußtseins. Die erste Zentrierung im Menschen beginnt, die später zur Entwicklung seines Ichs führt. Es besteht jedoch noch kein Ich-Bewußtsein, eher ein Gruppenbewußtsein, mit dem der Mensch sich allmählich aus der Identität und dem Einklang mit dem Ganzen herauslöst. Er beginnt, Einzelheiten zu erkennen, bleibt jedoch noch eingeflochten in einen naturhaften Vitalkonnex. Nur im «Gegen» schafft er sich eine Distanzierung, eine Bewußtseinsmöglichkeit, die sich in magischen Formen der Naturbemächtigung ausdrückt. Doch ist alles noch gleich-gültig, es gibt noch keine unterscheidbaren Werte, und die Gleichsetzung bringt ein assoziativ-analogisches Denken hervor. Die Verständigung innerhalb des Gruppen-Ichs braucht noch keine Sprache, sie erfolgt «subkutan», telepathisch. (Gebser weist auf die Mundlosigkeit in prähistorischen Abbildungen hin.) Das Ohr (mit dem Labyrinth) ist das magische Organ; das Hören, Gehorchen, die Hörigkeit sind noch nicht mit Ein-Sicht verbunden, stehen jedoch noch im trieb- und instinktsicheren Kontakt mit dem tragenden Grund und Ursprung.

Mythische Struktur: Die Bewußtwerdung der Natur setzt sich fort. Der Rhythmus der Natur wird als zeithaft empfunden. In der Spätzeit der magischen Struktur entstehen Jahreszeitenriten, astronomische Beobachtungen, Kalender und ein Zeitgefühl. In bildhaften Darstellungen tritt der Mensch aus der Verflochtenheit mit der Natur hervor, der Mund wird sichtbar. «Mythos» ist ein Wort, das eine zweidimensionale Polarität meint, wobei die beiden widersprüchlichen Bedeutungen gültig sind: Rede, Wort, Bericht und Sich-Schließen, Stumm-Sein. Alles Gesagte hat Tiefe und Polung durch die stumme Mitsprache des Nichtgesagten. Die mythische Struktur führt zum Bewußtwerden der Außenwelt (neben der Erde auch des Himmels und der Unterwelt) und zugleich der seelischen Innenwelt. Sie wird durch Bilder geprägt – durch ein imaginatives Bildbewußtsein –, die sehr umfassend sind und eine enorme Bedeutungsfülle tragen. Gebser weist darauf hin, daß sich in fast allen Kulturen umfassende Mythen mit ähnlichem Charakter herausbilden: die Meerfahrt (das Er-Fahren der eigenen Seele, mit dem der Mensch zu sich selbst erwacht und dem Du begegnet); die Bewußtwerdung im Spiegel (Narziß); das Erwachen des Bewußtseins im Kontakt mit der Sonne, dem Licht; die Erfahrung des dunklen Gegenpols, des Schattens (Hadesfahrt), und die Entfaltung des bewußten Denkens (die Geburt der Athene aus dem Haupt des Zeus), das auch eine Wunde hinterläßt und den Schmerz der Bewußtwerdung ausdrückt.

Mentale Struktur: Gebser geht davon aus, daß wir heute in einer defizient gewordenen rationalen Struktur leben, die noch zur mentalen gehört. Das gerichtete Denken tritt in Erscheinung und sprengt das Eingeordnetsein des Menschen in eine natur-kosmische, zeithafte und polare Welt. Der Mensch tritt hinaus in den dreidimensionalen Raum, ist vorwärtsgewandt (rücksichts-los) und im Zusammenhang mit der sich entwikkelnden Gesetzgebung und Rechtsprechung auch rechtsbetont. Gegenüber den vorangegangenen matriarchalischen Ordnungen setzt sich die patriarchalische durch. Und in dem Maße wie philosophische Systeme sich vermehren, nimmt das Mythische ab, um in abgeschwächter Form in Religionen, Legenden, Märchen weiterzuleben. Das gerichtete, messende Denken wird gestärkt, aber auf Kosten des «Unbewußten», das unmeßbar ist, und unter Verlust der mythischen Bilderwelt. Die Ganzheit, die sich in Gegenpolen offenbarte und in diesen erfahren wurde, spaltet sich in Gegensätze auf, deren Einigung sich in einem Dritten – der Synthese – vollzieht. Gebser bringt die rational-defiziente Struktur in Verbindung mit der Entwicklung der Perspektive und dem Beginn einer maß- und richtungslosen quantitativen Strukturierung, die alles zerteilt und zerstückelt und eigensüchtige Zwecksetzungen verfolgt, die sich gegen das Weltganze richten.

Nach Gebser beginnt jede Bewußtseinsstruktur mit einer qualitativen Betonung und führt schließlich zu einer quantitativen Entwertung und Erschöpfung, auf die wiederum ein neuer Bewußtseinssprung folgt. Dabei macht die nächste Bewußtseinsmutation eventuell den tiefsten Wesenskern des Menschen (der mit dem vorzeithaften Ursprung korrespondiert) sichtbar und verbindet ihn mit den Möglichkeiten aller bisherigen Bewußtseinsformen, die sie so einer neuen transparenten Integration zuführt.*

Wenn ich diese Betrachtungen einbeziehe, lassen sich zahlreiche Erlebnisse bei der Verstärkten Atmung, vor allem auch die Ganzheitserfahrungen, über die die Teilnehmer berichteten, der magischen Bewußtseinsstruktur zuordnen: Es wird Kontakt aufgenommen mit einer ursprünglichen Weisheit oder dem Gefühl, noch einheitlich mit der Natur verflochten zu sein. Andere verbinden sich mit der mythischen Struktur, in der Einheit-Einigung durch polare Ergänzung erfahren wird, oder mit der mentalen, die Einigung durch Synthese und Versöhnung erlebt. Die Erfahrungen der Ganzheit, des Eins-Seins mit allem, sind von großer Beglückung und führen oft zu dem Eindruck, daß dies das Eigentliche oder das Ziel des Lebensweges sei. Das von Gebser entwickelte Modell verdeutlicht jedoch, daß die Entwicklung – zumindest des abendländischen Menschen – nicht zurückführt in die ununterschiedene Ganzheit und Verschmelzung mit der tragenden Natur. Wenn auch im Kontakt zu diesem Grund, führt der Weg in eine Eigenständigkeit, zu einer Individuation, die für alle Bewußtseinsstufen durchlässig ist und sie integriert.

Sowohl die Forschungen zur LSD-Therapie als auch die Erlebnisse bei Verstärkter Atmung dokumentieren die Möglichkeit, den Wert und auch die Bedeutung ungewohnter Bewußtseinszustände für Menschen unserer Kultur. Sie zeigen auf, daß das Lösen körperlicher, geistiger und seelischer Blokkaden, die Erweiterung der Wahrnehmung und das Überschreiten eines vertrauten Bezugsrahmens einen therapeutischen Wert haben können und Reifungsimpulse aktivieren. Sie zwingen auch zum Überdenken psychologischer Konzepte und wissenschaftlicher Grundparadigmen. Die Erlebnisprozesse

* Weitere Darstellungen zur Entwicklung des menschlichen Bewußtseins, der spezifischen Krisen, mit denen es sich im Kontakt zum Unbewußten und Transpersonalen herausbildet, sowie die Verbindung zur individuellen Persönlichkeitsentwicklung wurden von Erich Neumann, einem Schüler und Mitarbeiter C. G. Jungs, erarbeitet (1980, 1983).

bei Verstärkter Atmung verdeutlichen darüber hinaus, daß diese Bewußtseinserweiterung auch ohne Drogen erlebbar ist und sich unter einem erhöhten Energieniveau in einem Setting, das eine vertrauensvolle Atmosphäre schafft, relativ leicht erschließt.

Ungewohnte Bewußtseinserfahrungen geben einen Einblick in bisher unbekannte Dimensionen des Seins. Die dadurch erlebte Anregung kann im Kontext der alltäglichen Probleme verblassen oder auch eine Sehnsucht nach weiteren Erlebnissen und tieferer Erkenntnis stimulieren. Eine solche Suche ist jedoch zumeist völlig richtungslos und fördert die Neigung, alle ungewohnten Erfahrungen als gleichwertig zu betrachten. Als Orientierungs- und Bewertungshilfe habe ich vor allem die von C. G. Jung und Jean Gebser vorgelegten Modelle empfunden, die die verschiedene Tiefe von Erfahrungen betonen und in den Rahmen der abendländischen Kulturentwicklung stellen. Aus dieser kulturgeschichtlichen Einordnung lassen sich auch bestimmte Schritte und Schwierigkeiten darstellen, die mit dem Weg zu einer Individuation oder zu einem integralen Bewußtsein verbunden sind, zum Beispiel die Gefährdung, die aus einer unreflektierten Rückbindung besonders an die magische Struktur erwachsen kann. Sie besteht vor allem aus der Verlockung, in das Kollektiv zurückzusinken, aus dem Verlust des Wachbewußtseins, der Überbetonung des Trieb- und Instinktverhaltens und der damit verbundenen Ausschaltung eines verantwortlichen Ichs. Eine weitere Gefahr liegt in dem mit jeder Art von Magie verknüpften Machtstreben und der blinden autoritätsgläubigen Unterordnung unter die Macht.* Der Kontakt mit der mythischen Struktur ist für die meisten Menschen unserer Kultur von großem Wert, da sie dem Erleben Tiefe verleiht und die Verbundenheit von lichthaften und dunklen Polen bei der Bewußtwerdung erlebbar macht. Eine zu starke Offenheit und Faszination gegenüber dieser Struktur

* Das bewußte Erleben solcher Verhaftungen schützt jedoch meines Erachtens gegen Prozesse der kollektiven Bemächtigung, wie wir sie während des «Dritten Reiches» erlebten, oder auch gegen die Auslöschung der Identität in Gruppierungen mit Sektencharakter.

führt jedoch zu einer Überflutung mit ausufernden Bildern und durch ihre Fülle nicht integrierbaren Imaginationen. Eine einseitige Ausrichtung auf die nur quantitativ zerteilende Ratio dagegen führt zu einer inneren Leere und zur Atomisierung der äußeren Welt.

Tendenzen, sich auf bestimmte Entwicklungs- und Bewußtseinsstufen zu fixieren, wurden in zahlreichen Prozessen deutlich. Zu ihrem Verständnis waren sowohl die Sitzungen, die zum Aufarbeiten des Erlebten dienten, als auch die zeitlichen Abstände zwischen den Prozeßerfahrungen von Bedeutung, die die Integration des Erlebten in den alltäglichen Lebenskontext förderten. Dieser Aspekt wird von zahlreichen Veranstaltern, die «Rebirthing» durchführen, zu wenig beachtet, was dazu führt, daß die Teilnehmer keine wirksame Anleitung zur Integration ungewohnter Erfahrungen bekommen und sie angstvoll oder auch fasziniert auf sich beruhen lassen, ohne sie als Reifungsimpuls nutzen zu können. Darauf, daß der Kontakt mit seelischen Tiefenschichten einer sehr großen Achtsamkeit bedarf, weist C. G. Jung wiederholt hin: «Ich verwandte große Sorgfalt darauf, jedes einzelne Bild, jeden Inhalt zu verstehen, ihn soweit das möglich ist, rational einzuordnen und vor allem im Leben zu realisieren. Das ist es, was man meistens versäumt. Man läßt Bilder aufsteigen und wundert sich vielleicht über sie, aber dabei läßt man es dann bewenden. Man gibt sich nicht die Mühe, sie zu verstehen, geschweige denn die ethischen Konsequenzen zu ziehen. Damit beschwört man die negativen Wirkungen des Unbewußten herauf» (Jaffé 1981).

Im Kontakt mit bedeutsamen Lebenserfahrungen

Mit dem Wiedererleben traumatischer Lebenssituationen und ungelöster Konflikte setzt oft die Erkundung grundlegender innerer Haltungen und Lebensziele ein. Dies beginnt häufig mit dem Nachvollziehen von Erfahrungen, die auch in vertrauten Bewußtseinsverfassungen zugänglich sind, führt dann jedoch zu einer Kombination verschiedener Erinnerungen, die thematisch miteinander verbunden sind, und wird mit bildhaften und symbolischen Erlebnissen durchsetzt, mit denen stark abgewehrte Erfahrungen wieder zugänglich werden. Viele dieser Phänomene lassen sich im Zusammenhang mit dem von Stanislav Grof (1978, 1983) vorgeschlagenen Konzept der spezifischen Erinnerungskonstellationen, den «Systemen verdichteter Erfahrung», verstehen, das zum Teil die Definition des «Komplexes» von C. G. Jung einbezieht.

Grof definiert ein solches System als spezifische Konstellation von Erinnerungen aus verschiedenen Lebensabschnitten, die alle ein ähnliches Grundthema enthalten und mit starken Emotionen der gleichen Qualität besetzt sind. Die tiefsten Schichten eines solchen Systems enthalten lebhafte Erinnerungen aus der frühesten Lebenszeit, zu den dichter an der Oberfläche liegenden Schichten gehören ähnliche Erfahrungen aus späteren Lebensperioden bis hin zur gegenwärtigen Situation. Die Konfrontation mit einem solchen System ist immer von starken Emotionen und heftigem Abreagieren begleitet und macht auch die Formen der Abwehr deutlich, mit denen der Mensch versucht, traumatische Erlebnisse zu bewältigen.

Solche Prozesse zeigten sich in den von mir geleiteten Gruppen in vielfältiger Weise. Vor allem wenn die Teilnehmer Erfahrungen im Zusammenhang mit Verletzungen, schweren Krankheiten, Operationen oder seelischen und körperlichen Mißhandlungen nacherlebten, weckten diese in ihnen auch Erinnerungen an die eigene Geburt, an Behinderungen im Geburtsprozeß. Mit diesem Erleben trat häufig eine tiefe Angst auf, zu ertrinken oder zu ersticken, die oft mit starkem motorischem Ausagieren, Schreien oder auch Speichel- und Schleimabsonderungen verbunden war. Ein einunddreißigjähriger Mann gerät in seinem Prozeß immer wieder in eine bedrohliche Enge, spürt Atemnot und den Geschmack von Chlorwasser, findet keinen Ausweg. Im Kontext dieses Erlebens tauchen Lebenssituationen auf, die mit Krankheit, Verlassensein und äußerer Bedrohung verbunden sind: «Dann liege ich mit unsäglicher Angst auf dem Operationstisch; ich bin völlig wehrlos, grinsende erwachsene Gesichter, ich kann nicht weg, Panik, darf nicht schreien. Ich fühle, ich bin verloren.» Immer wieder kehrt er zu solchen Erfahrungen zurück, bis er schließlich erlebt, wie er sich mit eigener Kraft aus der Starre und bedrohlichen Enge befreit und die grundlegende innere Haltung erkennt, die mit all diesen Erfahrungen verbunden ist: «Und mit einem Schlag wurde mir meine schon mein ganzes Leben vorhandene Unruhe deutlich, der Zwang und Druck. Ich sehe meine Eltern, Verwandte, Lehrer. Schon immer fühlte ich mich unter Druck und getrieben. Und meine Verweigerung! Meine immerwährenden Krankheiten, Ohnmachten bis zum fünfundzwanzigsten Lebensjahr; meine sexuellen Erfahrungen, in denen ich nicht durch meine Wut und meinen Schmerz durchkomme. Und ich spüre diese zwei Kraftrichtungen in mir gegeneinander arbeiten: das angstvolle krampfige Ich, das festhält, und die andere Instanz, die antreibt.»

So beginnt mit dem Erinnern traumatischer Lebenssituationen oft die Erkundung eines grundlegenden Lebensgefühls, und mit der Lösung verfestigter Einstellungen öffnet sich häufig eine neue Perspektive, mit der neue Verhaltensmöglichkeiten entwickelt und auch allmählich im Alltag realisiert werden können.

Neben Krankheit und Verletzung erlebten die Teilnehmer sehr häufig Gefühle überwältigender Einsamkeit wieder, die ihnen eine tief verborgene Resignation und Lebensverneinung bewußt machten. Im weiteren Prozeßverlauf wurde dann der Wunsch zu leben vor allem bei den Männern über starke Wut- und Haßausbrüche gelöst und oft zunächst als sexuelles und gewalttätiges Bedürfnis spürbar. Der zweiunddreißigjährige Bernd erlebt in seiner zweiten Sitzung: «Ich bin in einem Kinderbett allein im Zimmer. Alleingelassen. Ich schlage mit dem Kopf hin und her und bin stumm. Meine Eltern kommen nicht. Diesmal nicht, und ich weiß, sie kommen auch sonst nicht. Ich bin allein und traurig, und ich rufe nicht. Ich bin so traurig. Eine Welle von Traurigkeit erfüllt mich. Ich weine und kann gar nicht mehr aufhören. Ich spüre, daß ich nie geliebt worden bin und mich nun an alle klammere, die mich lieben, bis sie keine Luft mehr kriegen und sich von mir lösen müssen. Das Gefühl, allein zu sein, völlig allein zu sein, ist überwältigend.» Das erneute Durchleben emotionaler Entbehrung verdeutlicht dem Betreffenden oftmals die kindliche Natur eines starken Liebes- und Abhängigkeitsbedürfnisses, hilft, Konflikte in Beziehungen zu klären, und eröffnet einen Zugang zu Erfahrungen geringer Selbstachtung und/oder Selbstüberhöhung und zu Haltungen der Dominanz und Unterwerfung. Diese Haltungen werden im Verlauf des Prozesses auch immer wieder in der frühkindlichen Beziehungskonstellation erkundet. Bernd berichtet: «Wieder das Gefühl tiefer Verzweiflung. Ich habe geweint, gejammert. Ich kann nicht mehr. Und dann heftige Wut- und Haßausbrüche; dabei löst sich der Schmerz im Magen und Sonnengeflecht. Die Wut war mir angenehm. Ich habe dabei meine Kraft gespürt, daß ich mich zur Wehr setzen kann. Aber auch meinen Haß und meine Verachtung für Menschen. Und dann spürte ich tiefe Liebe und Zärtlichkeit. Ich hatte ein großes Bedürfnis, E. [den Helfer] anzufassen und auch von ihm berührt zu werden. Und gleichzeitig habe ich nach meiner Mutter geweint. ‹Mutti, wo bist du? Ich habe dich lieb, komm doch zu mir, ich fühl mich so allein. Ich hab Angst.› Und dann spürte ich: Ich will leben! Es begann damit, daß ich ein heftiges sexuelles Bedürfnis bekam. Der Atem strömte geradezu in mein Geschlechtsteil, und ich wollte unbedingt einen Orgasmus haben. Aber je mehr ich mich bemüht habe, desto mehr löste sich dieses intensive Gefühl auf. Und dann stieg noch deutlicher ein Gefühl auf, daß ich leben kann und will. Dieser Wunsch und diese Erkenntnis kamen von ganz tief drinnen. Es war wie eine Erlösung, sehr befreiend und erleichternd. Mein Atem ging völlig frei und tief in den Körper, und die Luft schmeckte köstlich und würzig.» Eine solche Erfahrung vertieft sich dann in den weiteren Sitzungen. Sowohl Hilflosigkeit als auch Haß, Wut, Verachtung werden ebenfalls oft im Zusammenhang mit Geburtserfahrungen erkundet und erschließen ganz langsam eine andere Haltung zum Leben. Drei Sitzungen später erlebt Bernd: «Geboren und wiedergeboren durch meine Kraft. Ich kann loslassen: strömender Friede, Glückseligkeit durch Geschehenlassen. Wir sind alle gleich. Niemand ist besser, niemand schlechter. Ich fühle mich allen verbunden, und für alle fühle ich eine leise Liebe.»

Für mich war an den Prozessen zahlreicher Männer auffällig, daß sie sich zunächst – mit dem Zulassen von Hilflosigkeit, Einsamkeit und Angst – von einer Art «Pseudostärke» befreien, mit der sie bisher ihr Leben erfolgreich «im Griff hatten». Während der Prozesse erwuchs in ihnen mit dem Durchleben einer lange verborgenen Hilflosigkeit, Lebensverneinung und (Selbst-)verachtung eine andere Stärke, die sich auch in liebevoller Hinwendung zu anderen auszudrücken begann.

Für viele Frauen verlief der Prozeß zunächst anders. In ihnen öffnete sich oft in den ersten Prozeßphasen eine vitale und aggressive Kraft, mit der sie das vertraute Selbstbild der eher hilflosen Frau, die ihre Bedeutung über Anpassung, Hilfsbereitschaft und Aufopferung erfährt, überschritten. Diese bisher ungelebten vitalen Kräfte äußerten sich zunächst häufig in Körperempfindungen, Bewegungen und bildhaftem Erleben. Einige erfuhren die zurückgehaltene Aggressivität und Wildheit in der Identifizierung mit Raubtieren. Eine dreißigjährige Frau erlebt: «Tiefes Atmen, Bewegung, Aufbäumen mit einer Wahnsinnskraft, Fauchen. Ich erschrecke, stehe einen Moment neben mir und sehe die Katze, eine fauchende, sich aufbäumende, energiegeladene Wildkatze, von drei Leuten zurückgehalten. Meine Katzenallergie: die unausgelebte Wildkatze! So habe ich mich noch nie erlebt. Diese Intensität und Wildheit, geladen, auf dem Sprung. Jemanden anspringen. Voller Haß, Zerstörungswut ... Und dann die Freude, die durch mich durchfließt. Ich fange an zu lachen.»

Bei einer anderen – fünfunddreißigjährigen – Frau sind das

Bild eines Tigers und die Identifikation mit ihm über mehrere Sitzungen mit dem Erleben von Vitalität und Aggression verbunden. «Ich fing an, mich stark zu bewegen, mit den Fäusten auf den Boden zu schlagen. Dies Mich-stark-Bewegen empfand ich als befreiend. Ich hatte das Gefühl, ich konnte alle von mir abschütteln. Mit alle meine ich vor allem meine Familie! Es machte mir Spaß, und es kam ein tiefer Grimm in mir hoch, eine heftige Wut. Dann die Erkenntnis: Die haben mich belogen. In meiner Familie sagt man nämlich, ich sei ein ruhiges Kind gewesen, mit mir hätte man nie Schwierigkeiten gehabt. So wie ich jetzt fühle, glaube ich das nicht mehr! Vielmehr müssen irgendwann meine Kraft, Beweglichkeit und Vitalität eingefroren worden sein, und das sehr früh. Während der Sitzung habe ich mich den Bewegungen meines Körpers überlassen. Und dann kam die Vorstellung, ich sei ein Tiger. War das toll! Ich bin geschmeidig und beweglich durch den Dschungel geschritten. Wie stark fühlte ich mich!» Der Tiger als Bild vitaler Kraft taucht in der nächsten Sitzung wieder auf: «Dann erblickte ich Augen, die mich aus dem Dunkel anschauten. Ich wußte, daß es die Augen eines Tigers waren. Dieser Tiger löste sich aus dem Dunkel und kam auf mich zu. Ich wußte anfänglich nicht, ob er mir was antun wollte, hatte dann aber das sichere Gefühl, daß mir nichts passieren könnte. Ich fühlte mich wie ein kleines Mädchen; ich bestieg den Tiger und genoß es, auf seinem Rükken zu reiten. Ich wußte, daß wir auf die Jagd gehen würden. Plötzlich wurde mir klar, daß er Menschen jagen und töten wollte. Doch der Gedanke erschreckte mich nicht. Wir gingen auf ein Dorf mit runden Hütten zu. Der Tiger hatte sein Opfer erspäht und riß ihm den Bauch auf. Ich konnte die Innereien und Gedärme sehen. Blut floß nicht. Bei dem Opfer handelte es sich um meine Mutter. Nach der Tat kehrte der Tiger mit mir um. Ich stieg ab. Und der Tiger legte sich zur Ruhe.»

Nachdem mit dem Tiger der Kontakt zu vitalen Impulsen erschlossen ist, ist sie frei, belastende Lebenssituationen genauer, ohne Angst und Schuldgefühle, zu erkunden und sich zu ihrer Herkunft und zu sich selbst zu bekennen: «Ich sehe mir und meiner Freundin beim ‹Doktorspielen› zu. Meine Eltern überraschen uns. (Das ist tatsächlich geschehen, als ich fünf oder sechs Jahre alt war. Es gab einen großen Aufstand. Meine Eltern beschwerten sich bei den Eltern meiner Freundin, als ob diese mich angestiftet hätte, was nicht stimmte. *Ich* war die treibende Kraft!) Sie fingen an, furchtbar zu schimpfen und sich aufzuregen. Da rufe ich meinen Tiger, um ihnen Angst einzujagen. Er soll ihnen aber nichts tun. Er umkreist sie, und ich erkenne ihre übergroße Angst. Ich nehme wahr, wie ängstlich *sie* sind und wie stark ihre Schuldgefühle sein müssen. Das erleichtert mich. Ich spüre, welch ein Ausmaß von Angst sie mir aufgebürdet haben, und merke, daß ich nicht ängstlich zu sein brauche, daß ich frei bin. Ich bin frei von Angst. Nun kann ich allen Leuten zeigen, woher ich komme, wer ich bin. (Dazu folgendes: Ich habe über dreizehn Jahre in einem Nissenhüttenlager gewohnt, vom vierten bis zum siebzehnten Lebensjahr. Als ich später das Gymnasium besuchte und später die Lehre absolvierte, getraute ich mich nur wenigen Freunden zu sagen, wo ich wohne. Ich schämte mich unserer Wohnverhältnisse, meiner Herkunft. Und die Scham saß tief.) Ich sah zwei Gruppen von Menschen; auf der einen Seite diejenigen, denen ich jahrelang verschwiegen hatte, woher ich kam, und auf der anderen Seite diejenigen, die Bescheid wußten, zu denen ich Vertrauen habe. Ich zeigte den Nicht-Wissenden das Lager, aus dem ich kam. Ich bekannte mich sozusagen öffentlich zu meiner Herkunft. Der Tiger hatte sich in eine Katze verwandelt. Die Katze, die ich gern gehabt habe, sie hockte friedlich an meiner Seite.»

Auch in der dritten Sitzung taucht der Tiger wieder mit aggressiven und vitalen Impulsen auf und leitet Erfahrungen ein, in denen die Frau erlebt, daß dieses vitale Feuer sie nicht zerstört, sondern stärkt und zu sehr tiefen Erfahrungen der Unverletzlichkeit und Identität führt: «Massive Wut und Zorn stiegen in mir auf, die sich gegen meine Mutter richten. Und parallel zu diesen Empfindungen erschien wieder der Tiger. Ich sah sein Gesicht, sein fauchendes Maul und war der Tiger, der zeigt, wie wild und stark er ist. Und dann spüre ich, sehe ich, wie lauter kleine Flämmchen an mir hochzüngeln. Und ich stehe auf einem Scheiterhaufen, um verbrannt zu werden. Die Flammen lecken an mir empor. Und ich spüre, daß ich unverletzlich bin, und sehe, daß mein Körper wieder neu entsteht, unversehrt geblieben ist ... Dann Erinnerungen an meine Kindheit, der Kaufladen im Dorf meiner Großmutter, ein Fahrradständer, mein Knie eingeklemmt zwischen den Stangen (tatsächliches Erlebnis). Ich biege mit den Händen die Eisenstangen auseinander, befreie mich aus dem Gefängnis und fange an zu wachsen, werde größer als meine Tante, die vor mir steht, wachse über das Dorf hinaus, in den Himmel hinein, ins Weltall. Ich rufe nach Gott: Wo bist du? Unter mir die blaue Erde. Ich bin eine Lichtwelle im unendlichen Weltall. Ich bin verzweifelt, so allein, kein Gott. Ich schiebe Türen auseinander, immer mehr Türen öffne ich, ich erblicke nur Dunkelheit und die Lichter der Sterne. Ich weine. Ich erfahre die Unendlichkeit des Weltalls, seine Grenzenlosigkeit, seine Größe und meine Winzigkeit. Und mir ging auf, welch ein Wunder der Mensch ist, daß so etwas in dieser Unendlichkeit existiert. Ja, ich konnte nur noch staunen und erkannte, daß der Mensch, daß ich etwas Kostbares, Einzigartiges bin. Das hat in mir das Gefühl der Verbundenheit mit allen Menschen ausgelöst, und ich mußte A. [ihre Helferin] berühren, die in jenem Moment für mich der nächste Mensch war. Ich empfand Ehrfurcht vor dem Wunder Mensch – und dann fiel mir das Bibelwort ein: Ich bin der Weg, die Wahrheit und das Leben. Und ich spüre: Ich bin *ein* Weg, *eine* Wahrheit und *ein* Leben. Der Weg, die Wahrheit und das Leben erfahre ich nicht durch andere, sondern sie sind in mir, ich bin es.»

Im Zusammenhang mit dem Wiedererleben bedeutsamer Lebenserfahrungen, im Kontakt mit bisher abgespaltenen Empfindungen der Hilflosigkeit und Resignation oder Aggression und Kraft erschließt sich eine neue Haltung zum Leben. Sie kann, wie im obigen Beispiel, damit verbunden sein, daß eine sehr tiefe, befreiende Wahrheit aufbricht, oder auch damit, daß die Beziehungen zu wichtigen Personen aus einer neuen Perspektive erlebbar werden und alte hemmende Bindungen abfallen. Manche Teilnehmer erkunden in ihrem Prozeß Situationen, die sie in Kontakt mit teilweise mehrere Generationen übergreifenden Familienstrukturen bringen. Und sie erfahren dabei, daß sie in dieser Struktur eine Art Auftrag bekommen haben, eine Art Vermächtnis verwalten, das sie in ihrer Selbstverwirklichung hemmt. Aus familientherapeutischer Sicht (zum Beispiel Wirsching/Stierlin 1982) gilt diese «Delegation» als allgemeines Phänomen in der Geschichte jeder Familie. Konflikthaft und behindernd werden solche Aufträge, wenn sie starre Forderungen enthalten, auf Rache ausgerichtet sind und das Familienmitglied daran hindern, wesentliche Lebensimpulse zu erleben und auszudrücken. Ein solcher behindernder Auftrag wird zum Beispiel der achtunddreißigjährigen Lisa im Verlauf ihres Prozesses bewußt. Er enthält die Forderung, sich vor Männern zu hüten und sich an ihnen zu rächen. Sie begegnet in ihren sieben Sitzungen zunächst immer wieder ihrer Angst vor Sexualität, ihrer Haltung, sich im Kontakt mit Männern eher hilflos, ängstlich und kindlich zu geben. Zugleich spürt sie ein starkes Begehren, Sehnsucht nach sexueller Erfüllung, und erfährt körperlich, emotional und bildhaft-symbolisch das Aufbrechen der gestauten Triebkräfte, ihre Belebung und auch Ansätze zu einer Befreiung aus der verfestigten Haltung. Diese Erfahrungen stehen im Zusammenhang mit Lisas Gesamtprozeß, in dem sie immer wieder Enge, Begrenzung – die sich körperlich und emotional zum Ausdruck bringt und auch als starre Moral und Wertorientierung wirksam ist – erlebt und durchbricht. Die folgenden Erlebnisse aus ihren sieben Sitzungen verdeutlichen auch, wie Erinnerungskonstellationen in das Bewußtsein treten, die mit einem «Komplex» beziehungsweise einem «System verdichteter Erfahrungen» verbunden sind: Sie werden teilweise durch Körpererfahrungen gebahnt und mit Bildern und Phantasien verbunden und verknüpfen Erlebnisse aus verschiedenen Altersstufen:

«Ein Riesenpenis kommt auf mich zu, der mich aufspießen will. Ein furchtbar ekelhafter Penis. Widerlich finde ich den. Ich schnaube vor Ekel und vor Angst. Wenn der in mich eindringt, bin ich verloren. Plötzlich sehe ich ihn anders, er wird weich (nicht schlaff), sanft und dringt behutsam in mich ein. Das genieße ich sehr.»

«Meine Beine und Hüften werden festgehalten. Ich bin eingezwängt, sitze in der Enge. Ich drücke dagegen, der Druck ist furchtbar. Plötzlich sehe ich einen Mann vor mir hocken, er will mich vergewaltigen. Ekelhaft. Ich bin ihm ausgeliefert. Grausen packt mich. Ich habe das Gefühl, mich nicht dagegen wehren zu können. Ich bin wütend. Und dann sehe ich verschiedene Szenen aus meiner Kindheit vorbeiziehen, wie sie mich traktiert haben ... Dann sehe ich eine mächtige Burg. Die Prinzessin Lisa kommt aus ihrer Burg heraus, und ein ‹Märchenprinz› geht ihr entgegen. Gemeinsam gehen sie auf eine Wiese. Es ist viel Wärme und Zuneigung da. Sie ziehen sich aus. Jetzt beobachte ich sie nicht mehr, sondern bin wieder ich selbst. Ich spüre, wie ich mich anfangs etwas verschämt zur Seite wende, meine Beine verschließe, sie dann öffne und mit dem Prinzen schlafe. Ich bin selig und unheimlich entspannt.»

«Ich bin wütend, sehe X. (Chef der Firma, in der ich mit siebzehn als Lehrling anfing), bin wütend auf ihn, weil er sich mit mir vergnügt hat. Dann liege ich als Sechsjährige im Krankenhaus, meine Mandeln sind mir gekappt worden. Ich liege völlig hilflos da, um mich herum ist Blut, es läuft mir aus dem Mund heraus. Dann bin ich zwei Jahre alt. Mein Vater kommt aus dem Krieg zurück. Ich laufe ihm entgegen, freue mich. Er schiebt mich beiseite. Beachtet mich nicht. Ich weine. Der Schmerz sitzt ganz tief.»

«Meine Eltern zeugen mich. Ich bin meine Mutter, ich will nicht mit ihm schlafen. Wehre mich dagegen. Ich will nicht schon wieder ein Kind haben. Und habe auch Lust, aber daß da immer Kinder rauskommen müssen ... Ich habe überhaupt noch kein eigenes Leben gehabt, hab nur immer Kinder bekommen und für sie gesorgt. Und er will mir schon wieder ein Kind machen, am liebsten würde ich ihm in die Eier treten, ich versuche es auch, er ist stärker als ich. Er steckt mir seinen Schwanz in die Scheide, das ist einerseits lustvoll für mich, wenn doch bloß nicht die Angst vor einem weiteren Kind wäre. (Ich habe nach der Sitzung mit meiner Mutter gesprochen; so muß sie das wirklich erlebt haben). Dann bin ich wieder ich. Bin wütend, daß ich die Vergangenheit meiner Eltern mit ausbaden muß, darunter leiden muß. Ich schreie und schreie, um davon loszukommen. Und dann gehen Ärger und Wut in zartere Gefühle über: Ich habe sie auch lieb, ich bin ihnen dankbar.»

«Ich bin acht Jahre alt, im Schlafzimmer meiner Eltern. Ich sehe es genau vor mir. Mein Vater legt sich auf meine Mutter. Ich habe das Gefühl, daß er ihr Gewalt antun will. Ich kann kurz ihr Gesicht sehen, es drückt eine Mischung von Abscheu und Wollust aus. Das scheint also auch schön zu sein. Ich spüre, wie ich selbst sehr geöffnet daliege und keine Angst davor habe, daß man (Mann) gewaltsam in mich eindringt. Ich möchte keine kindliche Sexualität mehr! Ich möchte Spaß und Lust dabei haben und keine Angst. Und ich spüre, wie ich daliege und vollkommen offen bin für alles. Ich habe das Gefühl, ausgetrocknet zu sein. Es regnet, und ich nehme jeden Regentropfen auf. Ich nehme sexuelle Energie in mich auf. Ich spüre, wie mein ganzer Körper kribbelt, voller Leben ist. Das ist ein schönes Gefühl. So voller Leben. Ich bin nicht mehr der Stein, der ich seit meiner Kindheit war oder sein sollte.»

«Ich sehe nichts, es ist schwarz vor meinen Augen. Ich habe das Gefühl, ich bewege mich irrsinnig schnell in der Zeit zurück. Plötzlich fällt mir Steinzeit ein, ich bin in der Steinzeit. Ich sehe farbigen Sandstein. Ich sehe mich – mein Körper ist ganz dunkel – meinen Mann, zwei kleine Kinder. Ich spüre, wie ich daliege, meine Beine weit auseinander. Mein Mann und ich, wir lieben uns, wir machen Sex. Er ist von ganz anderer Art, wie ich ihn sonst meist kenne, ohne Orgasmus-‹Druck›, ohne Hektik; wir sind beide total entspannt und genießen unsere Körper. Unsere beiden Kinder sind dabei. Sie haben sich an mich geschmiegt, sie mögen gern an meiner weichen Brust liegen. Ich spüre sehr großen Frieden in mir und um mich herum. Mir fällt auf, daß weit und breit keine Technik ist, ich sehne mich nach den Zeiten zurück.»

«Ich bin zwei Jahre alt, ich sitze auf Papas Schoß, fühle mich wohl auf seinem Schoß. Ich spüre, daß Papa eine Botschaft für mich hat: Ich bin seine Liebste, ich soll immer bei ihm bleiben, ich soll irgendwas für ihn schaffen ... was? Er hat eine Botschaft für mich ... welche? Ich atme und atme, ich will es wissen. ‹Zeig's den Männern, daß es dir nicht geht wie Oma› – er ist ihr uneheliches Kind – ‹räch dich für Oma an den Männern, hüte dich davor, daß sie es mit dir so machen wie mit Oma. Ich hab so darunter gelitten, ich rechne auf dich, zeig's ihnen!› Mir wird angst und bange ob dieser Erbschaft. Und ich sehe meine Oma, wie sie mir ein Sparbuch vermacht ... wie komme ich da raus? Ich atme und atme. Grauen überkommt mich, soll das mein Leben sein? Sollen meine Beziehungen zu Männern mein Leben lang davon beeinflußt sein? Nein. Ich atme und atme. Meine Scheide ist ganz warm. Ich sehe einen Vulkan, aus dem rote Lava herauskommt. Ich bin der Vulkan, und was aus mir herauskommt, ein loderndes Feuer, hat mit Kreativität zu tun und fließt durch die Landschaft und macht Wüstenlandschaften fruchtbar. Diese Lava hat etwas an sich, das es ihr möglich macht, überall durchzukommen, sie hat Kontakt mit dem ganzen Universum ... Und ich sehe mich auf dem Boden liegen, ein gelbliches Feuer steigt aus meinem Körper auf in den Himmel. Eine Frauenstimme singt von Vergebung. Ich fühle mich gelöst, still, zufrieden.»

In den Monaten nach ihrer letzten Sitzung erlebe ich Lisa als erwachsene Frau, die sich ihrer Kraft und Vitalität bewußt geworden ist und dies auch in neuen Tätigkeitsbereichen und Kontakten und reiferen Beziehungsformen realisiert.

Die beispielhaften Ausschnitte aus Lisas Prozeß verdeutlichen auch, daß die Erkundung eines «Komplexes» Erfahrungen sowohl der Hilflosigkeit als auch der Aggression aktualisiert, erlebbar macht und zum Ausdruck führt. Mit der erlebnishaften Zusammenschau verschiedenartiger Gefühle und Lebenserfahrungen wird eine Integration dieser Erfahrungen gebahnt. Damit eröffnet sich sowohl ein Verständnis für eigene Hemmungen als auch für die Beweggründe wichtiger Bezugspersonen. Versöhnung wird möglich und erschließt eine erweiterte Perspektive und die Möglichkeit, neue und reifere Beziehungen einzugehen.

Die unterschiedliche Gewichtung beim Erkunden von Hilflosigkeit beziehungsweise Aggression, die sich in den Prozessen vieler Männer und Frauen zeigte, verdeutlicht einerseits die Einseitigkeit der Geschlechtsrollenstereotypen unserer Kultur, an die wir uns im Laufe unserer Entwicklung anpassen, und sie machen andererseits spezifische Schwierigkeiten verständlich, die Frauen und Männer in ihren Partnerschaften erleben. Die Prozesse zeigen, daß die jeweils unterdrückten Erfahrungen nicht verschwunden sind. Sie ruhen vielmehr im unbewußten Erlebnisbereich und werden auf das jeweils andere Geschlecht projiziert (das vergewaltigende Männliche, das verachtete hilflose Weibliche), bis sie als zu einem selbst gehörig angenommen und gelebt werden können. Treten diese Potentiale in einem Mann oder einer Frau deutlicher (und zunächst chaotisch und unverständlich) hervor, so wird dies auch von dem jeweiligen Partner beziehungsweise der Partnerin als beunruhigend oder bedrohlich empfunden. Das hervortretende aggressiv-vitale Potential (das Raubtierhafte) ruft Angst hervor, während Menschen, die Schwäche, Hilflosigkeit, Verletzlichkeit zum Ausdruck bringen, in ihren Partnern elterliche Anteilnahme, aber auch Gefühle der Überlegenheit und Verachtung aktivieren. Indem man diese gehemmten Potentiale in sich erkundet, aus ihrer Destruktivität erlöst und zu integrieren lernt, kann sich sowohl ein Gefühl größerer Autonomie und Selbstbestimmung als auch ein erweitertes Verständnis für Mitmenschlichkeit und neue Beziehungsqualitäten in Partnerschaften entfalten.

Geburts- und Übergangserlebnisse

Leonard Orr nannte den therapeutischen Einsatz der Verstärkten Atmung «Rebirthing», also Wiedergeburt. Das Ziel des Rebirthing ist das Erinnern und Wiedererleben der eigenen Geburt (mit den physiologischen, psychologischen und spirituellen Aspekten) und des damit verbundenen Traumas. Orr geht davon aus, daß mit dem Übergang von der intrauterinen in die äußere Welt, mit den Erfahrungen von Schmerz und Verlassenheit, auch ein grundlegender Widerstand und ein tiefes Mißtrauen gegenüber dem Leben, gegenüber Veränderung, Wandlung, Bewegung ausgebildet werden. Dieses Mißtrauen, schreibt Orr, sei auch mit dem ersten Atemzug und mit der Atemfunktion verbunden. So setzte er die rhythmische Verstärkung des Atmens ein, um die Erinnerung an das Geburtstrauma zugänglich zu machen und um diese frühen Prägungen zu lösen und lebensbejahende Haltungen zu ermöglichen. Die von ihm entwickelte Atemtherapie ist auf das Wiedererleben der Geburt zentriert, und die Erfahrung des Übergangs in ein anderes Medium wird teilweise auch dadurch gefördert, daß der Klient zunächst (mit Schnorchel) unter Wasser atmet.*

Für mich ist die Heilkraft der Erfahrungen bei intensivierter Atmung mit dem Wirken einer Selbstregulationskraft verbunden, die im Kontakt mit den seelischen und organismischen Tiefenschichten spürbar wird. Die Prozeßerfahrungen zeigen, daß jedes zielgerichtete Bemühen, Erwarten und gedankliche Fixieren Spannung erzeugt und die sinnvoll wirkende Selbstregulierung unterbricht. So lag mir daran, die Teilnehmer zu ermutigen, sich allen aufsteigenden Impulsen, Gefühlen, Bildern ohne Wertung zu überlassen. Um keine festen Erwartungen

* Zusätzlich zur Verstärkung des Atmens und den spezifischen Sicherheit schaffenden therapeutischen Bedingungen werden Affirmationen eingesetzt (Neuprägung und Konditionierung von lebensbejahenden Vorsätzen).

und Zielvorstellungen vorzugeben, habe ich die Bezeichnung «Rebirthing» nicht benutzt und mich bei Interventionen darauf konzentriert, Atemblockaden zu lösen und den jeweiligen Prozeß in seiner Eigendynamik zu begleiten. Daß trotzdem fast alle Teilnehmer Erfahrungen machten, die sie mit ihrer Geburt in Verbindung brachten oder als Wiedergeburt beschrieben, zeigt meines Erachtens, daß die Geburtserfahrung im menschlichen Erleben ein exemplarisches Muster des Übergangs in eine neue Erlebnisdimension darstellt, so daß sie bei intensiver Selbsterforschung auftaucht. Daß die Geburt bleibende Erinnerungsmuster hinterläßt, darf heute als gesichert gelten. Diese Engramme sind in normal-alltäglichen Bewußtseinszuständen meist unzugänglich, werden aber unter verschiedenen therapeutischen Verfahren aktiviert. Die Belebung der Engramme kann sowohl konkrete biographische Erfahrungen als auch damit verbundene symbolische Aspekte und grundlegende Haltungen zum Leben hervortreten lassen.

Wir wissen heute, daß das Kind, wenn es zur Geburt bereit ist, ein Hormon an die Mutter absondert, das wiederum den Hormonhaushalt der Mutter stimuliert und so die Geburt in Gang setzt. Der Zeitpunkt der Geburt ist also nicht nur von der Mutter abhängig, sondern die gemeinsame «Entscheidung» zweier Menschen (Tietze 1984). Ist jedoch der Kontakt zwischen Mutter und Kind nicht harmonisch, so erlebt das Kind den Geburtsvorgang mit großer Not und Bedrängnis oder gibt auch seine Bemühungen auf, wenn der Ablauf verlängert oder gestört ist. Mit einer solchen Geburtserfahrung ist oft ein tiefgreifendes Gefühl der Verlassenheit, der emotionalen Ablehnung oder Entbehrung verbunden oder auch die Erfahrung eines unerträglichen, nicht lösbaren Drucks oder das Empfinden, daß alles Bemühen sinnlos und vergeblich ist. In Anfangsprozessen nähern sich Menschen diesem Erlebnismuster zunächst oft über bildhaft-symbolische Wahrnehmungen und erkunden so die Erfahrung von Enge oder auch Kälte oder Blendung durch grelles Licht nach dem Übergang in die äußere Welt.

Eine sechsunddreißigjährige Frau erlebt in ihrer zweiten Sitzung: «Dann fällt mein Blick auf eine Betonröhre, die in einen Berg hineinführt. Ich spüre, daß ich durch die Röhre hindurch soll. Davor habe ich Angst, ich sträube mich dagegen, fange an zu weinen, finde das schrecklich. Wieder will man mich in die Enge reinpressen ... Schließlich schwindet mein Widerstand. Ich soll ja wohl da durch ... Ich spüre meine Kraft, als ich durch eine Röhre krieche, strenge mich ziemlich an, in der Röhre sehe ich nichts, Dunkelheit, ich bin mir sicher, daß sie irgendwo zu Ende sein wird. Plötzlich sehe ich einen Lichtschimmer, ich krieche weiter, am Ende der Röhre habe ich einen schneebedeckten, mit Bäumen bewachsenen Hang vor mir.»

Eine dreiundzwanzigjährige Frau nähert sich – ebenfalls in ihrer zweiten Sitzung – über das bildhafte Erleben einer Übergangserfahrung an, in der sie den Tod als Schrecken und auch als verlockend erlebt. Ihre tatsächliche Geburt war sehr schwierig und machte Wiederbelebungsmaßnahmen erforderlich. Nach der Entbindung verbrachte sie noch mehrere Wochen wegen unstillbaren Erbrechens im Krankenhaus. In der Sitzung gingen dem bildhaft-symbolischen Erleben körperliche Spannungen, Übelkeit und Erbrechen voraus: «Ich spürte ein starkes Übelkeitsgefühl. Würgen. Der Brechreiz wurde stärker und stärker. Zweimal mußte ich etwas erbrechen. Es erleichterte mich, und ich spürte, wie jedesmal danach mein Atem tiefer wurde. Dann war ich plötzlich auf einem schmalen Weg, mitten in einem Dschungel. Die Pflanzen bogen sich über den Weg und bildeten so eine Gasse. Ich rannte diesen Weg entlang; es ging mir gut. Plötzlich sah ich, daß die Gasse am Horizont ganz hell war, richtig grell. Die Helligkeit tat weh, und ich wollte nicht mehr weiter, ich wollte in der Dunkelheit bleiben und versuchte, meinen Lauf zu stoppen. Es ging aber nicht, ich bewegte mich gegen meinen Willen auf diese schreckliche Helligkeit zu. Sie war unsagbar schmerzhaft, und als es mir schien, daß sie nicht mehr auszuhalten sei, wurde alles schwarz um mich herum, und ich sah, wie sich in der Dunkelheit ein großes schwarzes Kreuz abzeichnete. Ich wußte, das ist der Tod. Ich stand dem Tod mit Entsetzen gegenüber, doch er war unausweichlich. Und je mehr ich mich ihm überließ, um so ruhiger wurde ich. Im Moment meines völligen Akzeptierens schlug das Bild um, und ich schwebte plötzlich in einem blauen Himmel zwischen Schäfchenwolken. Ich spürte meinen Körper kaum noch, nur noch das Schweben, war glücklich, fühlte mich frei und erleichtert.»

Das Bild eines Tunnels, oder die Empfindung, durch eine Röhre zu gleiten, taucht in vielfältiger Variation bei diesen Erlebnisprozessen auf. In der Verschiedenartigkeit des dabei empfundenen Materials (Beton, Stein, Stahl oder Fleisch, organische Materie) verbildlicht sich das gefühlsmäßige Erleben und eine Art der Kontakterfahrung.

In Anfangssitzungen erlebten die Teilnehmer geburtsartige Erfahrungen eher negativ, beschrieben sie zum Beispiel als mechanisches Ereignis, das gegen den eigenen Willen geschah. Das Erlebnis ermöglichte damit jedoch zugleich einen Einblick in innere Haltungen zum Leben und machte sie dem Betreffenden verständlich. Eine fünfundzwanzigjährige Frau erlebt in ihrer zweiten Sitzung: «Ich werde lieblos an den Beinen gezogen und mit dem Kopf nach unten in der Luft gehalten. Mein Atem setzt aus. Er kommt nur noch stoßweise. Meine Geburt verläuft mechanisch – keine Wärme und zärtliche Berührung spüre ich; ‹es wird etwas mit mir gemacht›, dieser Satz, der in vielen Situationen immer wieder in mir aufgetaucht ist, hat für mich eine Erklärung gefunden.» Eine Siebenunddreißigjährige erlebt in ihrer ersten Sitzung: «Ich strampelte, versuchte, mir mit meinen Armen Bewegungsfreiheit zu verschaffen. Ich lag auf meiner Matte, von der ich mich ständig gebremst fühlte. Dann kam der Punkt, wo ich festsaß, wo es nicht weiter ging. Mein Kopf war über die Matte hinausgekommen, weiter ging es nicht. Ich war eingeklemmt. Ich fing an zu weinen, war sehr traurig. Ich sah keine Möglichkeit, da raus zu kommen. Dann ging mein Kampf durch einen mit Dornen verwachsenen Hohlweg weiter, durch den ich mir mühevoll einen Weg bahnen mußte. Ich fühlte mich jetzt ungeheuer kräftig, war sicher, daß ich es schaffen würde, brauchte nur Ausdauer. Es gelang mir schließlich, von der Matte runterzukommen ... Tränen liefen mir über die Wangen ... In den Nächten nach der Sitzung habe ich immer vom Eingeschlossensein geträumt. Furchtbare Träume, aber sie endeten alle mit meiner Befreiung. Ich denke daran, was mir meine Mutter über meine Geburt erzählt hat:

Sie hat sich über fünf Tage erstreckt. Die Wehen setzten ein, dann war vier Tage Pause, dann ging es wieder los, und ich wurde nach mehreren Stunden geboren. Was ich als Eingeklemmtsein und Nichtweiterkommen empfunden habe, muß wohl die ‹Pause› gewesen sein. Es ist auch die Erfahrung aus vielen Lebenssituationen, in denen ich mich festgefahren fühlte.»

In späteren Prozeßphasen überschritten die Teilnehmer häufig die Empfindung von Angst, Enge, Widerstand und erlebten das Geburtsgeschehen – oft ehrfurchtsvoll – auch als beglückend. Eine sechsundzwanzigjährige Frau erlebt in ihrer vierten Sitzung: «Ich hatte große Angst und wollte nicht, wehrte mich innerlich sehr stark, als ich plötzlich merkte, daß ich in einem Tunnel war, dessen Wände sich bewegten. Ich hörte einen lauten Herzschlag, immer wieder, der so ähnlich klang wie Trommeln. Die Wände bewegten sich auf mich zu und von mir weg, und ich wußte auf einmal, daß es sich um einen Geburtsvorgang handelt, als ich sah, wie fleischig sie waren. Ich hatte starke Angst, weil ich nicht wußte, was auf mich zukam, zitterte am ganzen Körper und schrie ‹Nein›. Nach einiger Zeit gab ich es auf, als ich merkte, daß es sinnlos war, denn ich rutschte, ob ich wollte oder nicht, immer weiter durch den Tunnel. Der Tunnel schien endlos lang zu sein. Die Hände über den Kopf gestreckt rutschte ich durch. Jetzt wehrte ich mich nicht mehr, ließ es geschehen, spürte ein starkes Glücksgefühl, konnte es nicht fassen. Ich war freudig erregt und wünschte mir so sehr jemanden, mit dem ich dieses Erlebnis hätte teilen können. Als ich in der Ferne ein rundes helles Licht erblickte, zeigte ich mit der Hand in die Richtung und sagte ‹Da›. Aber es war niemand da, dem ich es hätte zeigen können. Dann wurde ich geboren, aber nicht in einen Kreißsaal, sondern ins Weltall. Die Sterne glitzerten, und ich konnte die Erde sehen, wie sie zur Hälfte von der Sonne angestrahlt wurde. Es war ein sehr ruhiges, faszinierendes, ehrfürchtiges Gefühl. ‹Da bin ich also.›»

Für einige Teilnehmer steht ein Geburtserlebnis über mehrere Sitzungen im Zentrum ihrer Erfahrung. Dabei erkunden sie verschiedene Phasen der Geburt, erleben sie mit spezifischen traumatischen Aspekten und erfahren darauf eine Art Wiedergeburt, die neue Sehweisen erschließt.

Ein siebenundzwanzigjähriger Mann erlebt (vgl. Abbildungen 1, 2 und 3 im Tafelteil):

«Nichts ist bedrohlich, ich bin vollkommen geborgen. – Bis zu dem Moment, wo ich nach hinten in den Abgrund falle. Fast. Gefahr! Wieder fühle ich vollkommenes Vertrauen. Ich schwebe durch den Raum. Plötzlich merke ich, daß ich nicht schwebe, sondern falle! Ich falle in einen unendlichen schwarzen Abgrund, immer an einer rauhen Steinwand entlang. Ein Schacht. Ich bin umgeben von schwarzen Wänden. Ich falle immer weiter und halte gleichzeitig Ritas Hand. Es ist ein warmes, schönes Gefühl zu fallen. Und ich spüre meinen Kiefer, der jetzt ganz locker und entspannt ist» (zweite Sitzung).

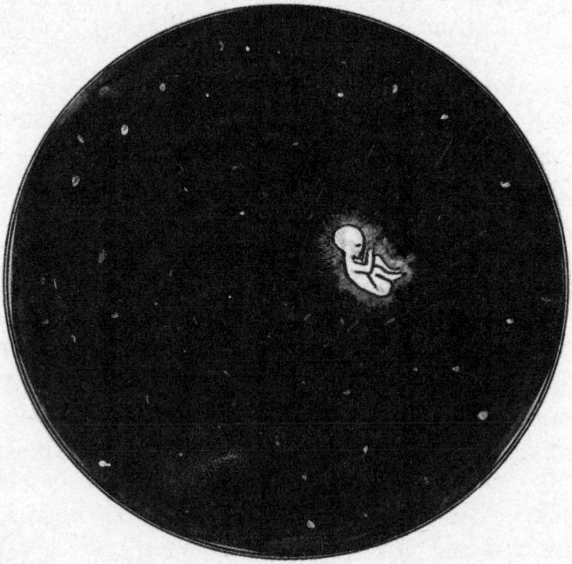

«Ich schaue mir mein Bild an, und jedesmal, wenn ich es sehe, erschrecke ich. Es ist ganz von selbst entstanden, und ich nehme jetzt erst wahr, was ich gemalt habe, wieviel Schmerzhaftes und Furchtbares darin zu sehen ist ... Irgendwann ging das Gestrampel los, mein Körper bewegte sich von alleine. Als ich in die Kerze ging und hochgehoben wurde, schreie ich – es schreit mich, laut und kläglich. Ich friere ganz entsetzlich, bin schon starr vor Kälte. Der ganze Körper beginnt heftig zu zittern in ruckartigen Bewegungen. Ich atme tief und ruhig, bin völlig reglos, aber vollkommen da, mit einer Wachheit, die ich sonst nicht kenne» (dritte Sitzung).

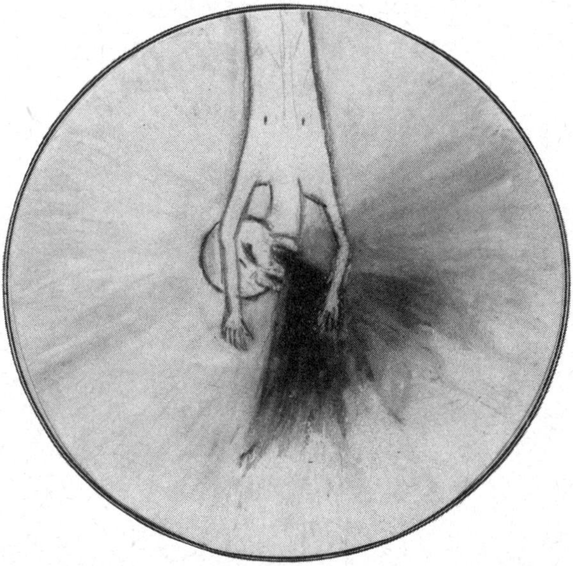

«Und dann ging alles ganz schnell. Ich hatte bald meinen Rhythmus gefunden, und nach kurzer Zeit waren meine Beine wieder in der Luft. Ich mache an derselben Stelle weiter, an der ich letztes Mal aufgehört habe. Was in der letzten Sitzung jedoch noch ein klägliches Schreien war, kommt jetzt klar und stark aus dem Bauch. Ein existentieller Schrei, der mich als ganzen Menschen enthält. Dann liege ich in deinen Armen. Ich schluchze und weine tränenlos. Ich hab's geschafft. Ich bin zur Erde gekommen. Ich bin auf der Welt, und ich lebe und bin stark. Ich werde immer ruhiger, bin glücklich, mir ist warm. Dann bewege ich meine Arme, mir ist, als werden sie bewegt. Große Freude durchströmt meinen ganzen Körper, und plötzlich sehe ich in der Ferne einen Buddha, der schnell größer wird. Aus seinem Bauchnabel kommt ein heller Strahl, der in meinen Bauch geht. Ich liege ruhig da und genieße das Gefühl in meinem Bauch, und dann spüre ich einen Energieschub, der durch meinen Körper zuckt» (vierte Sitzung).

Ein vertieftes Verständnis für die mit dem Wiedererleben der Geburt verbundenen Erfahrungen und eine Möglichkeit, bestimmte transpersonale Erlebnisse einzuordnen, ergibt sich aus den Forschungen von Stanislav Grof. Bei seiner Analyse von LSD-Therapiesitzungen fand er vier verschiedene Erlebnismuster, die sich mit den Stadien des biologischen Geburtsprozesses in Zusammenhang bringen ließen. Diese «perinatalen Matrizen» enthalten jeweils ganz spezifische Grundelemente und Attribute, die sich auch bei Verstärkter Atmung zeigten. Ich stelle die vier Matrizen im folgenden kurz dar (nach Grof 1978, 1983) und veranschauliche sie anhand von Beispielen aus den atemtherapeutischen Sitzungen. Diese Erlebnismuster tauchen meist nicht in dieser chronologischen Folge auf, und die beschriebenen Grundelemente erfahren im Erleben des einzelnen eine jeweils individuelle Tönung. Das Erleben einiger Teilnehmer scheint oft auch besonders von einem dieser Muster bestimmt zu sein, was darauf hindeutet, daß sie einer grundlegenden Haltung und Einstellung verhaftet sind, die oft das gesamte Lebensgefühl prägt und mit Hilfe dieser Matrix-Einordnung zugänglicher wird.

1. Die Ureinheit mit der Mutter: Erfahrungen, die mit dieser Matrix zusammenhängen, sind mit dem Zustand der intrauterinen Existenz verknüpft, der symbiotischen Einheit von Fetus und Mutter. Die damit verknüpften Gefühle sind: Ruhe, Heiterkeit, Glückseligkeit, Ehrfurcht. Die Erfahrung dieser harmonischen Einheit ist mit Worten oft nicht darstellbar, sie ist zeitlos, erschließt den Zugang zu Kenntnissen von fundamentaler Weisheit, zu komplexen Einsichten in das Sein. Eine kindlich-abhängige, zuversichtliche Haltung fördert oft den Zugang zu transpersonalen Erfahrungen, zum Beispiel zu Identifikationen mit Pflanzen, Tieren, Gottheiten. Krankheiten oder seelische Belastungen der Mutter, Abtreibungsversuche oder schädigende Reize (Alkohol, Nikotin, Lärm) erlebt das Ungeborene als Störungen der Geborgenheit (unangenehmer Geschmack im Mund, Übelkeit, Ekel, Kopfweh, Frieren). Beengung und Druck empfindet es jedoch noch nicht.

«Zusammengerollt wie eine Kugel an einem Faden, so als ob ich mich immer zusammengerollt kopfüber entrollend in eine andere Kugel verwandle, die sich im Rollen bewegt – schwerelos. Ein unbeschreibliches Gefühl von Bewegung, das mich weinen ließ, als ob ich nur aus Glückseligkeit im Weinen existiere. Ich segle mitten durch den Raum, tauche ins Blaue wie in Wasser, das nicht naß war. Es war überwältigend schön, rotleuchtend und hell von oben, der Raum schien blau, Luft und Wasser waren eine Materie, ohne Widerstand, in der ich als leuchtende Kugel rollte. Anschließend fühlte ich mich ganz leicht, fast schwerelos. In mir flutete und pulsierte es noch über Stunden; mir war, als ob alle Poren geöffnet seien» (weiblich, 44, vierte Sitzung; die hier erfahrene beglückende Beweglichkeit wirkt als heilende Erinnerung auf die im Alltag erlebte körperliche Starrheit). – «Ich sah ein violettes Licht und dann mich selbst frei im Weltraum schweben. Und ich fühlte das auch: Ich bin der einzige Mensch im ganzen Universum – das ist unheimlich schön. Ich bin ohne Ziele, ohne Gewicht, ohne Vergangenheit, ohne Gegenwart, ohne Zukunft, ohne Zeit» (männlich, 26, erste Sitzung).

«Ich fühle mich völlig biegsam und leicht, bewege mich ohne Anstrengung im Wasser. Die Wellen brechen sich mit weicher Kraft. Plötzlich Angst, ich verliere mein ur-vertrautes Gefühl. Ich rieche, schmecke Chlorwasser. Nasengänge und Kehle verschließen sich, Erstickungsgefühle. Ich ziehe mich zusammen, atemlos, hoffnungslos – Schmerz» (männlich, 33, erste Sitzung).

2. Antagonismus mit der Mutter: Dieses Erlebnismuster steht im Zusammenhang mit der Bedrängnis durch die beginnenden Kontraktionen der Gebärmutter, wobei der Muttermund jedoch noch verschlossen, der Weg nach draußen noch nicht frei ist. Dabei werden Mutter und Kind einander wechselseitig auch zur Schmerzquelle. Die Kontraktionen stellen jedoch auch eine intensive und lustvolle Umarmung und Hautstimulation dar, mit der zugleich alle wesentlichen Organfunktionen aktiviert werden. Diese Erfahrung wird bei Frühgeburten (meist stark beschleunigter Geburtsverlauf), Kaiserschnitt oder intensiver Narkotisierung unterbrochen (Tietze 1984).

Diese Erfahrungen werden besonders bedrohlich, wenn es sich um eine Geburt mit stark verlängertem Ablauf handelt oder wenn Mutter und Kind ambivalente Haltungen zueinander haben. Zu dieser Matrix gehören Erfahrungen des Eingeschlossenseins, der Hölle, der bedrängenden Dunkelheit und die hoffnungslosen oder auch bösen Aspekte des Seins. Es ist die Erfahrung einer existentiellen Krise, die mit einem tiefen Empfinden von Sinnlosigkeit, Hoffnungslosigkeit und Entfremdung oder auch mit der Wahrnehmung einer lebensbedrohenden Gefahr einhergehen kann. Begleitet wird das Erleben von heftiger Angst oder der Erfahrung, von etwas Ungeheurem verschluckt zu werden. Dabei kann der Fetus starken Druck auf Kopf und Körper spüren oder auch Schmerzen in verschiedenen Körperteilen, Atemschwierigkeiten, Herzbeklemmung, Erstickungsgefühle, Hitze- und Kältewallungen. Mit diesen Erfahrungen können sich später Erinnerungen an Unfälle und Operationen oder an bedrohliche Situationen in der Ursprungsfamilie verbinden.

«Mein Haupterlebnis war Angst und das Gefühl, standhalten zu müssen. Standhalten einem Druck – ob von außen oder innen, konnte ich nicht auseinanderhalten –, der mich zerdrükken wollte. Und ich hatte Angst, nicht dagegen anzukommen, zermalmt zu werden. Ich ‹fühlte› meine Eltern, die mich mit ihren Forderungen ständig unter Druck gesetzt hatten. Und ich hatte den Eindruck, entweder zu sterben oder mit großer Eigeninitiative mich zu wehren. Zeitweilig fühlte ich mich verlassen wie ein kleines Kind, das sich selbst nicht mehr spürt. Und ich hatte das Bedürfnis, durch Berühren meines Gesichtes, meines Körpers, mir zu zeigen, daß es mich gibt, obwohl ganz massiver Druck auf mich ausgeübt wird. Ich fühlte mich vergewaltigt und verlassen, als mein Kopf festgehalten wurde. Dann verlor ich den Kontakt nach draußen. Ich spürte nur noch Angst – und das Gefühl, es allein machen zu müssen. Ich hatte das Gefühl, meine Arme und Beine seien an den Körper gefesselt – ich kann mich nicht bewegen. In einer großen Hülle lag mein gefesseltes, ganz kleines Ich» (weiblich, 39, erste Sitzung). – «Ein tiefes Gefühl von Sinnlosigkeit wurde deutlich. Das Gefühl der Sinnlosigkeit meines Tuns beherrschte mich. Alles sinnlos, mein Handeln, mein Leben. Es gibt keinen Sinn. Ich höre auf, mich zu wehren. Ich schrie und schluchzte. Die Sinnlosigkeit wurde immer deutlicher. Das Leben ist sinnlos. Mir geht es nur schlecht. Ich hob meine Hände, suchte meine Mutter, suchte Liebe. Da war nichts, niemand hilft mir. Ich rollte mich in Embryostellung zusammen» (männlich, 27, fünfte Sitzung).

3. Synergie mit der Mutter: Dieses Erlebnismuster steht im Zusammenhang mit der Vorwärtsbewegung des Fetus im Geburtskanal; der Muttermund ist geöffnet, die Kontraktionen gehen weiter. Diese Erfahrung ist für den Fetus mit einem heftigen Kampf um Befreiung verbunden. Er erlebt heftigen mechanischen Druck und häufig einen Erstickungszustand, auch

Würgen, Erbrechen, Herzbeklemmung, Zittern, Zucken, Schütteln des Körpers. Frieren und Hitzewallungen sind von hoher Intensität und gehen oft mit schmerzhafter Verspannung und explosionsartiger Entladung einher, wobei mächtige Energieströme den Körper durchziehen und intensive Bilder auftauchen können. Das Erleben kann unterdrückte aggressive Impulse entfesseln. Oft ist es mit Schmerz und sexueller Erregung verbunden. Auch kann es die Verwandlung von Schmerz in Lust erfahrbar machen und als Jagd, Kreuzigung oder reinigendes Feuer erlebt werden.

«Der Druck löst sich mit einer Explosion, die Bilder überschlagen sich: Blut, Eiter, Leichenhaufen, Kampf, Schlägereien. Ich bin im Gefängnis oder vielmehr in einem Kerker. Zuerst bin ich eingesperrt, sitze hinter dicken Gittern, dann bin ich die Kerkermeisterin, die für Zucht und Ordnung sorgt. Ich fühle mich in der Rolle ziemlich wohl: über das Schicksal anderer Menschen bestimmen zu können, sie zu schikanieren ... es folgen Kriegsbilder. Ich kämpfe in vorderster Front zu Pferde eifrig mit, ohne Rücksicht auf Verluste. Dann sehe ich ein Bild vor meinen Augen aufsteigen, unten links und rechts schwarz, darüber viel Lichtes: gelb, türkis, grünlich, bläulich. Ein gottähnliches Wesen erscheint und sagt zu mir: Das macht ja deine Vollkommenheit aus, daß du alles in dir hast» (weiblich, 38, fünfte Sitzung; hier deutet sich auch schon der Übergang in die nächste Phase an.) – «Dann werde ich zum indianischen Zauberer, der an einer Zeremonie teilhat. Ich wollte tanzen, rufen, schnaufen, und mich durchfuhr ein nie gekanntes Macht- und Kraftgefühl. Ich hörte Elefantengebrüll und war so angesprochen, daß ich antworten mußte. Jagd kündigte sich an. Ich war wie von einem Fieber besessen, fühlte den Speer in meinen Händen. Als ich den Speer in einen Löwen rammen wollte, konnte ich plötzlich nicht mehr und rief verzweifelt ‹Bongi, Bongi› und drohte vor Traurigkeit umzukommen. Dann sah ich mich als schwarzen Jäger durch die Savanne laufen. In einem anderen Kraftaufschwung fühlte ich mich wie ein Gladiator, furchtlos, voller Energie» (männlich, 33, dritte Sitzung). – «Ich spüre, sehe, wie lauter kleine bunte Flämmchen – gelb, grün, blau, rot – an mir hochzüngeln, ein Teil von mir scheint in diesen

Flämmchen aufgegangen zu sein. Ich sehne mich nach einem großen Feuer; ich sehe mich an einem Pfahl festgebunden, ein Tuch um meine Augen. Ich stehe auf einem Scheiterhaufen, um als Hexe verbrannt zu werden. Die Flammen lecken an mir empor. Ich bin nicht verzweifelt. Mir scheint, als könnte man mir nichts antun. Ich spüre, daß ich unverletzbar bin. Ich verbrenne und sehe, daß mein Körper wieder neu entsteht, unversehrt geblieben ist» (weiblich, 36, dritte Sitzung).

4. Beendigung des symbiotischen Einsseins und Bildung einer neuen Beziehungsform: Der Höhepunkt des heftigen, oft qualvollen Erlebens wird überschritten, die Ausstoßung aus dem Geburtskanal gelangt zum Ende; plötzliche Erleichterung und Entspannung stellen sich ein. Das Neugeborene erlebt, wie sich die Atemwege öffnen. Damit verbunden sein kann später ein konkretes Wiedererleben der Umstände, unter denen sich die eigene Geburt vollzog, oder auch eine Überschreitung gewohnter Bezugssysteme. Es können blendendes weißes oder goldenes Licht, kosmische Einheit, Erlösung, Liebe, Demut erlebt werden. Diese Erfahrungen ähneln denen des Fetus im Mutterleib. Im Nacherleben dieser Phase können sie ein vertieftes Gefühl der Selbstachtung und der Verbundenheit mit einer höheren Ordnung wachrufen.

«Ich kniete, es war ein Knien vor Gott. Gleichzeitig demütig, anbetend und ein festes Ruhen voller Kraft und Würde. Es war wundervoll zu spüren, daß diese beiden Qualitäten, Würde und Kraft, in mir sind» (männlich, 32, sechste Sitzung). – «Dann stieg eine Energie in mir auf, die ich nicht zu beschreiben vermag. Vor mir sah ich ein gleißendes Weiß, ein Oval, das am Rand goldgelbe Strahlen hatte. Ich spürte immer mehr Energie und ihren Fluß in mir, und je mehr ich davon spürte, um so näher kam das Oval, bis ich das Gefühl hatte, darin zu liegen. Es umgab mich, ich fühlte mich ‹rund›, ‹ganz›, und ließ es strömen» (männlich, 27, sechste Sitzung). – «Ich spüre, wie gern ich lebe. Genieße diesen Augenblick, lache vor Lebenslust. Doch da werde ich das Stöhnen, Schreien um mich herum gewahr. Ich beginne zu weinen, weil ich den Schmerz der anderen wahrnehme. Ich erkenne: Beides ist da – Freude und

Schmerz ... In mir wächst ein Gefühl tiefer Dankbarkeit und Ehrfurcht. Meine Hände berühren sich, und ich bedanke mich, bei wem, das ist mir unklar» (weiblich, 36, vierte Sitzung).

Der gegenwärtige Stand der Forschung läßt keine eindeutigen Aussagen darüber zu, auf welche Weise solche Erfahrungen mit den tatsächlichen Umständen der Geburt zusammenhängen. Einige Teilnehmer hatten den Eindruck, in ihrem Prozeß tatsächlich bestimmte Phasen des Geburtsprozesses nachvollzogen zu haben. Solche Erlebnisse wurden manchmal verständlicher, wenn die Teilnehmer ihre Mütter nach bestimmten Einzelheiten fragten. Sie waren meist auch von spezifischen Körpersensationen, zum Beispiel Zittern, begleitet, und auch die Körperhaltung, die die Teilnehmer während solcher Erfahrungen einnahmen, erinnerte oft an die eines Fetus oder eines Neugeborenen. Andere Erlebnisse wurden erst nachträglich mit den Phasen des Geburtsvorganges in Verbindung gebracht und mit Hilfe der perinatalen Matrizen verständlich. Diese Matrizen lassen sich am besten als Versuch verstehen, dynamische Steuerungsmuster mit archetypischem Charakter zu beschreiben. Als Archetypen benannte C. G. Jung die eigentlichen, jedoch nicht sichtbaren Wurzeln, die unsichtbaren Kraftfelder und Ordnungsmuster des Bewußtseins. Ihr Bedeutungskern ist letztlich nicht beschreibbar, er läßt sich nur umschreiben.*

In der Intensität und in der Tiefe, mit der die Geburts- und Übergangserlebnisse den einzelnen ergreifen, erinnern diese Erfahrungen auch an Übergangsriten und Initiationszeremonien verschiedener Mysterienschulen. Sie hatten die Funktion, den Menschen mit existentiellen Grunderfahrungen und mit der Möglichkeit seiner Vernichtung zu konfrontieren und ihn so zu einer qualitativ neuen Sinngebung anzuregen.

Die Erlebnisse deuten jedoch an, daß wir alle mit unserer

* Diese Sehweise wird zur Zeit auch als Hypothese zur Klärung von Phänomenen in anderen Wissenschaftsbereichen einbezogen. So beschreibt der Biologe Rupert Sheldrake (1983) sogenannte morphogenetische, das heißt formgebende Felder, die ihrem Charakter nach transzendent sind, jedoch die gesamte belebte und unbelebte Schöpfung in ihrer Ordnung, Regelmäßigkeit und Veränderbarkeit über Raum und Zeit hinweg organisieren.

Geburt eine solche «Einweihung in die Geheimnisse des Seins» durchlebt haben: Wir haben die Ureinheit mit dem tragenden und nährenden mütterlichen Grund erfahren, die Ausweglosigkeit in der Beengung gespürt, uns unter Druck, Schmerz und Lust den Weg zum Licht erkämpft und die Durchtrennung der symbiotischen Verbindung erlebt. Indem diese Erfahrungen in die bewußte Wahrnehmung gehoben und als erlebtes Wissen verfügbar werden, können sie eine neue Einstellung zum Leben erschließen. Aus der Erinnerung an die Phasen der Geburt kann ein grundlegendes Vertrauen erwachsen. Eine neue Haltung wird möglich, mit der der einzelne Schwierigkeiten und Lebenskrisen besser tragen und bewältigen kann.

Solche Erlebnisse gaben auch allen Beteiligten ein Gespür für die Bedeutung der vorgeburtlichen Beziehung zwischen Mutter und Kind und dafür, daß das ungeborene und das neugeborene Kind ein empfindungs- und bewußtseinsfähiges Wesen ist. Vor allem wecken diese Erfahrungen auch das Interesse an einer «sanften» Begleitung bei der Geburt, wie sie Frédérick Leboyer (1981) bekannt gemacht hat, einer Form der Entbindung, bei der das Neugeborene nach seinem schmerzvollen und erschöpfenden Weg durch den Geburtskanal mit liebevollem Verständnis empfangen und betreut wird.

Mandala-Bilder

Nach jeder Atemsitzung bat ich die Teilnehmer, ihre jeweils wichtigste Erfahrung auch zu malen. Als Vorlage diente ihnen eine leere Kreisform, ein sogenannter Mandala-Kreis. Diese Kreisform scheint das Bemühen, wesentliche seelische Erfahrungen zu projizieren und auszudrücken und sich auf Bedeutsames zu zentrieren, besonders zu fördern. Die Bilder hatten die Funktion, das ganzheitliche Erleben und prozeßhafte Veränderungen zu dokumentieren. Sie erwiesen sich auch als sehr geeignet, bei den Gruppensitzungen den Austausch innerer Erfahrungen zu stimulieren. Für die Teilnehmer verbildlichten sich in den Mandalas oft starke emotionale Erschütterungen sowie Versuche, Gegensätze und Konflikte innerhalb ihrer Psyche symbolisch zu überwinden und zu versöhnen. Solche Erlebnisse wurden beim erneuten Betrachten der Bilder häufig erneut aktiviert; der starke emotionale Gehalt vieler Bilder war auch für andere Betrachter spürbar.

«Mandala» ist ein Wort aus dem Sanskrit. Es bezeichnet den rituellen und magischen Kreis und ist ein universelles Symbol für das Wesen, das es selbst ist, es selbst wird und in sich selbst zurückkehrt. Der Kreis ist eine Urform; er findet sich in der Natur und in den Bauformen der Materie, und er gehört zu den ältesten religiösen Symbolen der Menschheit. Man findet das Mandala bei allen Völkern und in allen Kulturen. Die ältesten Mandala-Darstellungen stammen aus der Alt-Steinzeit, kreisförmige Felsritzungen, die lange vor der Erfindung des Rades entstanden sind und deren Alter man auf bis zu 30000 Jahre schätzt. Das Mandala findet sich auch in indianischen Zeichnungen, die zu kultischen und Heilzwecken mit farbigem Sand auf dem Boden gestaltet werden. Ihre vielleicht eindrucksvollste und sehr komplexe Ausformung erhielten Mandalas in östlichen Kulturen – vor allem im Lamaismus und Tantrischen Yoga –, wo sie ein Kosmogramm, das wesentliche Schema des Universums, darstellen und als Objekt der Kontemplation dienen, in deren Verlauf das Ich zurücktreten kann und das Zentrum des Seins – nach Jung das Selbst – erfahrbar wird. Auch die Fensterrosetten der Kathedralen können als kosmische Mandalas verstanden werden. Und es ist ein wichtiges Element in der Architektur – als Grundriß etwa für Sakralbauten und Städte – oder auch im Tanz.

C. G. Jung hat das Mandala vierzehn Jahre lang studiert, bevor er sich an eine Deutung wagte. Er verstand es als Symbol menschlicher Ganzheit und auch als Ausdruck eines seelischen Zentrierungsprozesses, der in Zeiten psychischer Desorientierung als unbewußter Selbstheilungsversuch spontan in Träumen und Phantasien auftaucht. So stellt das Mandala auch ein Ordnungsschema dar, das «sich über das seelische Chaos legt, so daß das auseinanderfließende Ganze durch den hegenden und schützenden Kreis zusammengehalten und zugleich der Mensch in einen unpersönlichen Zusammenhang gestellt wird» (Jaffé 1983).

Im Zusammenhang mit der Erforschung dieses Symbols begann Jung über eine längere Zeit selbst seine Visualisierungen und seine innere Befindlichkeit mit Hilfe der leeren Kreisform darzustellen. «Anhand der Bilder konnte ich die psychischen Wandlungen von Tag zu Tag beobachten ... Nur allmählich kam ich darauf, was das Mandala eigentlich ist: ‹Gestaltung – Umgestaltung, des ewigen Sinnes ewige Unterhaltung.› Und das ist das Selbst, die Ganzheit der Persönlichkeit, die, wenn alles gut steht, harmonisch ist, die aber keine Selbsttäuschungen erträgt. Meine Mandala-Bilder waren Kryptogramme über den Zustand meines Selbst, die mir täglich zugestellt wurden. Ich sah, wie das Selbst, das heißt meine Ganzheit, am Werke war ... Es kam mir vor wie die Monade, die ich selbst bin und die meine Welt ist. Das Mandala stellt diese Monade dar und entspricht der mikrokosmischen Natur der Seele ... Erst als ich die Mandalas zu malen anfing, sah ich, daß alles, alle Wege, die ich ging, und alle Schritte, die ich tat, wieder zu einem Punkt zurückführten, nämlich zur Mitte. Es wurde mir immer deutlicher: das Mandala ist das Zentrum. Es ist der Ausdruck für alle Wege. Es ist der Weg zur Mitte, zur Individuation» (Jaffé 1981).

Über die Gestaltung seines inneren Erlebens in den Mandala-Bildern wurde Jung deutlich, daß das Ziel der psychischen Entwicklung in der Verwirklichung des Selbst, verstanden als Ausdruck der individuellen Schicksalskombination, besteht. Er beobachtete dabei auch, daß diese Entwicklung, die Annäherung an das Selbst, nicht linear, sondern in kreisenden Bewegungen verläuft. Darüber hinaus erkannte Jung, daß das uralte Symbol des Mandalas an sehr tiefe Schichten des Unbewußten rührt und sie auf eine Weise aktiviert, daß sie aus der Tiefe in das Bewußtsein aufsteigen können.

Auf die Bedeutung des Mandalas, des Kreises als Medium der Kontaktaufnahme mit einem anderen Bewußtseinszustand, einer tieferen Seh- und Erlebnisweise, weist auch Michael Harner hin. Bei der Erforschung schamanischer Rituale bemerkte er immer wieder, daß der Schamane bei dem Versuch, in eine andere Erkenntniswelt vorzudringen, eine runde Öffnung, einen Kreis, einen Tunnel visualisiert. «Das konzentrische Motiv», schreibt er, scheint «charakteristisch für die visionäre Erfahrung selbst zu sein und steht für die Öffnung, durch welche der Schamane in die Unterwelt oder in den Himmel eintritt und das physische Universum transzendiert» (Harner 1982).

Möglicherweise stellt der Mandala-Kreis auch das optische neuronale Muster dar, das sich auf dem Weg von der intrauterinen in die extrauterine Welt als exemplarisches Bild des Übergangs einprägt.

Die bildlichen Gestaltungen der Teilnehmer zu ihren Prozeßerfahrungen waren außerordentlich vielfältig und auch von unterschiedlicher Ausdruckstiefe. Doch bis auf sehr wenige, die gedanklich konstruiert wirken, brachten sie alle das Ganzheitliche der Prozeßerfahrung mit einer Kraft zum Ausdruck, die über die sprachliche Darstellung hinausgeht. Oft gestalteten die Teilnehmer innere Bilder, die sie während der Sitzung gesehen oder auch als Szenen miterlebt hatten. Andere setzten ein wesentliches Gefühl oder auch eine körperliche Erfahrung in ihr Bild um. Für viele von ihnen war es neu, Erlebnisse auch bildlich darzustellen. Unter dem Eindruck des erlebten Prozesses erlaubten sich jedoch die meisten, die Kreisform ohne Vorüberlegungen einfach auszumalen, und erlebten dabei, «daß das Bild in dem leeren Kreis irgendwie schon enthalten war» – oder: «Die Bilder, die ich normalerweise in Worte gesetzt hätte, waren einfach da, ich rang nicht um sie. Das hat mich tief berührt.» Das Malen löst oft auch Hemmungen, die viele während der Schulzeit erworben haben: «Meine Einstellung zu den Bildern änderte sich im Lauf der Zeit. Zu Anfang war es mir lästig, zu den Stiften zu greifen, und ein sehr frühes ‹Du kannst nicht malen› klang mir in den Ohren. Ich hatte Hemmungen, mein erstes Bild zu malen, und auch, es den anderen vorzustellen. Mit der Zeit lernte ich, mich in den Bildern auszudrücken. Ich malte nicht mehr gegen einen Anspruch an, sondern das, was aus mir herauskam. Diese Bilder trafen immer meine Erfahrungen und drücken sie sehr oft einfacher aus als meine Worte – oder auch tiefer.»

Im folgenden gehe ich auf einige allgemeine Aspekte ein, die zum Verständnis und zur Deutung der Bilder beitragen. Die beiden auffälligsten Gestaltungsmittel eines Bildes liegen in der Farb- und Formgebung.

«Farben sind Strahlungskräfte, Energien, die auf uns in positiver oder negativer Weise einwirken, ob wir uns dessen bewußt sind oder nicht», schreibt Johannes Itten in seinem kunstpädagogischen Standardwerk ‹*Kunst der Farbe*›. Farbliche Strahlungsfelder erleben wir in der Natur, aber auch in der beruflichen, häuslichen oder kultischen Umwelt. Als Farben nehmen wir bestimmte Schwingungsfrequenzen des Lichts wahr. In unseren Augen gibt es zwei verschiedene Arten von Rezeptoren für Lichteindrücke, die einen für die Wahrnehmung von Hell-Dunkel-Tönen, die anderen für das farbliche Sehen. Zwischen Weiß und Schwarz liegen alle Farben des Spektrums, und jede Farbe ist charakteristisch durch eine bestimmte Wellenlänge, in der sie Lichtstrahlen, die auf sie treffen, reflektiert und so als Farbe für uns wahrnehmbar macht.*

* Die Farbtherapie, die ihren Ursprung in den östlichen Heiltraditionen hat, geht davon aus, daß Farben nicht nur über die Augen, sondern auch über die Haut aufgenommen werden und daß sie nicht nur emotional, sondern auf den

Farben und Empfindungen stehen in einer sehr engen Wechselbeziehung zueinander. Farben können uns gefühlsmäßig beeinflussen und einen förderlichen oder störenden Einfluß auf unser Wohlbefinden haben. Andererseits drücken wir mit ihnen unsere Befindlichkeit und unsere Gefühle aus – in den Farben unserer Kleidung, in der Gestaltung unserer Umwelt oder beim Malen. Farbe ist ein Gestaltungsmittel, das Gefühle sehr direkt ausdrücken kann.

Bei der Deutung muß jedoch sorgfältig vorgegangen werden. Es ist wichtig, die Ambivalenz der Farben zu berücksichtigen. Man kann ihnen nicht direkt spezifische umschriebene Stimmungen und Gefühle zuordnen. Jede Farbe drückt etwas Bestimmtes jeweils unter positivem oder negativem Vorzeichen aus, das heißt sie verhält sich ambivalent. So kann zum Beispiel ein tiefblauer, sonnenüberstrahlter Himmel Weite ausdrücken und belebend wirken. Wenn dieselbe tiefblaue Farbe von einem dunklen Rahmen umgeben ist, wirkt sie eher niederdrückend und schwermütig. Mondlicht hat einen vollkommen anderen Charakter als Sonnenlicht, obwohl die Farbkombination gelb/blau dieselbe sein kann. Auch die Bedeutung eines roten Tons kann von seiner Anordnung im Malraum abhängig sein und ganz verschieden aufgenommen werden: Er kann Gesundheit andeuten und Kraft ausstrahlen oder aber Zorn ausdrücken, Blut, Zerstörung und Schmerz. Gelb kann in bestimmten Tönungen als goldenes Strahlen oder als Symbol der Erleuchtung aufscheinen, in anderen wiederum feindselig, wahnhaft, krank wirken. Schwarz und Weiß, die Grenzwerte der Farbskala, können einerseits herausragende Erfahrungen und Gefühle betonen (Tod und Leben; Trauer, Schmerz, Reinheit, Erneuerung), andererseits aber auch einen Mangel an emotionaler Bewegung ausdrücken. Die Tiefenpsychologin Jolande Jacobi (1981) weist darauf hin, daß es günstig ist, den Malenden die Gestaltungsmittel selbst wählen zu lassen. Sie

gesamten Organismus subtil verändernd wirken. So wird zum Beispiel die Bestrahlung mit spezifischem Farblicht bei Menschen, Tieren und Pflanzen zur Förderung von Heilprozessen, zur Vitalisierung oder Schädlingsbekämpfung eingesetzt (Eberhard 1984).

stellte im Laufe ihrer langjährigen Beobachtungen fest, daß Menschen, die Schwierigkeiten haben, ihre Gefühle zuzulassen, lieber mit Bleistift oder Tusche malen, also farblos. Erst ein Prozeß, der sie mit ihren Gefühlen in Berührung bringt, setzt in ihnen Impulse frei, ihr Erleben farbig darzustellen. Auch das Auftreten nichtfarbiger Bilder in einer Serie farbiger Darstellungen weist in den meisten Fällen auf eine stärkere Angst und Distanz gegenüber dem Erlebten hin.

Hinsichtlich der Formgebung bieten sich dem Malenden schier unendliche Möglichkeiten, sein Erleben zu gestalten. Erlebnisse lassen sich konkret oder abstrakt darstellen, mit weichen, fließenden oder harten, starren Formen. Die Formgebung kann genau und sorgfältig oder auch nachlässig und, wie die Farbe, intensiv und tief oder flach und verhüllt wirken. «Um den Ausdruck einer Form zu verstehen», schreibt Heinrich Frieling (1968), «genügt es nicht, sie anzustarren, sondern man muß sich zeitlich in sie versetzen, das heißt man muß mit der Linie mitwandern, eine Form umfahren, um sie zu erfahren. Versetzt man sich in ein hohes, spitzes Dreieck und hernach in ein sehr breites, niedriges, so kommt es einem vor, als ob man geduckt werden würde. Ein hohes, schmales Rechteck hat etwas Hochfahrend-Stolzes; ein wohlproportioniertes, liegendes etwas Behäbiges oder auch Ruhendes.» Auch weist Frieling darauf hin, daß die Harmonie eines Bildes in der Übereinstimmung von Farb- und Formaussage besteht. Wie die Farbenwahl kann auch die Formgebung Aufschluß über die innere Haltung des Malenden zum gestalteten Erleben geben. Gregg Furth (1982) zeigt auf, daß Strichfiguren oft eine Scheu des Malenden ausdrücken, sich mit seiner wahren Identität zu konfrontieren und sie zu enthüllen. Erlebnisse, in denen der Mensch sich seiner inneren oder äußeren Realität nicht stellen will oder sie verleugnet, werden häufig abstrakt dargestellt.

Besondere Beachtung verdienen auch der Bildrahmen und die Aufteilung des Malraums. Durch den vorgegebenen kreisförmigen Rahmen wurde für die Interpretation ein spezieller Aspekt geschaffen. Das Augenmerk richtet sich einerseits auf die Mitte des Kreises: Ist der formale Mittelpunkt aufgenommen worden in die Darstellung, das heißt spiegelt der Malende seinen inneren Mittelpunkt auf das Papier, oder ist er nicht mit dem Ausdruck seiner Mitte befaßt? Andererseits bildet der Kreis eine Grenze. Wie hat der Malende sie in die Darstellung aufgenommen, wie ist er mit ihr umgegangen? Ein solcher Rahmen kann schützen, kann betonen, kann abgrenzen, nach außen verschließen oder eine Darstellung von Ganzheit abrunden. Im allgemeinen wurde die Kreisgrenze nicht gesprengt, ausgeweitet oder weggemalt. Im Gegenteil – viele betonten den schützenden und zentrierenden Kreis. Im Malraum wurde jedoch nicht immer die Bildmitte hervorgehoben; Erlebnisse der Trennung (oben, unten; links, rechts), die körperlich gespürt oder seelisch erfahren wurden, fanden auch ihren bildlichen Ausdruck durch Spaltungen und Grenzziehungen in der Kreisfläche.

Alle diese Aspekte können Aufschluß geben über die Zentrierung des einzelnen und über den Umgang mit seinen Grenzen, den inneren und den ihm von außen gesetzten.

Die Bewegung eines Bildes drückt sich in der Art der Linienführung und Formgebung oder durch bestimmte Motive wie fließendes Wasser oder loderndes Feuer aus. Dabei kann es sein, daß nur Teile des Bildes in Bewegung sind und von anderen Teilen blockiert werden. Sowohl die Richtung einer Bewegung als auch ihr Charakter kann variieren, explosiv und drängend oder gleichmäßig fließend wirken. Die Art der Bewegung (nach oben/unten, links/rechts) läßt Rückschlüsse auf die Dynamik der Erfahrung und die Art der Emotionalität zu. Die Intensität eines Gefühls findet hier ihren Niederschlag. Im allgemeinen ist Bewegung auch mit Lebensimpulsen in Verbindung zu bringen, Statisches und Starres dagegen mit der Blockierung von Impulsen oder mit verminderter Lebensfülle.

Wichtig ist es auch, bei der Deutung eines Bildes darauf zu achten, wie stark es organisiert ist, das heißt welchen Grad an Verbundenheit und Geschlossenheit das Dargestellte erreicht. Möglichkeiten, im bildhaften Ausdruck Erlebnisse zu verbinden und zu trennen, liegen in der Verwendung der Farben und in der Linienführung. Mangelnde Integration muß jedoch nicht gleichbedeutend mit seelischen Störungen sein. C. G. Jung hat bereits festgestellt, daß Bilder, die sehr tief aus dem Unbewußten auftauchen, oftmals unzusammenhängend und chaotisch gemalt werden, während Bilder, die den näher an der Oberfläche liegenden Schichten entstammen, viel mehr den Eindruck von Geschlossenheit und Ordnung vermitteln. Die Organisiertheit eines Bildes läßt also Aussagen darüber zu, wie tief das Erleben und wie entwickelt die Integrationsfähigkeit des Malenden sind.

Fast jeder Teilnehmer brachte in seinem Prozeß ein Bild hervor, das eine so tief empfundene Erfahrung oder Erkenntnis ausdrückte, daß es auch noch Monate später – bei erneuter Betrachtung oder durch die Erinnerung an das Bild – dieselben Empfindungen aktivierte. In solchen Bildern waren oft innere Heilkräfte – wie das Erleben von Vertrauen, Liebe, Ganzheit – verbildlicht oder auch die Erkenntnis, womit das Leid in der eigenen Lebensgeschichte – oder auch der Familiengeschichte – verbunden ist und wie es sich auflösen läßt. Die Verbildlichung solcher tiefgreifender, nachwirkender Erfahrungen möchte ich an zwei Beispielen erläutern.

Die erste Abbildung stellt das Erlebnis einer achtunddreißigjährigen Frau aus ihrer vierten Sitzung dar. Sie genießt zunächst die Erfahrung, in einem bewegten Meer zu schwimmen, dann steigt sie in die Lüfte auf, in ein wunderbares Farbenmeer, in dessen Zentrum sie ein gottähnliches Wesen erwartet, mit dem sie sich vereinigt. In die Mitte ihres Bildes malt sie mit grüner Wachskreide einen Kreis. Die Kreisform wird deutlich immer wieder nachvollzogen. Von dieser so entstandenen Kugel, in deren Innern goldgelbes Licht leuchtet, strahlen, eng miteinander verbunden, gerade Striche bis an den Bildrand aus. Die Tönung ist im oberen Bildteil überwiegend gelb und orange, im unteren blau und grün. In diesem Bild treffen gegensätzliche Farb- und Formaspekte aufeinander: Die in sich ruhende Kugel, Symbol der Zentrierung und Vereinigung von Gegenpolen, steht den Strahlen gegenüber, einer nach außen gerichteten Bewegung. Die Gelb-Orange-Tönung ist dem Blau-Grün-Bereich entgegengesetzt und durchdringt ihn zugleich. So gesehen findet in der Darstellung eine Auseinandersetzung zwischen in sich ruhender, nach innen gerichteter Kraft und auswärts gerichteter Bewegung statt. Da die ausstrahlenden Kräfte auch im Zentrum der Kugel angedeutet sind, stellt das Bild darüber hinaus eine Bewegung und Bewegtheit dar, die der inneren Zentrierung entspringt. Die verschiedenfarbigen Strahlen im oberen und unteren Bildbereich lassen sich auch verstehen als Auseinandersetzung zwischen lichten Kräften, die das männliche und Bewußtseinsprinzip darstellen, und dunkleren Kräften, die das weibliche Prinzip und den Bereich des Unbewußten verbildlichen – das Lichthafte durch-

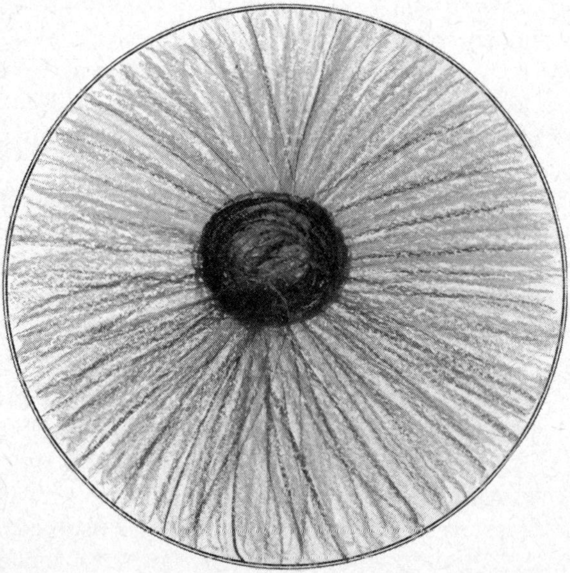

dringt den blau-grünen Bereich und erhellt ihn. Die grüne Farbe steht in der Mitte als Kugel, dem Farbcharakter der Bewahrung, Ruhe, Erneuerung entsprechend. Inneres und Äußeres, Oberes und Unteres sind miteinander verwoben, gehen ohne strenge Abgrenzung ineinander über – die Begegnung ist fruchtbar und verbindend. Die Ähnlichkeit der dargestellten Elemente mit der Pupille und Iris eines Auges läßt außerdem die Vermutung zu, daß die Malende eine Einsicht erfährt, einen Einblick in ihr Wesen und in die vielfarbigen Facetten, mit denen es ausstrahlt – wobei das dunklere Rot mit seiner Intensität, Kraft und Leidenschaft noch fehlt. Bedeutsam scheint die Zentrierung in der Mitte des Bildes zu sein. Sie betont die Innerlichkeit und Tiefe der Erfahrung und auch ihre fruchtbare Qualität sowie die Fähigkeit, das Gesehene und Erlebte zu integrieren. Die gewählten Farben sprechen auf der emotionalen Ebene Lebendigkeit und Bewegung an und drükken das Erleben von Offenheit, Weite und Gewährenlassen aus.

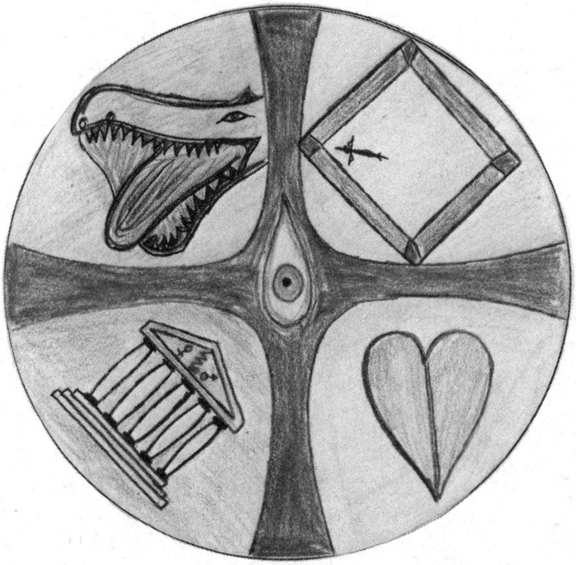

In der zweiten Abbildung tritt die Farbigkeit hinter der Bildgliederung und der Form der Bildelemente zurück. Die Darstellung bringt nicht so sehr eine gefühlsmäßige Bewegung als vielmehr den Versuch zum Ausdruck, bestürzende Erlebnisse zu verstehen, zu ordnen und zu integrieren. Das Bild zeigt das Erleben eines vierunddreißigjährigen Mannes aus seiner sechsten Sitzung. Ein blaues Kreuz teilt den Kreis in vier Quadrate. Es stellt die aufeinandertreffenden Messer dar, mit denen zwei Frauen und zwei Männer sich bekämpfen. In der Bildmitte erscheint das geöffnete Auge des Erlebenden, der das Geschehen erkennt und wahrnimmt. Er erblickt das Portal zu seinem Elternhaus mit den Zeichen des Geschlechterkampfes. Durch das Portal überschreitet er eine Schwelle und gerät in einen Bereich tieferer Erkenntnis: Er erinnert sich an die zahlreichen männlichen Vorfahren, die durch Selbstmord umgekommen sind. Und auch er wird von einem zahnbewehrten Drachenmaul – Ausdruck regressiver, unbewußter, weiblicher Kräfte – verschlungen und begegnet dem Kreuz, vor dessen Leidenssymbolik er erschrickt. «Dann sah ich mich selbst, wehrlos, mit ausgebreiteten Armen daliegen. Als Mann geopfert von den Frauen meiner Familie. Für ihre Enttäuschung, die sie mit meinen Vätern und Urvätern erfahren haben – von den Männern überhaupt in ihrer angeblichen und doch nur halben Stärke, die alles sein will und ohne das Weibliche nichts schaffen, schöpfen, erfahren kann.» Er versteht die vielfältige Bedeutung, die die Homosexualität in seinem Leben hat. Und in einem «tief friedlichen, glücklichen, liebenden und zeitlosen Moment» erfährt er mit großer Dankbarkeit, wie die Liebe ihn vom Kampf der Geschlechter und der Vernichtung durch das Weibliche erlöst. Dies stellt er mit dem Herzen dar, das männliche und weibliche Energie – hellblau und zartrosa dargestellt – umfaßt. Männliches und Weibliches sind noch in den zwei Herzkammern getrennt gehalten, und auch in der Zartheit der Farben ist ein eher freundschaftliches und noch kindlich-ungefährliches Miteinander ausgedrückt. Das dem Kreis eingeschriebene Kreuz gilt als Vermittler von Quadrat und Kreis und betont symbolisch die Verbindung zweier Polaritäten wie Himmel–Erde, männlich–weiblich. In den Kreuzungspunkt, zugleich Bildmitte, ist ein Auge gesetzt. Nur ein Auge ist nötig für die Erkenntnis, die das dreidimensionale räumliche Sehen erlebnismäßig überschreitet. Das Auge steht senkrecht, der Blick auf die Ereignisse erfolgt aus einer ungewöhnlichen, vielleicht auch Distanz schaffenden Perspektive – nur die tropfen- oder tränenförmige Form des Auges deutet die schmerzliche Tönung der Erfahrungen an. Das Bild ist sehr klar gegliedert, es ordnet die Erfahrungen zu vier Stationen. Der rechte untere Bildbereich kann oft der gegenwärtigen Situation des Malenden zugeordnet werden; hier enthält er das Herz und verbildlicht die Möglichkeit und den Wunsch nach liebender Bezogenheit.

Zweiter Teil

Einzelprozesse

Die Öffnung der Power-Mauer

«Ich fing wieder an, schnell zu atmen, und das Gefühl von Resignation verschwand. Dann ging alles sehr schnell. Ich fing an, mit dem Atem etwas herauszuschreien, und spürte, wie sich die Anspannung in mir löste.

Zwei oder drei Leute hielten mich fest, drückten mich auf den Boden, engten mich ein. Eine große Wut stieg in mir hoch, die raus mußte. Alles in mir strebte jetzt nach oben, voran die Füße und Beine. Ich wurde an den Beinen hochgezogen und höher und höher. Ich zappelte in der Luft, hilflos wie ein Neugeborenes. Ich schrie aus Leibeskräften.

Dann explodierte etwas mit unvorstellbarer Kraft in mir. Es flimmerte und blitzte vor einem glühenden Hintergrund. Dann einen Moment lang eine totale weiße Leere, kein Bewußtsein mehr von irgend etwas. Dann spürte ich, wie ich langsam wieder auf den Boden heruntergelassen wurde, und von dem Moment an erfüllte mich eine grenzenlose Traurigkeit, ich lag auf dem Boden und war nur noch Traurigkeit.

Ganz vage sah ich Bilder einer Landschaft, durch die ich mich als Kind hatte treiben lassen; die Felder, der ‹Lilienberg›, der Wald. Die Landschaft meiner Kindheit, durch die ich ungezählte Tage allein gestreift bin, in Selbstgespräch und Phantasien versunken. Sie war mir vertraut, steter, zuverlässiger, schweigender Hintergrund meiner Kinderjahre. Sie war für mich Spiegel, mit ihr konnte ich mich unterhalten. Sie war das langsam erschlossene Land meiner einsamen Expeditionen und Forschungen, in denen ich mir selbst Aufträge gab. Ich sitze auf ‹meiner› Birke und sehe in der Ferne Rauch aufsteigen. Dort brennt es! Ich schwinge mich auf mein Fahrrad und fahre los, stundenlang. Zunächst durch bekanntes Gebiet. Aber bald schon bin ich in einer Gegend, die ich noch nie zuvor gesehen habe. Der Rauch ist für mich einziger Orientierungspunkt. Immer scheint er zum Greifen nah – und doch scheine ich ihm nicht näher zu kommen. Schließlich kehre ich um und fahre wieder nach Hause. Ich bin einen ganzen Nachmittag unterwegs gewesen. Ich bin stolz auf mich – ich kann vieles, aber immer nur allein. Ich kann meine Erlebnisse mit keinem teilen – auch mit meinen Eltern nicht.

Auf dem Boden lag ich, von dieser Traurigkeit erfüllt. Und plötzlich konnte ich sie in Worte fassen: ‹Das arme Kind.› Diese Worte kamen aus mir heraus – und mit ihnen konnte ich meine Trauer hinausweinen, immer stärker und lauter. Ich löste mich in dieser Traurigkeit und in dem Weinen auf. Ich wurde getröstet. Ich war mit dieser Traurigkeit nicht allein.

Irgend etwas schaltete sich ganz tief in mir um: Ich konnte mich schwach und hilflos zeigen, Hilfe annehmen und um Hilfe bitten. ‹Helft mir› – zwei Worte, die ich noch nie gesagt hatte, kamen jetzt wie selbstverständlich. Nie hat dieses Kind um Nähe, Zuneigung, Liebe gebeten – und der Erwachsene auch nicht.

Stärke, die aus großer Einsamkeit stammt und aus der Angst, verlassen zu werden. Ein Lebensmuster: der Versuch, Nähe durch Stärke herzustellen.

Armes kleines Kind! Du bist die Sehnsucht nach Liebe, nach Nähe und Wärme in mir. Du möchtest mit den Menschen verbunden sein, zu ihnen gehören, dein Leben mit ihnen teilen. Du willst Liebe und andere lieben, du willst Nähe und anderen nah sein, du willst Wärme und andere wärmen. Viele Jahre bist du nun schon hinter der Power-Mauer versteckt. Du findest keine Öffnung, um hindurchzukriechen; und sie ist zu hoch, um über sie hinwegzuspringen. Sie ist aus festem Beton. Sie muß fest und stark sein, denn sie ist dein Bollwerk gegen Verletzung und Enttäuschung.»

Jan ist 32 Jahre alt, als er in seiner vierten Sitzung der grenzenlosen Traurigkeit und Einsamkeit seiner Kindheit wiederbegegnet. Dies Erlebnis wird eingeleitet durch heftige, wütende Bewegungen und lautes Schreien. Seine Beine und sein Unterkörper bewegen sich nach oben, die Helfer unterstützen diese unwillkürlichen Bewegungen. Als er mit dem Kopf nach unten in der Luft hängt, so gestützt und gehalten wird, verstärken sich die Bewegungsimpulse in Armen und Beinen. Eine Blockade zerspringt, ein anderer Bewußtseinsraum öffnet sich. Jan erfährt diesen Übergang als «totale weiße Leere». Dann ist er jenseits der Begrenzung, in der Erlebniswelt seiner Kindheit. Und während er in der Landschaft seiner Kindheit umherstreift, durchlebt er ein damit verbundenes Lebensgefühl erneut. Zugleich kann er wahrnehmen, daß er diesmal mit der Traurigkeit nicht allein bleibt. Er wird berührt, gehalten und getröstet. In Jan vollzieht sich eine innere «Umschaltung». Er kann gleichzeitig das Kind sein, die Traurigkeit leben, für sich selbst ein tiefes Mitgefühl und Verständnis empfinden und zum erstenmal um Hilfe bitten und Hilfe annehmen. Indem Jan seine tiefe Einsamkeit empfindet und zugleich um Trost bittet, erfährt und erkennt er die Begrenzung, die er als Kind zu seinem Schutz errichtet hat und mit der er sich auch von Kontakt abgetrennt hält. Diese Begrenzung stellt sich für Jan als eine feste, hohe Mauer aus Beton dar, die die anderen Menschen ausschließt. Die Mauer ist so hoch, daß er kaum sehen kann, was dahinter ist. Allein lebt er hinter der Mauer in seinem abgetrenn-

ten Raum. Jan stellt diese Erfahrung in einer Schwarz-Weiß-Zeichnung dar. Die Farblosigkeit seiner Bleistiftzeichnung bringt einerseits Gefühle von Angst, Hilflosigkeit und Schmerz zum Ausdruck, sie kann jedoch auch als Versuch verstanden werden, sich von dem Erlebten rational zu distanzieren. Die

Tiefenpsychologin Jolande Jacobi (1981) geht davon aus, daß farblose Darstellungen immer auf eine rationale Einstellung in bezug auf das Dargestellte hinweisen. So verstehe ich Jans farbloses Bild als einen Versuch, das Überwältigende des Erlebnisses und die Wucht der damit verbundenen Erinnerungen und Gefühle für sich faßbar zu machen und zu bewältigen.

Im Kontakt mit der Mauer, indem Jan sie erlebt und durchbricht, spürt er in sich den tiefen Wunsch nach Austausch, Wärme und Liebe. Dies wird von den Helfern mitempfunden, sie antworten ihm; Rudi, der ihn betreut, beschreibt seine Empfindungen: «Ich sah, daß er von heftigen Gefühlen geschüttelt wurde. Da kam bei mir eine Welle der Zuneigung ihm gegenüber hoch. Ich fühlte mich ihm sehr eng verbunden und nah. Viel Zuneigung und starke Sympathie. So etwa wie: Laß dich ruhig fallen, Jan, ich bin da, und ich helfe dir.»

Jan findet in dieser Sitzung Zugang zu einer sehr festen Verpanzerung, die er im Zusammenhang mit seiner Lebensgeschichte zu verstehen beginnt. Jan hat diese innere seelische Mauer, die sich auch körperlich als starke Blockierung des Zwerchfells zeigt, ausgebildet, um sich gegen Verletzungen und Enttäuschungen zu schützen.

Wilhelm Reich hat auf diesen Vorgang der Verpanzerung immer wieder hingewiesen. Er beschrieb diese körperlich-seelischen Blockierungen als «Charakter-» und «Muskelpanzer» und sah sie als Schutz, den das Kind entwickelt, um schmerzliche Erfahrungen oder (von der Umwelt abgelehnte) Impulse zu vermindern und zurückzuhalten – ein Schutz, der jedoch den freien Fluß lebendiger körperlicher und seelischer Energie unterbricht, hemmt, stört. Dem Erwachsenen ist der Schutzmechanismus meist gar nicht mehr bewußt, er erlebt die Verpanzerung als normal, die Erinnerung an die Lebendigkeit des Kindes und an die Gefühle und Nöte, die es veranlaßten, sich zu verschließen, wird zurückgedrängt. Diese Erinnerung geht jedoch nicht verloren. Unter bestimmten Bedingungen kann sie, wie bei Jan, wieder präsent und spürbar werden.

Reich ging davon aus, daß sich ein «gepanzerter» Organismus von einem «ungepanzerten» grundlegend dadurch unterscheidet, «daß zwischen seinem biologischen Kern, aus dem alle Naturimpulse stammen, und der Welt, in der er lebt und wirkt, eine starre Mauer eingeschaltet ist» (Reich 1983). Reich beobachtete, daß durch diese «Mauer» alle natürlichen Impulse, vor allem aber auch die natürliche Liebesfunktion, gebremst werden. Deshalb müssen die Impulse, die nach Ausdruck drängen, diese Barriere teilweise gewaltsam durchdringen, um zur Oberfläche und zum Ziel zu gelangen. «Die Existenz des Panzers verhindert nicht, daß der betroffene Organismus liebt oder fürchtet. Seine Lebensäußerungen stammen aus allen Tiefenschichten des Organismus. Er kommuniziert mit der Welt wie durch Lücken oder Löcher im Panzer. Da er aber nicht voll auszuschwingen vermag, ist seine Liebe eine kleine, abgemessene ... seine Leistung eine ‹wohlabgewogene› und ‹überlegte›, auf sinnvolle und auf ‹zweckdienliche› Arbeit berechnete Leistung ... Er verliert kurzerhand nie den Kopf, er ist stets ‹abgemessen› und ‹gefaßt›» (ebd.).

Während der Atemsitzung überläßt Jan sich seinen heftigen Bewegungen, er gibt die vertraute Kontrolle auf, und sein Körper bringt ihn in eine Position, in der er mit dem Kopf nach unten in der Luft hängt, «hilflos wie ein Neugeborenes» – er hat keinen Boden mehr unter den Füßen. Er vertraut sich der Unterstützung anderer an. So durchbricht Jan die Mauer, er findet Zugang zu den lebendigen inneren Impulsen und kann die Blockierung erkennen, die sich als «Power-Mauer» darstellt. Nach dieser Sitzung beginnt er, sich an seine Kindheit zu erinnern und die Entwicklung dieser Mauer im Zusammenhang mit frühen Lebenserfahrungen zu verstehen: «Alles ist in Unordnung geraten. Aber vorher war es Scheinordnung – und geahnt hatte ich dies seit langem ... Ich hatte einen Alptraum durchlebt, der sich erst jetzt langsam als bittere Wirklichkeit erweist. Es ist das Erlebnis, nicht geliebt zu werden, zurückgewiesen zu werden, zu stören, im Weg zu sein, nichts wert zu sein, nur geduldet zu werden. Es ist das Erlebnis, einsam zu sein. Diese Einsamkeit ist die alles andere übertönende Erfahrung der Kindheit. Ich habe als Kind diese Einsamkeit einsam ertragen. Ich habe sie mir erträglich gemacht. Ich habe gelernt, mit dieser Einsamkeit umzugehen. Die unzugänglich gemachte Einsamkeit bedeutet Schutz und

Sicherheit. Aber sie bedeutet auch Distanz, Angst vor Nähe. Und sie bedeutet eigentlich ihr Gegenteil: den Wunsch, geliebt zu werden, angenommen zu werden, erwünscht zu sein, eine tiefe Gemeinsamkeit mit anderen zu leben.»

Jans Erlebnis einer zentralen Blockierung und der mit der Power-Mauer zurückgehaltenen Gefühle und Lebenserfahrungen bereitet sich über drei Sitzungen vor. Er wird in seinem Prozeß überwiegend von seinem Körper geleitet. Unter der Verstärkten Atmung entfaltet er heftige unwillkürliche Bewegungen. Er verschafft sich mit ihnen Raum, und sie führen zu starken Entladungen festgehaltener Energie. In seiner ersten Sitzung kommt er vor allem zur Lösung von Verspannungen in der oberen Körperhälfte und zu einer ersten Begegnung mit dem einsamen Kind, das in ihm lebt: «Alles geschieht von den

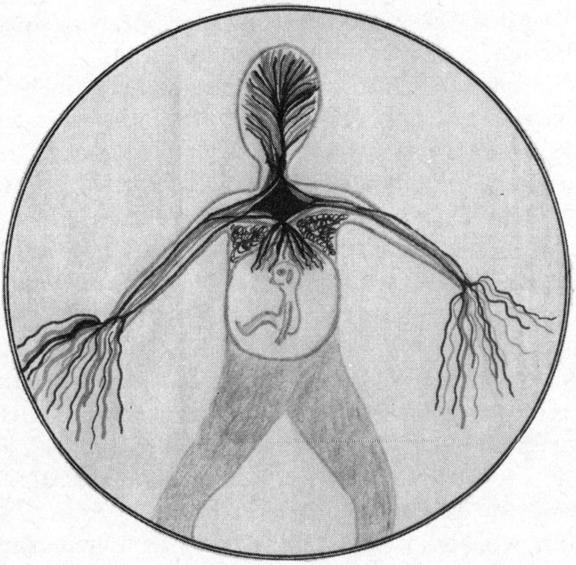

Händen ausgehend über die Arme, im Kopf und Brustraum. Es strömt in Wellen durch diese Körperbereiche – Energie, schnelle Muskelvibrationen, Partikeln in rasender Bewegung, die im Kopf funkeln und oszillieren. Dazwischen ruhige, nichtgegenständliche, intensive farbige Bilder – bunte Himmel, die

asymmetrische Löcher bilden, hinter denen es strahlt. Dann das Kind – verlassen und doch so stark und ‹vernünftig›, es leistet Widerstand und sehnt sich nach Vereinigung. Schlüsselszenen aus der Kindheit tauchen auf: Ich kann sie nachfühlen, nicht nur erinnern. Was für ein heroisches Kind! Bewunderung mischt sich mit tiefem Mitleid. Ich weine. Kann ich dich aus deiner Einsamkeit retten? – Du *mußt* nicht mehr stark sein!»

Die starke Energieströmung in Kopf, Schultern, Armen und Händen deutet Jan in seinem Bild durch warme Farben (Rot und Gelb) an. Diese belebende Energie fließt zum Brustraum, in dem – sehr zart in Blau angedeutet – das Kind ruht. Der Raum des Kindes ist nach unten deutlich abgeschlossen. Der untere Körper – Unterschenkel und Füße sind nicht im Bild dargestellt – scheint kühl. Er ist blau ausgemalt und enthält keine Energieströmungen.

Während der Sitzung nahm Jan über die Atmung und die Armbewegungen Kontakt mit der Blockierung im Brustbereich auf und begann sie zu lösen. Elsworth Baker, ein Schüler Wilhelm Reichs, beschreibt die mit dem Brustbereich verbundenen gestauten Impulse folgendermaßen: «Die in der Brust festgehaltenen Gefühle sind Kummer, bitteres Schluchzen, Wut ... Ausgreifen und Sehnsucht. Dies sind sehr tiefe Empfindungen, deren Ausdruck ... große Erleichterung verschafft. Eine gepanzerte Brust drückt im Grunde Zurückhaltung und Selbstbeherrschung aus. Sie gibt dem Menschen ein Gefühl, von Ereignissen nicht bewegt und nicht beeinflußt zu werden. Wo keine Panzerung besteht, verschaffen die Ausdrucksbewegungen von Brust und Armen dem Menschen ein freies, unbekümmertes Gefühl. Die typische Panzerung ist eine chronische Einatmungsdehnung, als wenn jemand sehr tief Atem holt und ihn nicht wieder herausgelassen hätte. Für den Patienten mit einer gepanzerten Brust ist die Wut kalt, Weinen ist unmännlich, und Sehnsucht ist zu weich. Ausgreifen, die Arme ausstrecken oder jemanden umarmen werden nicht vegetativ gefühlt. Die Hände verlieren ihre Energieladung und sind kalt, feucht und tun weh ... Das Festhalten des Brustkorbes ist hauptsächlich ein ‹Ich will nicht›, und die Fähigkeit, zu geben und sich hinzugeben, hängt hauptsächlich von der Beweglichkeit dieses Segments ab ... Wenn die Gefühle der Brust (die gewöhnlich sehr früh blockiert wird) freigesetzt werden, können frühe Erinnerungen an Enttäuschung und schlechte Behandlung ans Licht kommen» (Baker 1980).

Über die Lösung seines Brustbereichs findet Jan Zugang zu Erfahrungen seiner Kindheit, zu Gefühlen der Verlassenheit und Trauer und der Sehnsucht nach Nähe. Jan erlebt vor allem Situationen aus dem Alter bis zu sechs Jahren, in denen er sich abgelehnt fühlte. Die Erfahrung der Einsamkeit reicht vermutlich noch weiter zurück – Jan erinnert sich an Bemerkungen seiner Mutter, die ihm deutlich machten, daß er schon während der Schwangerschaft nicht erwünscht gewesen war. Während dieser Sitzung wächst in ihm ein starker Impuls, dieses Kind in sich zu pflegen und zu schützen.

Vor der nächsten Sitzung hat Jan viele anstrengende und enttäuschende Erlebnisse gehabt. Er spürt seinen verspannten Bauch und hat seit einigen Tagen Magen- und Verdauungsbeschwerden. In der Sitzung hat er zunächst das Gefühl, «der Bauch sei ein Panzer, der sich zwar unter Anstrengung geringfügig bewegen läßt, aber dennoch nicht durchlässig ist ... Ich hatte sehr negative Empfindungen – Hilflosigkeit, Vergeblichkeit, Ärger.» Um die Spannung zu lösen, werden seine Beine und Füße angehoben und die Spannung in den Kniegelenken gelockert. Jan beginnt, tiefer und schneller zu atmen. Dann erlebt er: «Es war wie ein Vulkanausbruch. Ich hatte das Gefühl zu zerreißen ... Der Panzer im Bauch zersprang, und eine große angenehme Wärme flutete durch den Unterleib und die Beine bis ‹hinauf› in die Füße. Dann fing ich an zu zittern. Es war, als ob mich jemand kräftig schüttelte ... Woher kommt nur diese Wahnsinnsenergie?» Nach der Energieentladung, die durch die Lösung des Zwerchfells möglich wird, entspannt und belebt sich auch der Bauchbereich, und Jan genießt die ruhigen und harmonischen Bewegungen, die aus ihm entstehen. «Ich ließ diese Bewegungen zu und hatte meine stille Freude daran. Irgend etwas kam da zum Ausdruck, dem ich noch nie begegnet war, über das ich kein Wissen und keine Kontrolle habe, das aber sinnvoll in mir wirkt und seine eigene Logik und ‹Vernunft› hat. Ich empfand Vertrauen zu dieser Kraft.»

In seinem Bild stellt Jan dar, wie die Blockade, die er als schweres und starkes Eis in Blau unter einem bleigrauen Himmel malt, von einer heftigen, vitalen, in Rot, Orange, Gelb ausstrahlenden Energie mit der Gewalt einer Vulkanexplosion aufgerissen wird. Diese vitale Energie, die sich fächerförmig ausbreitet, «kann das Eis zu weichem Wasser machen, das fließt und sich dem natürlichen Lauf der Dinge überläßt». Mit dieser Erfahrung erschließt sich Jan ein «Leitthema» seines Lebens: «Zunächst erschien es als Einsamkeit, dann als Einzelgänger- oder Außenseiterposition.»

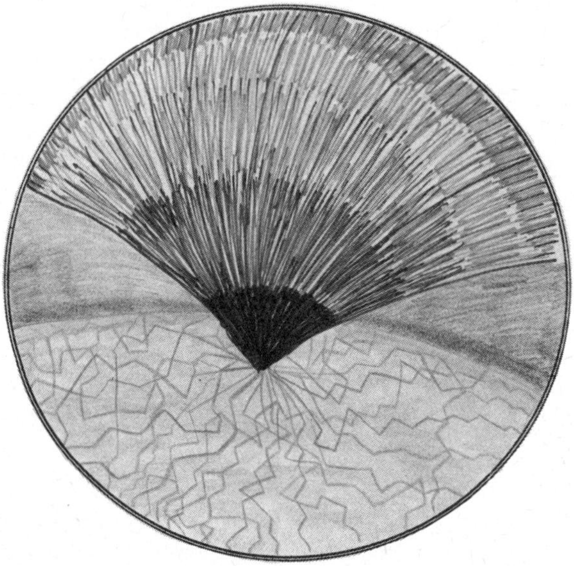

In dieser Sitzung hat Jan begonnen, die Zwerchfellspannung und die Verpanzerung im Bauchbereich zu spüren und zu lokkern. Er fühlte sie zunächst als Druck, auch als Verdauungsbeschwerden und Ärger. Während sich die Verspannungen lösen, spürt er eine vitale Energie, die im Bauch zentriert ist und von dort ausstrahlt und sinnvoll und belebend in ihm wirkt. Im Kontakt mit dieser Kraft kann er sich dem natürlichen Lauf der Dinge angstfrei überlassen.

Jan ist erstaunt über diese «Wahnsinnsenergie», die ihn schüttelt, seinen Körper zum Zittern und Vibrieren bringt und sich dann in harmonischer Bewegung ausdrückt. Er kommt hier in Berührung mit einem ursprünglichen biologischen Rhythmus, wie wir ihn mit dem Pulsieren des Blutstroms, der Darmperistaltik und der Atembewegung erleben. Indem sich in Jan die Verpanzerung gegen diese natürlichen Lebensbewegungen lockert, gerät er in Fühlung mit einer Kraft, die nun frei durch ihn zu strömen beginnt. In der östlichen Philosophie und Heilkunde ist der Begriff des Ch'i oder Ki, womit sowohl der Atem als auch die Luft und die gesamte Lebenskraft bezeichnet werden, von zentraler Bedeutung für das Verständnis körperlicher und seelisch-geistiger Prozesse. Wilhelm Reich nannte diese Energie «Orgon». Seine Forschungen führten ihn zu der Schlußfolgerung, daß sie eine umfassende kosmische Strahlung sei, deren energetischer Fluß im Menschen vor allem durch die Atmung reguliert wird.* Bei einer ruhigen, ungehemmten Atmung erfährt der Mensch rhythmische Kontraktionen und Expansionen nicht nur im Respirationstrakt, sondern im gesamten organismischen Protoplasma und fühlt dies als angenehmes einheitliches Pulsieren und beglückendes Strömen von Energie. Reich ging davon aus, daß das freie Pulsieren dieser Lebensenergie gehemmt wird, wenn natürliche Bedürfnisse wie Bewegung, Liebe, Sexualität frustriert, behindert und bestraft werden. Und er beobachtete, daß sich diese Bedürfnisse dann – im Zusammenhang mit einer Atemblockierung und Muskelverspannungen – destruktiv in Angst, Ärger, Haß, Sadismus, Masochismus, Trotz und Unterwürfigkeit verkehren können. Die Lockerung der körperlichen Blockierungen (zum Beispiel durch verstärktes Atmen) kann den Menschen jedoch wieder in Kontakt mit dem natürlichen Pulsieren der Lebensenergie und mit seinen ursprünglichen Bedürfnissen bringen. Doch indem sich die Verspannungen lösen, werden auch die gestauten und destruktiven Emotionen fühlbar und drängen zum Aus-

* In einem geringeren Ausmaß wird nach Reich dieser Energiefluß auch durch die Auswahl der Nahrung und durch die Beschaffenheit der Luft und des Lichts reguliert, dem der Organismus ausgesetzt ist.

druck. Jan spürt in dieser Sitzung nach dem heftigen Ausbruch der zurückgehaltenen Energie zunächst das harmonische Pulsieren der in ihm sinnvoll wirkenden Kraft, dem er sich vertrauensvoll überläßt.

In diese Erfahrungen taucht er in seiner dritten Sitzung erneut und noch tiefer ein. Er belebt diesmal seinen gesamten Körper und fühlt sich harmonisch mit ihm in Einklang. «Er hat seine gesamte Kraft, Beweglichkeit und Schönheit entfaltet ... die Bewegungen waren ein natürliches Fließen. Die Unterscheidung zwischen Ich / Bewußtsein / Geist und Körper, die ich zu denken und zu fühlen gelernt habe, war verschwunden. Ich habe mich – ich glaube, zum erstenmal bewußt – als Körper empfunden mit einer Ausstrahlung, mit großer Energie.» Mit dieser Erfahrung verbunden ist ein «ruhiges, tiefes Glücksgefühl», das er auch in den Tagen danach als «Gelassenheit, Ruhe und Selbstbewußtsein» spürt: «Vieles fiel mir deutlich leichter. Vor allem habe ich seitdem das erste Mal seit Jahren das Gefühl, ‹ich› zu sein ... ‹mein› Leben zu führen, ‹meine› Bedürfnisse und Ziele zu haben. Irgend etwas in mir orientiert sich neu.»

Das wesentliche Erlebnis in dieser Sitzung ist für ihn: «Ich schwimme mit dem Wasser, lasse mich treiben. Es strengt nicht an – ein warmer Strom fließt durch den Körper. Über mir grenzenlose, unbekannte, drohende Himmel. Die Sonne hat Mühe, die Wolken zu durchdringen. Dann trifft mich der Blitz. Wahnsinns-Energie. Gigantische Kraft. Woher kommt sie? Von außen? Unwichtige Frage: Es gibt jetzt diesen Unterschied nicht. Aber *sehen* möchte ich. Ich will mir die Binde von den Augen reißen.»

Das Bild zu dieser Sitzung (vgl. Tafelteil, Abb. 4) ähnelt den Darstellungen der vorangegangenen Erfahrungen. Der untere Bildbereich ist wiederum in Blau gemalt. Das feste Eis ist nun jedoch zu weichem Wasser geworden, dessen fließende Wellenbewegung Jan mühelos trägt. Sein gesamter Körper wirkt belebt und ist mit intensivem Rot ausgemalt. Diese innere vitale Energie strahlt über seine Hände und Füße aus. Über ihm erscheint im oberen Bildbereich wiederum ein grauer Himmel, der diesmal jedoch strukturiert und bewegt wirkt und mit schwarzen, blauen und violetten Tönungen durchsetzt ist. In diesem Himmel wird eine leuchtend rote Sonne sichtbar, und aus ihm zuckt eine rote, gezackte Blitz-Energie, die Jan in der Körpermitte trifft. Sie korrespondiert mit der Lebendigkeit seines Körpers und entzündet sie. Über Jans Augen liegt eine dunkle Binde, deren Schwarz den dunklen Schatten des Wolkenhimmels entspricht. Jan kann diesen dunklen Bereich noch nicht klar erkennen und seine Bedeutung noch nicht erfassen; er spürt in dieser Sitzung jedoch die Belebung und die gigantische Kraft, die mit diesem unbekannten Dunkel verbunden ist und ihn, von dort ausgehend, im Bauchbereich trifft.

In der nächsten Sitzung wird er dieses Dunkle, den Schatten, der hier noch über ihm liegt, deutlicher als Barriere in sich erfahren, als «Power-Mauer» klar erkennen.

Über drei Sitzungen hat Jan begonnen, seinen Körper und sich lebendig zu machen. Er ist mit einer vitalen Energie in Kontakt gekommen und mit einem Lebensprinzip, das ihn trägt und in ihm pulsiert. Jetzt ist er bereit, einer grundlegenden Blockierung, einer früh erworbenen festen Barriere gegen Verletzungen und Kontakt, zu begegnen, die damit verbundene und durch sie zurückgehaltene Wut zu spüren, die Power-Mauer zu öffnen und neue Formen der Begegnung zuzulassen.

Die innere «Umschaltung», die Jan während seiner vierten Sitzung erlebt, führt auch im Äußeren zu Veränderungen. Zwischen seiner vierten und fünften Sitzung liegt ein zeitlicher Abstand von einem Jahr, in dem Jan sich langsam für neue Erfahrungen und Kontakte zu öffnen beginnt. Seine «Scheinstärke», mit der er bisher versuchte, seine Gefühle und Erlebnisse zu kontrollieren, wird ihm dabei zunehmend bewußt. «Ich fange an, Schwäche zu zeigen, bin verletzlicher und auch mutiger geworden, meine sicheren Positionen zu verlassen und Neues zu wagen. Ich bin offener für Beziehungen geworden und auch zärtlicher, sinnlicher. Ich fühle mich zu vielen Menschen hingezogen, interessiere mich für sie, denke und fühle mit ihnen.» Jan hatte zunächst erwartet, daß er die in den Sitzungen erlebte Lebendigkeit schnell in sein alltägliches Leben übertragen kann, und erfährt nun: «Mich auf das Leben einzulassen, das ist ein langwieriger Prozeß. Nichts ist auf einmal anders. Immer wieder stoße ich auf Grenzen, die ich selbst gezogen habe.» Und er beginnt, differenzierter wahrzunehmen, wie schwer es ihm gerade auch fällt, positive Gefühle der Freude, Liebe und Hingabe auszudrücken. Seine Neigung, sich gegen den lebendigen Fluß der Erfahrungen und Empfindungen zu verspannen, spürt Jan auch körperlich deutlicher «als dicken Panzer im Bauch, angespannten Bauch, verkrampftes, blasses Gesicht». Sein Bemühen um Kontrolle erlebt er auch im Bereich der Sexualität. Ihm wird bewußt: «Es gibt keine vielfach anwendbare Technik, sondern es geht um Hingabe und um Loslassen, um Fließenlassen. Jeder Mensch ist ein Universum für sich, nichts ist übertragbar.»

Vor Beginn seiner fünften Sitzung spürt Jan neben frohen und lebendigen Impulsen auch immer stärker in sich «eine alte, mein Leben lang unterdrückte, gefährlich gewordene und lebensfeindliche Energie». Mit dieser Energie kommt er in der Sitzung sehr schnell in Kontakt: «Ich wurde zu einem rasenden Tier, zu einer tollwütigen Bestie, die alles um sie herum zerschlagen, zertreten, zerbeißen wollte; eine grenzenlose Wut explodierte, die nur noch zerstören wollte, ein Haß, der nichts verschonte. Ich habe alles rausgelassen, was in dem Moment frei wurde, ich habe geschrien, um mich geschlagen, getreten, habe die Decke, von der ich mich heruntergewühlt hatte, in den Raum geworfen.» Jan erschrickt über diese «monströse Wut» und die «schrecklichen zerstörerischen Kräfte», die in ihm stekken, und fühlt sich zugleich auch befreit. In der Entspannung, die auf diesen Ausbruch folgt, erschließen sich ihm viele Zusammenhänge. Er erinnert sich an einen Wutausbruch, den er vor einigen Wochen erlebt hat, bei dem er die bedrohliche Energie nur mühsam kontrollieren konnte. Er spürt, wie er diese Wut gewöhnlich mit einer Körperspannung unter Kontrolle hält und abschnürt, die als Muskelgürtel unter der Brust über dem Zwerchfell sichtbar ist. Er erinnert sich, wie er als Kind Tiere und Kinder gequält hat, an sadistische Phantasien und an Bestrafungen, denen er selbst ausgesetzt war: «Eingesperrt sein in der ‹Dunkelkammer›, in einem winzigen Raum ohne Licht stehen und darauf warten, daß man mich endlich wieder herausläßt – oder in meinem Zimmer, wo ich dann auf dem Bett lag und vor mich hinwimmerte in ohnmächtiger Wut auf die Eltern, die mich so ungerecht behandelten, wo ich lange in das Kissen biß, bis die Wut sich zu Rachephantasien formte, in denen immer ich der Leidende war, in denen mein Leiden und der schließliche Freitod die Rache selbst waren: Wenn ich tot bin, dann werdet ihr endlich begreifen, was ihr mir angetan habt, dann wird es euch schlecht gehen, dann habt ihr lebenslange Schuld auf euch geladen.»

Nachdem Jan sich seiner mörderischen Wut und auch seiner sadistischen Phantasien bewußt geworden ist, spürt er am Ende der Sitzung wiederum das Strömen einer ruhigen und harmonischen Energie in sich, die seinen Körper belebt. Mit dem freien Fluß des Atems fühlt er warme Empfindungsströme, rhythmische, angenehme, reinigende Zuckungen und sanfte Bewegungen, mit denen die nach dem Ausbruch in ihm frei gewordene Lebensenergie durch ihn strömt.

Im Zentrum seines Bildes wird hinter Gitterstäben der Oberkörper des eingesperrten Kindes sichtbar, das seine Fäuste in ohnmächtiger Wut ballt. Für Jan verbindet sich mit dieser Wut ein starker Lebenswille: «Es hat überlebt. Die Fäuste zeigen Auflehnung, Trotz, Widerstand.» Dieser Lebenswille nährt sich aus der Kraft der Verneinung und Ablehnung von Umweltbedingungen, die Jan als ungerecht erlebte. Und sie läßt sich als angestaute mörderische Wut spüren, die nicht gelebt und ausgedrückt werden konnte und sich zu Rachephantasien verwandelte, in denen Jan sich selbst den Tod wünscht, um andere zu strafen. Diese auf Rache und Tod gerichteten Phantasiekräfte, die Jan auch als «Krankheit, Wahnsinn» empfindet, zeigen sich in den bedrohlichen und monströsen Händen, die das eingesperrte Kind umgeben und nach ihm greifen.

Dieses Bild ist – wie das der Power-Mauer – in Schwarz-Weiß gemalt. Die Farblosigkeit der Darstellung läßt die Bedrohlichkeit der Kräfte ahnen, die mit der Mauer zurückgehalten werden und die Jan in dieser Sitzung als Wut und Todesphantasien erlebt. Die Darstellung wirkt im Vergleich zu den anderen Bildern einfach, skizzenhaft und spiegelt so auch das Unbehagen, das Jan mit dieser Erfahrung verbindet. Für Jan ist es «kein erfreuliches Bild», und es macht ihm Mühe, dieses Erlebnis auszudrücken. Sein Versuch, diese Erfahrung anzunehmen und zu integrieren, zeigt sich jedoch auch darin, daß er lange ausprobiert, wie er seine Fäuste – die den Überlebenstrieb verkörpern – malen kann.

Das Bild drückt auch aus, daß die Erfahrungen, die er in dieser Sitzung macht, ihn an ein zentrales Lebensgefühl heranführen: Während alle vorangegangenen Bilder vor allem eine Trennung in einen oberen und unteren Erlebnis- und Bildbereich verdeutlichen, stellt dieses Bild das eingesperrte Kind in das Zentrum. Es zeigt sich dem Betrachter in seinem wütenden Protest direkt und frontal – mit der oberen Körperhälfte – und ist umkreist von feindseligen Angriffen, die zugleich auch seine in sadistische und Todesphantasien verwandelte Wut darstellen. Das isolierte Kind wurde auch schon in der Mitte des ersten Bildes sichtbar, es wirkt jedoch noch passiv, ist sehr zart und von der Seite gesehen dargestellt und farblich mit der unbelebten unteren Körperhälfte verbunden, zu der der energetisierte obere Körper stark konstrastiert. Zur zweiten Sitzung wird im unteren Bildbereich festes Eis sichtbar, das in der Bildmitte von einer intensiven vitalen Energie durchbrochen wird, die im oberen Bildbereich vor grauem Himmel ausstrahlt – hier deutet sich schon die enorme Sprengkraft der gestauten Wut an, die zur Erweiterung und Lebendigkeit drängt. Zur dritten Sitzung zeigt sich im oberem Bildbereich ein bewegter Wolkenhimmel mit dunklen Schatten, der vitale Energie enthält, im unteren Bereich fließt weiches Wasser, das den belebten Körper trägt; zur vierten Sitzung werden im oberen Bereich Menschen, soziale Beziehungen sichtbar, im unteren Bereich hebt das einsame Kind hinter der Mauer abwehrend und zugleich sehnsüchtig die Hände. Mit der fünften Sitzung rückt das eingesperrte, bedrohte und wütende Kind in das Zentrum der Erfahrung und drückt eine in Jan immer noch wirksame grundlegende Lebenserfahrung und auch Haltung zum Leben aus.

Für Jan ist das Gefühl, gefangen und bedroht zu sein, und die entsprechende innere Haltung sehr vertraut; sie ist ihm selbstverständlich und hat vermutlich schon als vorgeburtliche Erfahrung begonnen, denn die Ablehnung der Mutter vermittelt sich dem Kind auf Grund der engen psychophysiologischen Verbindung. Wenn man davon ausgeht, daß Jans zentrale Erfahrung und auch Erwartung an das Leben Gefangensein, Hilflosigkeit, Wut und Bedrohtsein sind, dann wird auch verständlich, warum ihn positive Empfindungen – Freude, Liebe, Hingabe – verunsichern und warum er sich gehemmt fühlt, diese Impulse auszudrücken. Verbundenheit und Nähe zu Menschen sind in Jans frühester und zentraler Erfahrung und Haltung zum Leben nicht enthalten. Und so sehr sich Jan auch nach diesen Erfahrungen sehnt – wenn er sie zuläßt, so stellen diese Empfindungen und Ausdrucksimpulse das Weltbild des «bedrohten Gefangenen» in Frage, sind mit dem vertrauten Lebensgefühl nicht vereinbar.

Jedes grundlegende Lebensgefühl und Weltbild – und mag es noch so negativ erscheinen – ruht auf einer Vielzahl von Lebenserfahrungen, die uns in gleicher Art berührten. Und so erlaubt uns unser Weltbild eine vertraute und damit auch sichere Perspektive auf die Welt, das Leben, die Erfahrungen. Wenn die Sinnhaftigkeit unseres Weltbildes (die Art, wie wir unsere Erfahrungen zu ordnen gelernt haben) durch eine völlig andersartige Erfahrung, die nicht in den vertrauten Bezugsrahmen zu integrieren ist, in Frage gestellt wird, so verunsichert uns das oft sehr tief. Und wir neigen meist dazu, diese ungewohnten, beängstigenden Erfahrungen wieder auszugrenzen und zu vergessen, um in der vertrauten Sicherheit unseres gewohnten Weltbildes zur Ruhe zu kommen. Meist ist uns unser Weltbild nur ganz vage bewußt, wir können auf unsere innere Haltung zum Leben oft nur indirekt schließen, wenn wir unsere Gefühle, Gedanken und unser Verhalten beobachten. Vor diesem Hintergrund gewinnt Jans Bild noch eine zusätzliche Bedeutung: Jan stellt – wenn auch mit Mühe – sein zentrales Lebensgefühl dar und konkretisiert damit seine Weltanschauung. Wenn die innere Haltung zum Leben konkretisiert und verbildlicht werden kann, dann ist das oft ein Zeitpunkt, zu dem der Mensch eine Bereitschaft zu entwickeln beginnt, die Begrenztheit und Einseitigkeit der vertrauten Perspektive zu erleben und bedeutsame Einstellungsänderungen zuzulassen.

Jans sechste Sitzung ist eine Einzelsitzung, in der er von mir und einem männlichen Helfer betreut wird. So im Zentrum von zugewandter Aufmerksamkeit zu stehen, verunsichert Jan: «Ich habe eine große Dankbarkeit empfunden, und gleichzeitig hat mich diese Situation auch an ein altes Muster herangeführt: Verdiene ich so viel Zuwendung? Es irritiert mich, so sehr im Zentrum zu stehen. Das Gefühl, beobachtet zu werden, der Anspruch, etwas leisten zu müssen.» Trotz dieser Verunsicherung kann sich Jan seiner Atmung dann doch sehr schnell überlassen. Mit Beginn der jetzt befreiten Bauchatmung kommt er erneut in Kontakt mit seiner heftigen Wut, die sich wiederum in Schreien und vehementen Bewegungen ausdrückt. «Es war ein tolles Gefühl, hemmungslos wütend sein zu dürfen. Der ganze Körper war daran beteiligt. Vor den Augen sprühen Funken, ich schreie die Wut, die da unten festsitzt, heraus. Sie kommt als feuriges Gefühl vom Bauch die Brust hochgesprudelt.» Nach dieser Affektentladung fühlt sich Jan erleichtert und erlebt eine Veränderung der Wahrnehmungsebene: «Danach fühlte ich mich ganz leicht – als ob ich schwebe. Ich war in einem dunkel pulsierenden Raum und näherte mich einer undeutlich wahrzunehmenden Öffnung.»

Hier gelangt Jan auf eine ihm unvertraute Erlebnisebene mit bildhaften und ungewohnten kinästhetischen Wahrnehmungen, mit der sich eine Öffnung, die Möglichkeit des Übergangs in einen neuen Lebensraum – eine neue Perspektive – andeutet. Jan ist durch die ungewohnte Wahrnehmung verunsichert und beginnt sich von dem Erleben zu distanzieren: «In diesem Moment setzte die Reflexion wieder ein. Ich wußte: Wenn ich mich jetzt auf dieses Schweben einlassen könnte, würde ich durch die Öffnung hindurchkommen und etwas Wichtiges, Neues erfahren. Aber schon war das nicht mehr möglich. Das Kontroll-Ich war erwacht und sagte: Mach es! Laß dich darauf ein! Gib dich dieser Erfahrung hin! – und verhinderte dadurch genau diese Erfahrung.» Und Jan erkennt, daß er sich gerade mit dieser inneren Distanzierung und dem Bestreben, sein Erleben einzuordnen und zu bewerten, auch sonst oft daran hindert, seine Erfahrungen wirklich zu leben.

Doch mit der Atmung verliert sich diese Kontrolle erneut.

Jan spürt eine Belebung der unteren Körperhälfte. Rhythmische Bewegungen von Bauch und Becken setzen ein, und eine große Freude steigt in ihm auf. «Es fühlt sich an wie ein tiefer Raum unter der Bauchdecke, in den ich durchgebrochen bin.» Und erneut werden mit der Erfahrung der Befreiung auch Widerstand und Kontraktion aktiv, die Jan diesmal körperlich spürt: «Es stellen sich Lähmungsgefühle im Hals und im Unterkiefer ein. Es ist, als ob mich eine starke Kraft an den Boden fesselt. Ich habe Angst zu ersticken und atme gleichzeitig immer weiter. Ich spüre ein starkes Vertrauen in die Situation – und in dem Moment verschwindet die Lähmung.» Mit der durch Vertrauen möglich gewordenen Lösung der Halsstarrigkeit werden die mit der Spannung in Kiefer und Kehle zurückgehaltenen Gefühle frei: «Es bricht ein Chaos der Gefühle in mir auf – Angst, Wut, Trauer, Einsamkeit, unbestimmte Sehnsüchte steigen in schneller, verwirrender Folge in mir hoch. Ich weine. Ich bin ein hilfloses Kind, einsam in seinem Schmerz, den es ganz allein ‹besiegen› mußte. Das habe ich gelernt: den Schmerz so lange zu bekämpfen, bis ich ihn nicht mehr spüre. Der Körper hat alle diese ‹bekämpften› Gefühle gespeichert, er ist ein einzigartiger Gefühlsspeicher.» Mit großer Verwirrung und Erschütterung erfährt Jan, daß all die Erfahrungen und Gefühle, die er seit seiner Kindheit in sich zu bekämpfen, zu besiegen und zu vernichten versucht hat, nicht abgetötet, sondern nur eingefroren und in der Verspannung der Muskulatur unlebendig festgehalten sind. Mit der Lockerung der Muskelblockierungen geraten auch die damit verbundenen Lebenserfahrungen wieder in Bewegung und werden lebendig. Mit Bestürzung erfährt Jan, daß das «Gefängnis» auch in der Verpanzerung seines Körpers repräsentiert ist, die er mit dem Kampf gegen seine Empfindungen geschaffen hat.

Nach dieser Erschütterung erlebt Jan ein «tiefes Gefühl von Harmonie, Leichtigkeit, Entspannung», das ihm so bestätigt, daß sein Weg zur Befreiung, die Geburt ins Leben, über die Lösung der körperlichen Spannung, das Annehmen der abgelehnten Gefühle und Lebenserfahrungen führt. Diese umfassende körperliche und seelische Lösung erlebt Jan, «als ob ich meinen Energiehaushalt darauf einrichte, den nächsten großen Schritt zu wagen».

In seinem Bild (vgl. Tafelteil, Abb. 5) stellt er diese Erfahrung von Harmonie, Durchlässigkeit, Leichtigkeit und Lebendigkeit dar: «Alles vibriert, strömt, pulsiert. Ich fühle mich federleicht und schwebe durch den nächtlichen Himmel. In meinem Bauch spüre ich die Kindheitsgefühle.»

Jan stellt sich als geöffnetes «Sternen-Wesen» dar, das von warmer roter, orangefarbener und gelber Energie durchströmt wird. Er schwebt vor einem dunklen nächtlichen Himmel, über einer hellen Öffnung, der blauen Erde, die im unteren Bildbereich sichtbar wird. Neben ihm strahlen die Sterne in den Farben seines belebten Körpers, dessen Geschlecht in diesem Bild zum erstenmal sichtbar wird.

In Jans Bauch wird eine blaue Kugel sichtbar. Sie repräsentiert die «Kindheitsgefühle», die er hatte besiegen wollen; sie leben in seiner Körpermitte und stellen zugleich das Zentrum des Bildes dar. Die Kugel reflektiert auch das Blau der Erde.

Dieses Blau hat Jan in seinen Bildern oft zur Darstellung des noch Unlebendigen, Unbelebten verwendet. Und so deutet es wohl auch hier an, daß Jan die lange bekämpften Gefühle und Lebenserfahrungen noch nicht wirklich angenommen und freigesetzt hat. Er schwebt noch über der Erde – wenn auch aufrecht –, er steht noch nicht voll auf ihr, zu sich und seinen Empfindungen. Das Blau der Erde und seiner Körpermitte ist jedoch auch das Blau des geschmolzenen Eises, des weich gewordenen Wassers, das «fließt und sich dem natürlichen Lauf der Dinge überläßt» und Jan in seiner zweiten und dritten Sitzung trug. So reflektieren die Erde und die Körpermitte in diesem Bild auch die Erfahrung, getragen und im Fluß zu sein. Jan hat erlebt, daß die eingefrorenen schmerzlichen Gefühle nicht abgetötet sind, sie sind in ihm wirksam, sie sind mit seiner Körperlichkeit verbunden und – durch Atmen, Öffnung, Vertrauen – spürbar. Wenn Jan seine Gefühle nicht bekämpft, staut, einfriert und abspaltet, sondern lebt, öffnen sie ihm ganz neue Erfahrungen: Freude, Leichtigkeit, Getragensein und Harmonie. Nach der Enge des Gefängnisses erkundet Jan nun die Erfahrung, leicht und unbegrenzt zu sein, und er spürt, wie er sich innerlich und körperlich darauf vorbereitet, das Gefängnis zu verlassen, «zur Erde zu kommen» und mit allem, was ihn ausmacht, da zu sein.

In seinen sechs Sitzungen, die über einen Zeitraum von zwei Jahren verteilt waren, hat Jan in sich das eingesperrte Kind entdeckt. Zunächst erlebte er es als zart, passiv und unlebendig und auch als «heroisch» in seinem Bemühen, durchzuhalten, stark zu sein und sein Leid einsam zu ertragen. Jan begann, Mitgefühl und das Bedürfnis nach Schutz und Fürsorge für dieses Kind zu entwickeln. Das Gefühl überwältigender Einsamkeit, Kontaktlosigkeit und Sehnsucht nach Nähe wurde für Jan spürbar, als sich die «Power-Mauer» öffnete und ihm dann auch die enorme Kraft seiner angestauten Wut und Rachsucht zugänglich machte. Die seelische Öffnung war immer verbunden mit der Lösung körperlicher Blockierungen, in denen schmerzliche Lebenserfahrungen eingefroren und festgehalten waren. Zunächst begann sich der Brustbereich zu lockern, dann das

Zwerchfell und schließlich der Bauch-Becken-Bereich. Mit der Lösung chronischer Verspannungen und dem Durchleben der dabei frei werdenden Gefühle hat Jan auch immer wieder das freie Fließen und Pulsieren von Energie gespürt und ist mit einer lebendigen Kraftquelle in Kontakt gekommen, die ihn belebte und trug.

Als wesentlicher Bereich, in dem diese universelle Kraft spürbar wird, gilt in vielen Kulturen die Körpermitte, der Bauch-Becken-Raum. Im Japanischen heißt dieser Körperbereich «Hara». Wörtlich bedeutet dieser Begriff Bauch, und im eigentlichen Sinne bezeichnet «Hara» eine innerliche und auch körperliche Haltung, mit der der Mensch in seinem Leben, seinen Erfahrungen und Beziehungen aufrecht, standfest und gesammelt ist.

Karlfried Graf Dürckheim, der das Wissen um die Bedeutung von «Hara» dem westlichen Kulturkreis vermittelte, erläutert es folgendermaßen: «Im übertragenen Sinn bedeutet Hara eine Gesamthaltung des Menschen, in der er dank seiner Verwurzelung in der Leibesmitte in sich eine überpersönliche Dimension erschließt, die ihn von der Vorherrschaft des immer besorgten Ichs befreit und in jeder Situation die wirkkräftige Präsenz der ihm unbewußt innewohnenden Kräfte und Fähigkeiten gewährleistet» (Dürckheim 1978). Hara bezeichnet die Zentrierung in der Leibesmitte, die den Menschen sowohl kraftvoll als auch gelassen sein und handeln läßt. Das Ruhen im Hara wird auch beschrieben als Verwurzelung des Menschen in seiner Erdmitte, die ihm das Einströmen und die Verbindung mit einer universellen Lebenskraft spürbar macht. Das Gewinnen und die Festigung dieser Mitte galt in östlichen Kulturen immer auch als die Voraussetzung für Angstfreiheit, Standfestigkeit und Vollkommenheit in der Leistung und für die Selbstverwirklichung des Menschen. Wenn ich diese Sehweise mit einbeziehe, dann verstehe ich die zentrale Kugel in Jans letztem Bild nicht nur als Darstellung der wieder belebten Gefühle, sondern auch als Hinweis darauf, daß eine Befreiung aus dem Gefängnis des ablehnenden mütterlichen Bauches stattgefunden und daß mit der Entleerung der intensiven wütenden Affekte auch eine Zentrierung begonnen hat, mit der Jan sich in seinem Bauch-Becken-Bereich, im Hara, in der Erdmitte vertrauensvoll verwurzeln kann, um von dort aus eine neue Haltung zum Leben zu verwirklichen.

Auch in seiner Lebenssituation bemerkt Jan Veränderungen, die mit dieser Erfahrung im Zusammenhang stehen: Er stellt erstaunt fest, daß er jetzt in beruflichen Situationen frei und ohne Angst vor großen Gruppen sprechen kann. Er bemerkt, daß er nicht mehr automatisch erwartet, daß die Zuhörer ihm feindselig gesonnen sind, auf Fehler lauern, sondern erlebt die Situation nun als «Möglichkeit, ihnen etwas mitzuteilen, was für sie von Interesse sein kann». Statt der einseitigen Erwartung von Feindseligkeit und Bedrohung aus der Umwelt fühlt Jan ein neues Vertrauen in sich selbst, das ihm auch eine neue freie Perspektive für den Austausch und die Kommunikation mit anderen aufschließt. Jan spürt deutlich, daß er mehr mit sich selbst identisch ist, statt wie bisher neben sich zu stehen und sich kritisch bewerten zu lassen.

Wie sein letztes Bild andeutet, braucht Jan für diese neuen und befriedigenden Erfahrungen den Kontakt zu sich, zu seinen – früher «besiegten» – Gefühlen und zu dem vitalen Zentrum in seinem Bauch-Becken-Bereich. Für diese Zentrierung und für die Stärkung der neu gewonnenen Gelassenheit, die ihm mit der Veränderung seines beengenden Lebensgefühls zuwächst, braucht Jan auch Raum, Freiraum. Und so beginnt er, sich aus einer seit vielen Jahren unlebendig und eng gewordenen Beziehung klarer zu lösen und auch im Äußeren seinen eigenen Raum, seine eigene Wohnung zu verwirklichen.

Ein halbes Jahr nach seiner letzten Sitzung schreibt Jan: «Ich höre in mir eine klare, laute Stimme, die ja sagt zum Leben mit all seiner Freude und all seinem Schmerz. Ich weiche dem Leben viel seltener aus. Dieser Weg führt nach innen, zu meinem ‹Zentrum›, das ich in der Meditation – im stillen sitzen und beim Tanzen – zu spüren beginne, und er führt zugleich nach außen, zu den Menschen, auf die ich neugierig bin, die ich liebe und enttäusche, die mich lieben und enttäuschen – und die vor allem in jedem Moment wissen sollen, ‹woran sie mit mir sind›.»

Es springt ein Ring von meinem Herzen

«Ich spürte einen Druck in der Uterus- und Blasengegend, es fühlte sich ganz sonderbar an.

Und plötzlich lag ich wieder im Operationssaal, wo die Absaugung nach meiner Fehlgeburt stattfand.

Der Atemrhythmus wurde zum rhythmischen Saugen der Glocke, meine Bauchdecke wurde nach innen gezogen. Ich wehrte mich plötzlich, wußte, daß ich diesen Vorgang wollte und gleichzeitig nicht wollte. Ich wollte das Kind festhalten, es gleichzeitig loslassen und wegschieben. Dann schrie es in mir: Bleib da, komm zurück! Und ich spürte, daß es mir nahe war. Ich war verzweifelt, daß ich nicht für dieses Kind bereit gewesen bin. Spürte auch, daß es keine andere Möglichkeit für mich gegeben hat. Gleichzeitig hatte ich das Gefühl, daß mir alles, was ich liebe, entgleitet, daß ich nicht daran festhalten kann – das, woran ich mich festhalte, das entgleitet mir.

Die Spannung in meiner Brust nahm zu. Da fühlte ich plötzlich einen stechenden Schmerz des Herzens. Eine Lawine von Eindrücken stürzte auf mich ein: Meine Eltern haben mir das Herz gebrochen! Ich bin ein Kind – mein Brustkorb ist der eines Kindes. Meine Eltern und ich sind im Garten vor unserem Haus, es ist ein wunderschöner Sommernachmittag, der See glitzert im Sonnenlicht. Die Natur, die Sonne, meine Eltern, sie sind in vollkommener Harmonie und Liebe miteinander verbunden – und ich habe keinen Anteil daran. Ich schreie. Ich will doch nichts anderes, als auch dabeizusein, will eure Liebe. Warum gebt ihr mir das nicht? Aber es ist unmöglich für mich, mit ihnen zusammenzusein. Ich habe einen Eisenring ums Herz.

Und im Moment dieses Herzschmerzes ist der Ring aufgesprungen. Ich höre Worte aus einem Märchen: ‹Heinrich, der Wagen bricht. – Nein, es springt nur ein Ring von meinem Herzen.›

Ich fließe aus mir heraus, ein Strom von Leid und Liebe. Ich fühle: ‹Ich liebe euch, auch wenn ihr mich nicht liebt.› Es fließt einfach, egal, ob ich verletzt werden kann oder zurückgewiesen oder angenommen werde. Es ist ein Strom aus meinem Herzen.

Meine Eltern tanzen mit mir. Links mein Vater, rechts meine Mutter, ich sehe ihre Gesichter ganz deutlich. Und dann immer wieder mein Freund. Ich habe plötzlich keine Angst mehr, seine Liebe zu verlieren.

Ich atme, und mein Beckenboden fühlt sich ganz warm und weich an, und auch mein Bauch, bis zum Nabel. Dort spüre ich eine Barriere. Mit meinem Willen kann ich nicht da durch. Ich atme. Da konnte ich plötzlich dieses Ei spüren, ein Ei aus Kristall, in dem ein Feuer lodert, in dem Funken sprühen. Da ist eine ungeheure Wärme, umschlossen von glasklarem, kühlem Kristall. Ab und zu springt ein Funke aus dem Ei. Hat die Oberfläche Risse? Ich kann keine entdecken. Ich erkunde dieses Kristall-Ei. Es ist kühl, es dringt keine Wärme durch, ich spüre seine Schwere in meinem Bauch. Ich fühle einen unbestimmten Schmerz, der damit verbunden ist.

Bilder tauchen auf von Licht und Schatten, und ich spüre dabei eine ganz andere Qualität, als sie Gedanken oder Gefühle haben.

Ich bin an einem Tanz beteiligt. Alle bilden einen riesigen Kreis. Der Kreis bekam Tiefe, verwandelte sich in ein Netzwerk, an dem alles Lebendige teilhat, auch das Kind, das Wesen, mit dem ich schwanger war, meine Eltern, mein Freund, die anderen Gruppenmitglieder und Wesenheiten, die ganz anders waren. ‹Lichtwesen›, durch die ich mich geschützt und geleitet fühlte, die mir eine Sicherheit gaben, daß alles, was ich erlebe, auch wenn es weh tut, seinen Sinn hat. Genauso waren da Schattenwesen, die mich hoffnungslos machten. Sie waren aufsaugend, schwarz und dumpf. Ich wollte mich einen Augenblick gegen sie wehren, dann aber waren sie einfach da, ich kämpfte nicht mehr. Am Ende der Sitzung stiegen dann immer wieder solche Wesen auf: aus dem Dunklen ein Lichtwesen, aus dem Licht wieder ein dunkles.

Dieses ganze Geschehen erfüllte mich mit einem Gefühl der Dankbarkeit, daß ich eine Rolle in dem ganzen Gefüge habe. Gleichzeitig war ich überwältigt von der Komplexität und Vollkommenheit dieses Ganzen, in das ich Einblick hatte. Ich ahnte unendliche Dimensionen, die ich nicht erfassen konnte. Und eine Art von Liebe, die ich nicht kenne, erfüllt mich.»

Die siebenundzwanzigjährige Anne durchlebt in ihrer dritten Sitzung zunächst eine Fehlgeburt, die zwei Jahre zurückliegt. Eingeleitet wird diese Erinnerung von einem Körpergefühl: einem sonderbaren Druck in Uterus und Blase. Mit der Trauer um das verlorene Kind und der Erkenntnis, daß sie nicht bereit gewesen ist, es auszutragen, kommt sie in Kontakt mit den Erlebnisformen des Festhaltens und des Loslassens. Diese Modalitäten treten gleichzeitig und konflikthaft in ihr auf. Und es wird deutlich, daß Anne das Halten des Kindes damit verbindet, sich selbst an etwas festzuhalten – während das Loslassen mit aggressivem Wegschieben verbunden ist.

Diese Spannung rührt die Themen der Liebe, des Geliebt-Werdens, des Lieben-Könnens und des Geschehen-Lassens an. Anne wird selbst wieder zum Kind, erlebt sich aus der kindlichen Perspektive schmerzlich isoliert und ausgeschlossen von der Liebe und Harmonie, die die Eltern und die Natur verbinden. Zunächst erlebt sie, daß ihr diese Verletzung von den Eltern zugefügt wurde, daß ihr die Eltern das Herz gebrochen haben. Dann fühlt sie jedoch auch, daß sie selbst einen Eisenring um ihr Herz trägt, mit dem sie sich von der Harmonie abgetrennt hält. In dem Moment, da sie den Schmerz ihrer verletzten und durch den Ring gebundenen Liebe fühlen kann, zerspringt die Barriere. Und sie hört Worte aus einem Märchen: Der erlöste Froschkönig hat Angst, daß der Wagen bricht – so stark ist die Erschütterung.*

Aber das Gefährt, der Körper, der den Erlösten trägt, zerbricht nicht, er kann die Erschütterung ertragen, die mit dem

* Das Märchen, das hier anklingt, heißt ‹*Der Froschkönig oder der Eiserne Heinrich*›. Es handelt von einem Mädchen – einer Prinzessin –, der das Männliche zunächst als Tier, als Frosch, begegnet. Der Frosch gibt ihr einen goldenen Ball, der ihr in den Brunnen, in die Tiefe, gefallen ist, zurück und verlangt dafür, als ihr Gefährte an ihrem Leben teilzunehmen. Vom Vater ermahnt, ihr Versprechen einzulösen, läßt sie den Verachteten schließlich in ihre Nähe. Sie mag ihn zunächst nicht berühren, als er jedoch bei ihr schlafen will, wirft sie ihn «bitterböse» an die Wand. Mit ihrer Wut löst sich die Verzauberung, und sie erkennt in ihm den Mann. Auf der «Fahrt in sein Reich» zerspringen die Bande, die der Diener des Froschkönigs um sein Herz gelegt hatte, damit es ihm nicht «aus Weh und Traurigkeit» über die Verzauberung seines Herrn zerspränge.

Zerspringen der Blockade, die den Fluß von Leid und Liebe unterbrochen hat, verbunden ist. Wenn Anne ihr Herz öffnet, lebendige Gefühle zuläßt, ist sie mit anderen verbunden, verliert sie die Angst, verlassen zu werden.

Mit dieser Erfahrung öffnet sich die Brust, und nun kann Anne eine andere Blockierung spüren, eine andere Form des Festhaltens oder Festgehalten-Seins erkunden, die sie als «Kristall-Ei» im Bauch spürt. Dieses Ei enthält feurige Energie, die jedoch durch eine kühle Kristallhülle gebunden ist. Für Anne ist dies eine geheimnisvolle und noch unverständliche Erfahrung, die sie auch in ihrem Bild darstellt.

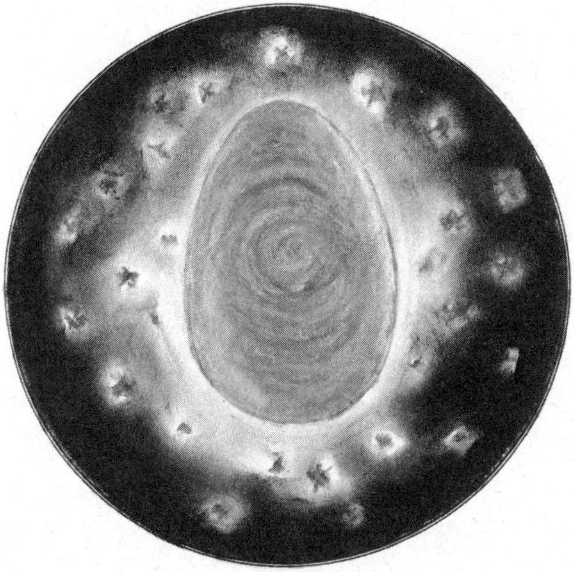

In der Bildmitte wird das Ei sichtbar, eine ovale Form, in der orangerote Spiralen lebendig leuchten. Sie ist von einer blauen, kühl strahlenden Hülle umschlossen und ruht in einem dunklen, schwarzen Raum, den feurige Funken grau-weiß erhellen. Das Bild enthält eine starke Spannung zwischen der vitalen Farbigkeit und Bewegung der Bildmitte und dem sie umgebenden dunklen Grund, der in dem Grau eine eher schmerzliche

Aufhellung erfährt. Mit dem Ei ist die weibliche Fähigkeit ausgedrückt, in sich Leben zu entwickeln, auszutragen und zu gebären. Das Ei ist auch ein Symbol der Vollkommenheit, des Lebens, der Fruchtbarkeit und Lebenserneuerung. Anne erfährt einen Ein- oder Ausblick auf einen Bereich vitaler Lebendigkeit und spürt zugleich, wie sie noch durch eine feste, kalte Hülle davon abgetrennt ist. Diese Erfahrung macht eine verfestigte innere Haltung in Anne sichtbar, mit der sie sich in Kontakten kühl zurückzieht und sich in ihrem Kern unerreichbar macht. Das Verständnis für diese Erfahrung erschließt sich Anne wiederum nicht direkt, sondern über eine Veränderung der Wahrnehmung. Wieder geht es um die Erfahrung der Liebe, die Anne jetzt auf einer sehr umfassenden transpersonalen Ebene anrührt: Sie findet Kontakt zu einer Art von Liebe, die mit einer überwältigenden Komplexität und Vollkommenheit des Lebensganzen verbunden ist.

Diese Erfahrung eröffnet sich Anne durch Bewegung und Tanz. Diesmal ist sie im Tanz jedoch nicht nur mit vertrauten Personen verbunden, sondern erlebt eine Art «kosmischen Reigen». Der Kreis der Tanzenden bekommt Tiefe und entfaltet sich zu einem Netzwerk, an dem alles Lebendige teilhat. Licht- und Schattenwesen tauchen auf, die Anne zunächst mit Empfindungen der Befreiung und Beengung verbindet. Dann erfährt sie, wie Licht und Schatten auch miteinander verbunden sind, sich wechselseitig auseinander entfalten und Dimensionen aufzeigen, die Annes Fassungsvermögen überschreiten.

Bevor wir verfolgen, wie Anne die noch im Kristall-Ei gebundene Lebensenergie und die Bereiche von Licht und Schatten weiter erkundet, will ich zunächst zeigen, wie sie in ihren ersten beiden Sitzungen zu diesen Erfahrungen hingeführt wurde.

In ihrer ersten Sitzung erlebt Anne zunächst eine starke Blockierung der Brust. Diese Blockierung ist mit einem typischen Anhalten des Einatmens verbunden, so daß das Ausatmen nicht vollständig ist und ein Druck auf das Sonnengeflecht ausgeübt wird. Anne spürt einen starken Spannungsring im Bereich des Sonnengeflechtes und hat das Gefühl zu ersticken. Sie versucht, die Lösung des Ausatmens durch ein Anheben und Verspannen der Schultern zu verhindern, doch dann lösen sich der Druck und die festgehaltene Erregung in «herzzerreißendem Schluchzen» und dem Gefühl tiefer Traurigkeit.

Körperlich und emotional erlebt Anne hier die Verletzung und Blockierung ihrer Liebesfähigkeit. Mit der Öffnung des Brustbereichs kann sie dann die Starre und Unbeweglichkeit im Becken und an den Beinen fühlen. Nach Wilhelm Reich ist die Blockierung im Beckensegment – zu dem er alle Muskeln des Beckens und die unteren Gliedmaßen zählt – mit der Empfindung von Starrheit, Unbeweglichkeit und Asexualität verbunden. Reich geht davon aus, daß die mit dem Beckenbereich verbundenen Lustempfindungen erst erlebt werden können, wenn die dort blockierte Wut freigesetzt wird (Baker 1980). Dies zeigt sich deutlich in Annes Erleben: Sie spürt zunächst die mit der Verspannung verbundenen Gefühle von Angst und Hilflosigkeit. Als die Spannung sich löst, werden mit dem Fließen und Pulsieren von Energie starke wütende Impulse frei. Anne erlebt ein Potential von urwüchsiger Kraft. Sie erfährt diese Kraft körperlich und gefühlsmäßig und gleichzeitig auch transpersonal-symbolisch als Kontakt mit einer archetypischen Muttergottheit: «Eine Brutalität und Grausamkeit stieg da aus meinem Unterleib, die ich nicht für möglich gehalten hätte. Und ich erlebte dieses grausame Gefühl äußerst lustvoll und mit jedem Atemzug stärker. Und da sah ich ganz deutlich: Eine Art Kali sitzt da in meinem Bauch und will am liebsten Kinder gebären, um sie dann zu fressen ...»

Diese Erfahrung stellt Anne auch in ihrem Bild dar (vgl. Tafelteil, Abb. 6): In der Bildmitte öffnet sich ein schwarz gemalter Mund, mit gefährlich spitzen Zähnen ist er bereit zuzubeißen. Im Kontrast zu diesem Schwarz leuchtet im unteren Bildbereich ein leidenschaftliches blutig-aggressives Purpurrot, durchsetzt mit dunklen und zarteren hellroten Strömungen. Im oberen Bereich erhellt sich das Rot zum Gelb, das einen schmalen himmelblauen Streifen sichtbar werden läßt. In Kali begegnet Anne einer indischen Muttergottheit. Ihr Name bedeutet «die Schwarze». Sie ist die Gattin Shivas und tritt in Kulten, die in ihr nur die Große Mutter der Erde verehren, als furchtbare und zerstörerische Herrin der Welt, der Materie, des «mütterlichen Stoffes» auf.*

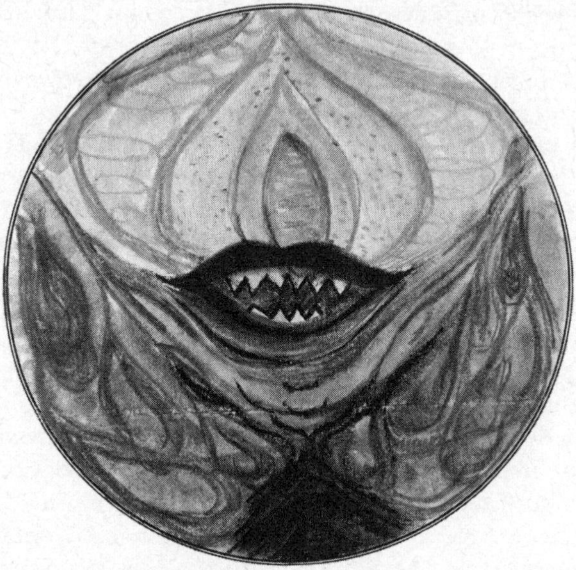

Kali wird meist in Purpurrot dargestellt. Zu ihrem Kult gehören die weiblichen Blutrituale. Kali verkörpert mit der Kraft der Fruchtbarkeit vor allem den grausamen Aspekt, die Todesseite der Erdmutter. Blutopfer für Kali wurden noch bis ins 19. Jahrhundert hinein gebracht (nach Lauf 1981; Golowin 1982).

Mit der Belebung des Beckenbodens begegnet Anne in der Tiefe einem Schattenbereich, einer abgespaltenen, ursprüng-

* Shiva tritt ebenfalls als Zerstörer auf. Er zerstört in seiner Weisheit sowohl die Überbewertung als auch die Ablehnung des Daseins. Zugleich erschafft er die sichtbare Welt in seinem Tanz. In Shiva und Kali ist der ursprüngliche Gegensatz von Licht und Finsternis dargestellt – in ihrer Vereinigung durch die verbindende Kraft der Liebe vereinigen sich auch die Gegensätze von männlicher und weiblicher Energie, von Hell und Dunkel, und lassen die unendliche Fülle des Lebendigen entstehen.

lichen vitalen und grausamen Energie. Anne kommt hier in Kontakt mit dem Bewußtseinsbereich des Matriarchats und dem Potential der Großen Mutter, die in sich Leben, Lebenserneuerung und auch die Vernichtung von Leben umschließt. Mit Kali, der Schwarzen, tritt vor allem der Aspekt der Vernichtung, der Grausamkeit und Aggression hervor. Dies ist ein Aspekt des Mutterarchetyps, der in unserem Kulturkreis weitgehend verdrängt und aus der Bewußtseinswelt ausgeschlossen bleibt. Im Zusammenhang mit der Erde, mit den Zyklen der Natur, ist die Vernichtung jedoch immer auch wieder Voraussetzung für Erneuerung und Entwicklung von Leben.

Die lichte gelbe Energie im oberen Bildbereich stellt Annes Erleben gegen Ende der Sitzung dar: «Ich fühlte mich weich und gleichzeitig stark, sehr transparent und durchgängig. Ich sah mich bestehend aus ineinander pulsierenden Lichtstreifen. Ich fühlte mich ganz und harmonisch und viel stärker als gewöhnlich.» Durchlässigkeit, Transparenz, Licht – damit deutet sich ein wichtiger Veränderungsimpuls an, der Anne aus der beengenden und vernichtenden Dunkelheit zur Bewegung und zur Helligkeit führt.

Schon vor dieser Sitzung hat Anne sich mit dem Thema «Mütterlichkeit» beschäftigt; sie hat stark an der Schwangerschaft ihrer Freundin Anteil genommen. Vor der nächsten Sitzung erlebt sie deren Entbindung mit. Dabei werden Annes idealisierte Vorstellungen von «weiblicher Kraft», «schöner, bewußter Geburt» sehr in Frage gestellt. Anne ist beunruhigt von dem Schmerz und der Schwäche, die sie miterlebt. Diese Erfahrung erinnert sie an ihre eigene Schwangerschaft und an die Fehlgeburt, die kurz vor der geplanten Abtreibung einsetzte.

In ihrer zweiten Sitzung spürt Anne zunächst wieder Druck, Bewegungslosigkeit und Enge in der Brust, die sich dann mit wütendem Schreien und im Weinen lösen. Anne kommt in Kontakt mit ihrer kindlichen Sehnsucht nach Liebe: «Ich fühle mich verlassen und klein wie ein Kind, war wieder ein Kind und hatte das Bedürfnis, mich von meiner Mutter geliebt und angenommen zu fühlen. Und ich spürte, wie der Druck in meiner Brust auch mit der Angst vor dem Bedrängenden ihrer Liebe zu tun hat. Und meine Traurigkeit mit meinem Bedürfnis nach ihrer Liebe.»

Im Zusammenhang mit der Sehnsucht nach Liebe und der Angst vor Verlassenheit und Bedrängung verspannt Anne sich immer wieder. Anne hat feste Erwartungen an ihr Erleben und versucht, mit ihrem Willen die Spannungen zu «durchbrechen». Dabei merkt sie, wie sie sich mit dieser Haltung immer wieder blockiert, unter Druck setzt und auch erschöpft. In diesem Prozeß beginnt sie, Zusammenhänge zwischen den Blockierungen in verschiedenen Körperbereichen zu spüren: «Während ich die Spannung in Schultern und Brust lösen konnte, blieb das Becken starr und leblos. Ich konnte es manchmal gar nicht mehr spüren. Dann merkte ich jedoch, wie Spannungen im Becken mit denen im Gesicht zusammenhängen: Bei Druck im Becken verkrampften sich meine Stirn und die Kaumuskeln; mit Spannung am Beckenboden verspannten sich der Mund, der Gaumen, die Kehle.» Es ist beeindruckend, wie Anne hier Zusammenhänge zwischen Körperfunktionen und -bereichen mit einer Genauigkeit nachvollzieht, wie sie in langjähriger körpertherapeutischer Arbeit zum Beispiel von Wilhelm Reich erkundet wurden.

Zu dieser Sitzung liegt eine körpertherapeutische Fremdeinschätzung anhand von Annes Gesichtsporträt vor und nach der Sitzung vor. Dabei zeigt sich, daß Annes Bericht mit den Beobachtungen des Körpertherapeuten gut übereinstimmt. Er weist zusätzlich auf den Ausdruckswert der verschiedenen Blockierungen hin. In Annes Gesicht vor der Sitzung erkennt er anhand der Spannungen an Stirn und Augen eine starke «Über-Ich»-Kontrolle. Sie entspricht Annes festen Erwartungen und ihren Konzepten über «Mütterlichkeit». An Mund und Kiefer sieht er deutliche Blockierungen. Der Mund wirkt auf ihn «verbissen», auch bereit zuzubeißen und hat einen «höhnischen» Zug. Was er beobachtet, ist die brutale Energie Kalis, der Anne in ihrer ersten Sitzung so drastisch in sich begegnet ist. Im Bild nach der Sitzung wirken die Augen weicher, der Körpertherapeut beobachtet eine Entspannung des Kiefers und schließt auf eine deutliche Lösung im Beckenbereich. Der höhnische Zug ist jedoch noch erkennbar. In ihm kommt die Empfindung von

Macht zum Ausdruck, die im Zusammenhang mit der Fähigkeit zur Kontrolle erlebt wird – selbst wenn sie sich als schmerzliche Kontraktion gegen den eigenen Organismus wendet.

Anne selbst spürt in dieser Sitzung nur kurzfristig, daß sie sich entspannt, daß Energieströme den Körper «durchpulsen» und sie Wärme und Geborgenheit erleben lassen. Die Beckenblockierung baut sich immer wieder auf und verstärkt sich zeitweilig zum Krampf: «Auf der einen Seite kämpft etwas darum, geboren zu werden, etwas anderes wollte mich gebären.» In der Spannung zwischen Kräften, die zurückhalten, und anderen, die nach Befreiung drängen, spiegelt sich auch das Erleben des Fetus in der zweiten Phase des Geburtsvorgangs, wenn die Kontraktionen beginnen, der Muttermund jedoch noch verschlossen ist. Anne spürt eine tiefe Angst davor, die Kontrolle und Blockierung im Becken völlig loszulassen. Eine Öffnung in diesem Bereich bedeutet für sie: Mutter werden *müssen*, Verantwortung übernehmen *müssen*. Von diesem «uralten Programm» fühlt sie sich gefesselt: «Fruchtbarkeit ist eine Last. Frau zu sein bedeutet Schmerz und Unterliegen»; diesem Programm will sie sich verweigern, und sie schützt sich davor mit der Beckenblockierung. Am Ende der Sitzung ahnt sie trotz dieser Barrieren auch ihre Ganzheit. «Ich hatte das Gefühl, mich als ganzes Wesen irgendwann zur Welt bringen zu können.»

In der bildlichen Darstellung dieser Erfahrungen (vgl. Tafelteil, Abb. 7) wird eine rot ausgemalte weibliche Gestalt sichtbar. Sie steht vor einem weißen Oval, das von ultramarinblauen Kreisen umgeben ist, die zum Bildrand hin intensiver werden. Vom Kopf strahlen goldene Energielinien zu den Händen und Füßen. Die Frau hat jedoch kein Gesicht, sie ist noch nicht individuell differenziert. In ihrem Bauch – und zugleich der Bildmitte – ist orangefarben ein Kind angedeutet, in diesem wiederum ein Kind: das weiblich-mütterliche «Programm», gegen das sich die Frau mit drei schwarzen Ringen um das Becken abgetrennt hält. Das Bild drückt Empfindungen der vertrauensvollen Geborgenheit in einem Raum von unbegrenzter Weite und Tiefe aus. Dazu kontrastieren die drei schwarzen Ringe als leidvolle, beengende Blockierung. Diese Erfahrung läßt auch an die Geborgenheit des Kindes in der Ureinheit mit der Mutter denken, die von den beginnenden Kontraktionen unterbrochen wird. Mit dem Kristall-Ei, dem Bild der nächsten Sitzung, wird die Ovalform, die vitale Energie enthält, erneut aufgenommen, wobei sich die Empfindung von Spannung, Druck und Festgehaltensein verstärkt.

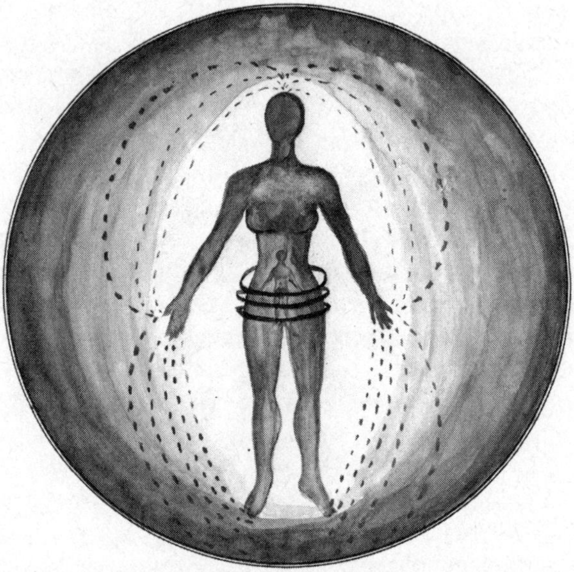

Über ihre eigene Geburt weiß Anne, daß sie einfach gewesen ist und in einer Klinik stattfand. Ein für sie sehr einschneidendes Erlebnis war jedoch die Geburt ihrer drei Jahre jüngeren Schwester. Kurz vor deren Geburt erkrankte Anne an einer schweren Blasenentzündung, die sich zum ersten Geburtstag der Schwester wiederholte. Blasenentzündungen traten mit dem Beginn von Annes Pubertät wieder auf, heftige Regelbeschwerden kamen hinzu. Diese Störungen minderten sich erst, als sie mit neunzehn Jahren ihr Elternhaus verließ. Die Blase ist ein Behälter, in dem die von der Niere ausgeschiedenen Stoffe gesammelt werden und darauf warten, den Körper verlassen zu können. Durch die Urinmenge entsteht nach einiger Zeit ein

Druck, der zum Loslassen drängt und zur Erleichterung führt. Bei der Blasenentzündung wird ein häufiger und starker Harndrang erlebt. Das Loslassen ist jedoch sehr schmerzhaft, und trotz des Drucks können nur geringe Mengen der für den Körper unbrauchbaren Stoffe ausgeschieden werden. Selbst unter schmerzhaftem Druck fällt das Loslassen schwer. Mit der monatlichen Blutung ist die Frau an einen Rhythmus angeschlossen, der auch Ausdruck für Weiblichkeit, Fruchtbarkeit, Empfänglichkeit und Hingabe ist. Jede Frau erlebt so mit ihrer «Regel» auch eine ganz ursprüngliche Erscheinungsform des weiblichen Prinzips.

In ihrem Prozeß kommt Anne körperlich und seelisch in Berührung mit einer Instanz in sich, die sich dieser Gesetzlichkeit verweigert. Mit der Blasenfunktion und der Regel sind die körperlich-seelischen Erfahrungen von Festhalten und Loslassen verbunden. Für Anne scheint das Loslassen vor allem in Zusammenhang mit der Erfahrung des Freisetzens von ursprünglichen aggressiven und zerstörerischen Impulsen zu stehen. Die Erfahrung des Geschehen-Lassens, Sein-Lassens ist ihr unvertraut. Mit dem Festhalten sind für sie vor allem Druck, Beengung und Schmerz verbunden sowie der Versuch, sich vor bedrohlichen Erfahrungen zu schützen. Die Qualität des Haltens im Sinne von Fürsorge hat sie zu wenig erfahren. In Annes Prozeß wird deutlich, daß das Festhalten auch an die Atemfunktion gekoppelt ist: Sie hält mit dem Einatmen Erregung fest, erzeugt so Druck und läßt sich mit dem Ausatmen nicht völlig los. Mit der Einatmungskontrolle, den Blasen- und Regelbeschwerden wird jeweils ein natürlicher Rhythmus unterbrochen und Druck erzeugt, der eventuell immer auch wieder kritische Phasen und Muster des Geburtsvorgangs spiegelt.

Zwischen Annes zweiter und dritter Sitzung liegt ein Abstand von sechs Monaten. In dieser Zeit nimmt sie am Gruppenprozeß nicht aktiv, sondern nur als Helferin teil. Als Helferin erlebt sie ihre Angst, andere zu bedrängen, und auch die Sorge, selbst zu kurz zu kommen. Mit diesen Erfahrungen wächst jedoch auch Freude, andere zu umsorgen, und sie beginnt, sich zunehmend mit den anderen Teilnehmern verbunden zu fühlen. Indem sie ihren Partner begleitet, lernt sie, daß das Geschehen-Lassen wichtig ist. Sie erfährt auch, daß sie selbst bereichert werden kann, wenn sie ihre Unterstützung und Anteilnahme freiwillig gibt.

Nach diesen Erfahrungen kann sie in ihrer dritten Sitzung ihre Fehlgeburt, die Verletzung und Befreiung ihrer Liebesfähigkeit und das Kristall-Ei, die festgehaltene Lebensenergie, auf einer zugleich tieferen und individuelleren Ebene erkunden. Sie stört ihren Prozeß nicht mehr durch rationale Kontrolle und erschöpft sich nicht, indem sie sich selbst mit festen Erwartungen unter Druck setzt. Das Prinzip des Lebendigen in ihr wird jetzt nicht mehr durch die grausamen Aspekte des Mutterarchetyps vertreten; die Qualität der Verbundenheit mit anderen, Bewegung, Tanz – das Prinzip Shivas – kommen hinzu. Damit eröffnet sich Anne ein Einblick in die Vollkommenheit des Lebensganzen, das aus Licht und Schatten gewirkt ist. In dieser erweiterten Perspektive überschreitet sie die Bindung an das enge und dumpfe weibliche Programm und ihre Abgrenzung gegen eine als bedrohlich empfundene Regel. Mit dem Einblick in die Harmonie, das Gefüge und den Rhythmus des Lebensganzen wachsen in ihr Vertrauen und Dankbarkeit, daß sie daran teilhat.

Zu Beginn ihrer vierten – und letzten – Sitzung hört Anne eine Stimme, die ihr sagt: «Ich muß dich jetzt zerbrechen, wenn es auch weh tut.» Sie willigt ein und gerät in einen schwarzen, kalten Raum; sie beginnt, am ganzen Körper zu zittern. «Im Zentrum dieses Raumes war etwas. Dieses Etwas schien der Kristallisationspunkt der Kälte und Dunkelheit zu sein: versteinertes, lichtabsorbierendes Eis. Die Kälte machte meine ‹Schale› unheimlich hart, aber dadurch wurde sie spröde und bröckelig. Ich hatte das Gefühl aufzusplittern. Gleichzeitig regte sich in meinem Körperinnern etwas. Ich spürte große Hitze. Eine heiße Flüssigkeit in Speiseröhre, Magen und Darm, die sich in mir hin und her warf.»

Hier findet eine Behandlung statt, um die kristallisierte Schale, mit der Anne sich identifiziert und unberührbar macht, zu öffnen und die festgehaltene Energie zu befreien. Mit großer Weisheit nutzt die heilende Kraft, die hier wirksam wird, das Prinzip der Verstärkung. Indem Anne zugemutet wird, die un-

Abb. 1 «Ich falle in einen unendlichen schwarzen Abgrund.»

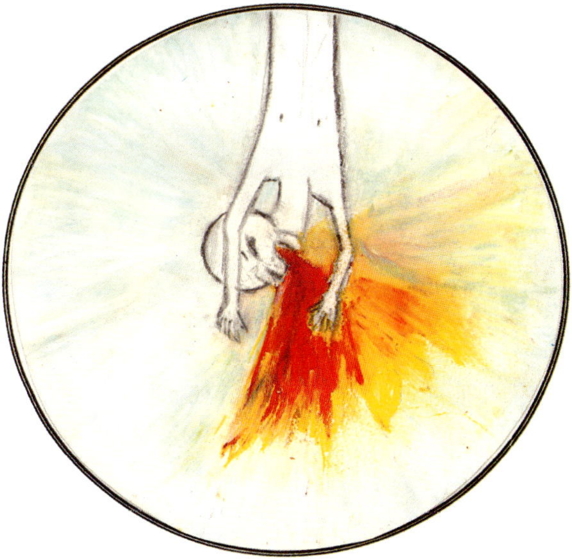

Abb. 2 «Ich schreie laut und kläglich und friere ganz entsetzlich.»

Abb. 3 «Ich bin auf der Welt und empfange Energie von einem Buddha.»

Abb. 4 Jan: «Ich schwimme mit dem Wasser – ein warmer Strom fließt durch den Körper.»

Abb. 5 Jan: «Ich schwebe durch den nächtlichen Himmel.»

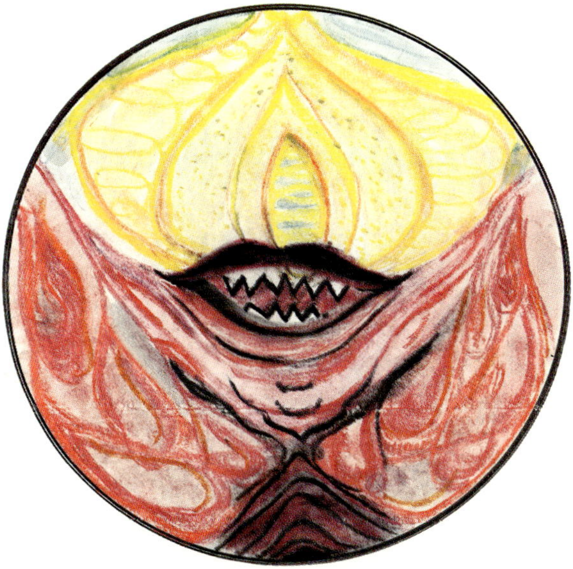

Abb. 6 Anne: «Eine Art Kali sitzt da in meinem Bauch, sie ist beängstigend blutrünstig und grausam.»

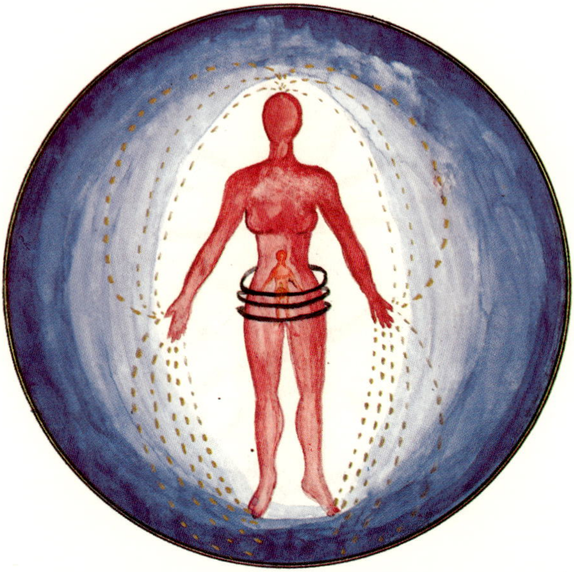

Abb. 7 Anne: «Hinter den Verspannungen spüre ich meine Ganzheit.»

Abb. 8 Tom: «Zwei innere Kräfte, die in meinen Fingern aufeinanderprallen.»

Abb. 9 Tom: «Wie der Kleine zur Wärme kommt.»

Abb. 10 Marianne: «Etwas in mir zerplatzt, zerspringt – ein neuer Raum ist mir erschlossen.»

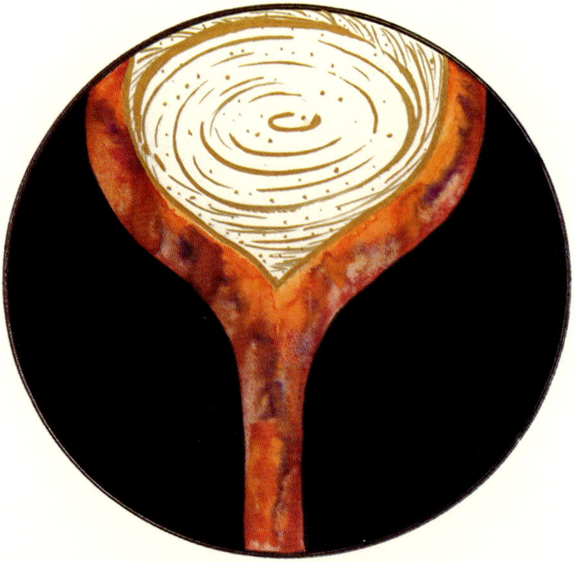

Abb. 11 Marianne: «In die mit den Händen gebildete Schale fließt kosmische Energie.»

Abb. 12 Margrit: «Durch ein dunkles All flog ich auf ein leuchtendes Auge zu.»

Abb. 13 Margrit: «Ich wußte, das ist der Teufel und ich seine Braut.»

Abb. 14 Margrit: «Ich spüre Energie wie Wogen in mich einströmen.»

Abb. 15 Michael: «Dann sehe ich die Welt; sie ist furchtbar, unheimlich und düster drohend.»

Abb. 16 Michael: «Eine helle Pyramide spiegelt sich in trübem Wasser – Himmel und Hölle.»

geheure Kälte und Härte zu spüren, die mit der Schale, das heißt auch mit dieser Lebenshaltung verbunden ist, kann diese aufsplittern und abbröckeln. Hitze, die mit dem Körpersystem verbunden ist, das der Nahrungsaufnahme und -verwertung dient, entfaltet sich. Und die der Härte entgegengesetzte Haltung tritt hervor. «Dann stand mir plötzlich so klar vor Augen, daß es nichts und niemanden gibt, den ich für immer ‹besitze›. Ich habe nichts sicher! Alles muß ich irgendwann loslassen.» Diese Erkenntnis ist von Traurigkeit begleitet, die sich jedoch in Zuversicht verwandelt, als Anne aufgeht, daß es ja möglich ist, sich an allem zu erfreuen, solange es ihr zur Verfügung steht, daß sie sich ja auch mit Freude loslassen kann, sich hingeben kann. In diesem Moment spürt sie Angst und Widerstand: «Das kann ich nie!», und dann steigt mit «untrüglicher Sicherheit» in ihr auf: «Du kannst!»

Diese Erkenntnis, die mit der Zersplitterung der eisig-kühlen Zurückhaltung auftaucht und Anne anleitet, sich dem Leben, der Veränderung mit Freude hinzugeben, wird durch eine Belebung des Verdauungstraktes vorbereitet. Dadurch wird auch die «Einverleibung» einer ungewohnten Erkenntnis, einer geistigen Nahrung ermöglicht. Diese Erfahrung führt zu einer großen Ruhe und Wachheit. Das Zittern und Aufbäumen des Körpers hört auf, er ist jedoch noch unbeweglich und wirkt unbelebt, bis eine weitere – sehr sanfte und liebevolle – Anleitung erfolgt, lebendig, offen und durchlässig zu werden: «Dann fühlte ich plötzlich eine wohltuende Wärme in meinem Bauch aufsteigen. Und dann ein Atemzug ... so was von schön! Ich lebe ja! In diesem Moment sah ich ein leuchtendes Dreieck. Von diesem Dreieck fühlte ich mich ungeheuer intensiv wahrgenommen und akzeptiert. Das Bild verschwand, und ich lag einfach so da. Ich spürte in meinem Körper, wie der Atem an manchen Stellen nicht durchfloß. Da berührten mich liebevolle, wärmende, strahlende Hände. Ich war so frappiert, daß ich mit meinen Händen nachfühlte, ob mich ‹wirklich› jemand anfaßte. Aber da war keiner! Ich legte meine Hände wieder neben den Körper auf den Boden. Und da war sie wieder, die Berührung: auf dem Brustbein und dem Sonnengeflecht. Ich empfand diese Berührung als ungeheuer heilsam. Ich fühlte mich geborgen.»

Dieser heil-kundigen Kraft – die ja aus dem Inneren Annes selbst erwächst – kann sie sich vertrauensvoll hingeben. Der «innere Arzt», der Anne hier behandelt, kennt sie ganz genau. Er ist nicht grausam, er weiß um Annes Versuch, sich mit der harten Schale vor Verletzung zu schützen. Er zeigt ihr jedoch ganz konsequent, daß dieser vermeintliche Schutz letztlich ein lebensverneinendes, tödliches Prinzip verkörpert. Im Kontakt mit dieser Schattenwelt, dem kühlen Schattenwesen, das in ihr selbst ist, erwacht Annes Lebensenergie. Und nun, als die Härte zerbröckelt und die Bereitschaft zur Hingabe an das Leben und an eine Zustandsveränderung freisetzt, wird die Behandlung sanft, zärtlich. Anne wird im Brustbereich angerührt und geheilt, dort wo sie sich am meisten verletzt fühlt. Anne hat sich dieser inneren heilenden Kraft sehr weitgehend geöffnet und übergeben, sie hört, sieht und fühlt diese Energie, die sie zum Licht und zur Lebendigkeit führt.

Das Zerbrechen einer alten verfestigten Haltung zum Leben und die Entwicklung einer umfassenderen, erlösenden Einstellung verbindet Anne mit Tod und Leben, mit Dunkelheit und Licht. Sie kann diese Erfahrungen, die den Übergang in einen neuen Lebens- und Bewußtseinsraum verdeutlichen, noch nicht in ein Bild fassen und stellt sie getrennt dar. Das Zerbrechen der Kristallschale ist mit einem schwarzen, kalten Raum verbunden, in dessen Mitte ein Kreuz über einem Sarg steht, darunter liegt eine dunkle Gestalt, in der sich eine heiße, rote Energie aufbäumt. – Lebendigkeit, liebevolle Wahrnehmung und Angenommensein kommt in einem aufrecht stehenden gelben Dreieck zum Ausdruck, das von strahlender Helligkeit umgeben ist. Mit dem Dreieck wird auch die Polarität von beengendem Festhalten und zerstörerischem Loslassen überwunden und eine neue Dimension des Vertrauens und der Hingabe angerührt und erschlossen. Anne verläßt die Dunkelheit, die sie zu vernichten droht, und wird in einem neuen, hellen Raum geboren. Das lichte Dreieck verbildlicht sowohl die Geburt in der äußeren Welt als auch das Erwachen des erkennenden Bewußtseins.

Sowohl in der indischen als auch in der europäisch-alchimistischen Tradition gilt das aufrecht stehende Dreieck als Symbol schöpferischer, göttlicher Kraft. Es verbildlicht auch die Dreieinigkeit des christlichen Glaubens. Damit erschließt sich Anne ein Prinzip, das die einseitig dunkle, erdhafte Kraft, die mit Kali verbunden ist, aufhellen, ergänzen und unter einer umfassenderen Perspektive differenzieren kann.

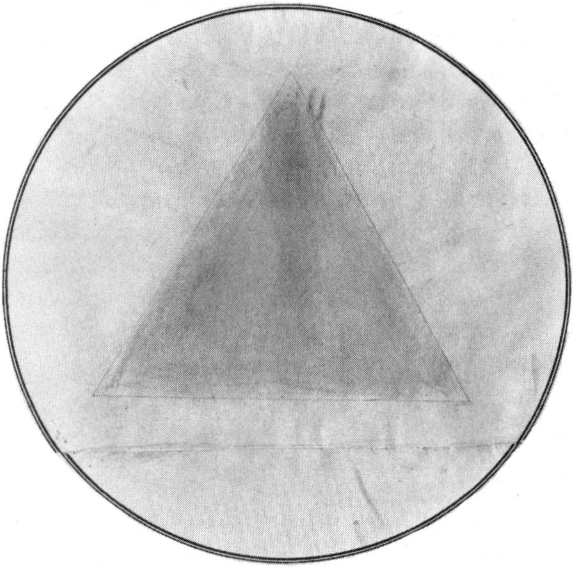

Anne hat in ihren ersten beiden Sitzungen Kontakt zu einer verfestigten inneren Haltung gefunden, die sie sowohl körperlich als auch seelisch beengt und von lebendiger Erfahrung abtrennt. Diese Haltung steht in Zusammenhang mit starren und einseitigen Konzepten über Weiblichkeit und Mütterlichkeit, an die sie sich widerstrebend gebunden fühlt, mit einem unbewußten Zustand, in dem sie sich bewahren wollte. Sie spiegelt auch die bedrängenden Erfahrungen des Geburtsprozesses und verhinderte die Entwicklung und Differenzierung von Wahrnehmungen, Empfindungen und Verhaltensmöglichkeiten.

Der Tiefenpsychologe Erich Neumann beschreibt die Bewußtseinsebene, die hier bei Anne deutlich wird, als weibliche «Selbstbewahrung». Diese Entwicklungsphase kann einen negativen Akzent bekommen, wenn die Frau in ihr festgehalten bleibt. «Von diesem Aspekt aus gesehen erscheint die Große Mutter als furchtbar und verschlingend, nicht nur als gut und schützend» (Neumann 1983). Das Stehenbleiben in dieser Phase bringt Neumann in Zusammenhang damit, daß das ergänzende männliche Bewußtseinsprinzip noch nicht voll wirksam geworden ist.

Wenn wir in dem mit der Kali angedeuteten Bereich der indischen Mythologie bleiben, dann können wir weiter deuten, daß das weibliche Prinzip in Anne dunkel und blutrünstig geworden ist, weil es einseitig und abgetrennt von den erhellenden und erkennenden Bewußtseinsfähigkeiten (von Shivas Weisheit und seinem Leben schaffenden Tanz) verehrt wurde. In Annes Prozeß tritt das lichte, männliche – mit Shiva verbundene – Bewußtseinsprinzip schon am Ende der ersten Sitzung auf. Sie nimmt es als ineinander pulsierende Lichtstrahlen wahr. Diese ergänzende Kraft machte Anne durchlässig und harmonisch – während Kalis Energie eine starke ursprüngliche Kraft verkörpert, die jedoch einseitig und grausam in ihr wirkt. In der letzten Sitzung wird Anne wiederum durchlässig gemacht. Diesmal ist die Verwandlung sehr viel genauer faßbar, wird verbunden mit der Erkenntnis über die tödliche Qualität der Erstarrung und die einseitige Verhaftung an Dunkelheit und Abtrennung. Der Übergang in einen neuen Bewußtseinsraum wird im Kontakt mit der lichten Dreiecksform vollzogen und ist mit Gefühlen des Angenommen-Seins, der Transparenz und Liebe verbunden. Das Erlebnis aus Annes dritter Sitzung, in der sie die Verbundenheit von Licht und Schatten, von Shiva und Kali als Gesetzlichkeit des Lebensganzen sah, mit der sich die Fülle des Lebens entfaltet, verstehe ich als Einführung in eine erweiterte Perspektive und Haltung zum Leben.

Anne mißt der Zersplitterung ihrer Starrheit eine große Bedeutung zu. Sie spürt, daß sie diese Erfahrung auf ihr Verhalten übertragen und im Alltag konkretisieren muß. Dabei erlebt sie eine Veränderung ihres Kontaktverhaltens: Sie zieht sich nicht mehr nur «cool» und «eisig» zurück, sondern spürt Gefühle von Angst und Verletzlichkeit stärker und zeigt ihre Empfindungen auch. Sie erlebt es als schön, sich erreichbar zu machen und so –

zum Beispiel mit ihren Eltern – Begegnung zu ermöglichen. Sie beginnt auch, die immer erlebte Konkurrenz mit der Schwester klarer auszutragen. Statt wie früher nur eifersüchtig zu sein, räumt Anne ihr – ein halbes Jahr nach ihrer letzten Sitzung – einen Platz in ihrer Wohn- und Lebensgemeinschaft ein.

Annes Verharren in der Selbstbewahrung, ihre Erstarrung und Härte, die das Weibliche in ihr grausam und höhnisch werden ließ, hängt auch mit der Verletzung und Blockierung ihrer Liebesfähigkeit zusammen, mit den Ringen, die sie um ihr Herz gelegt hatte. So war das Aufspringen des Eisenrings, der das Herz gebunden hat, der Kontakt mit der Liebe und dem lebendigen Fluß der Gefühle, eine wirksame Erfahrung, die half, die Starre der selbstbewahrenden Verhaltenheit zu erkennen und zu lösen. Anne bringt die Ausbildung und Lösung des Herzrings in Zusammenhang mit ihrer Lebenserfahrung. Vier Monate nach ihrer letzten Sitzung berichtet sie: «Ich habe als Kind – im Zusammenhang mit der Geburt meiner Schwester – beschlossen, die Liebe meiner Eltern nicht zu brauchen. Habe Ringe um mein Herz gelegt, damit mir keiner mehr ‹das Herz brechen› kann. Das, vor dem ich mich schützen wollte, ist: offen sein, weich sein, und dann kommt jemand und stößt mich zurück. Da stoße ich doch lieber von vornherein jeden weg, der mir nahe kommen könnte! – Ein wichtiges Erlebnis war das Aufspringen des Rings an meinem Herzen. Immer wenn ich jetzt in die Herzgegend hineinspüre, ist da ein leises, warmes Strömen. Ich habe das Gefühl, in meine Brust eingezogen zu sein. Da sitzen mein neu gewonnener und auch gefestigter Optimismus und mein positives Lebensgefühl.»

Anne hat Ärger und Wut meist so lange zurückgehalten, bis sich der angestaute Druck gewaltsam und blind-zerstörerisch löste. Sie erlebt jetzt, daß sie ihre Wut sensibler und früher spüren kann, so daß sie sich nicht mehr bis zur Gewalttätigkeit aufstaut. So kann sie diese Energie auch differenzierter einsetzen. «Das Kristall-Ei hatte oft die Spirale aus Feuer zuammengequetscht ... Diese Spirale hat auch etwas mit Aggression im Urzustand zu tun ... Ich habe früher oft erlebt, daß Wut sich zerstörerisch auswirkt. Und wenn die Energie dann raus war, war auch nichts mehr da, was die Situation hätte verändern können. Da hat sich viel getan. Die Qualität hat sich verändert. Bei meinen Auseinandersetzungen kommt jetzt etwas heraus, und ich fühle mich wohl dabei.»

Indem die harte Schale durchlässiger wird, findet Anne Zugang zu der Energie, die in dem Ei enthalten ist. «In dem Ei ist eine Kraft, die ich als Stärke brauche, in jeder Hinsicht: körperlich, seelisch, geistig. Sie entfaltet sich mit Gelassenheit. Das ist noch neu für mich. Aber ich fühle mich wohler und gehaltener in der Welt als früher. Das liegt daran, daß ich zu etwas Göttlichem gefunden habe, dem ich mich anvertrauen kann, das mir Kraft gibt. Dies Gefühl einer grundsätzlichen Sinnhaftigkeit festigt sich in mir.»

Annes Energie ist nicht mehr starr gebunden, und sie explodiert auch nicht mehr nur chaotisch unter Druck; sie entfaltet sich jetzt mit Gelassenheit. Mit dieser Erfahrung fühlt sich Anne an etwas Göttliches angeschlossen, erschließt sich ihr eine existentielle Sinnhaftigkeit, sie fühlt sich getragen.

In der dritten Sitzung hatten sich Anne mit dem Spüren des Kristall-Eis ein kosmischer Tanz eröffnet und ein Einblick in sich immer weiter entfaltende Dimensionen des Lebensganzen. Und so ist wohl aus dem Kristall-Ei auch ein «Welten-Ei» geworden, das – wie der Tanz – Symbol ist für das sich ewig wandelnde Leben.

Und Trauer vermischt sich mit Freude

«Zu Beginn hatte ich große Schwierigkeiten, mich auf ein tiefes Atmen einzulassen – und ich hatte Angst. Mein Gesicht – Schläfen, Mund und Kiefernmuskeln – war schmerzlich verspannt, meine Arme waren angewinkelt, Handrücken nach oben, Finger steif nach unten. Und meine innere Haltung, ‹nicht loslassen zu wollen›, fand ihre Entsprechung in einem Druck auf meinem Anus. ‹Wenn du jetzt in die Hose scheißt›, dachte ich bei mir und ging dagegen an. Ich kniff den Hintern zusammen. Der Druck erhöhte sich, bis der Schmerz so groß war, daß ich glaubte zu zerreißen.

Ich gab meinen Widerstand auf, paßte aber gut auf, was passieren würde – nichts Unangenehmes. Ich begann zu weinen – einfach so. Nach einiger Zeit erschien mir ein Bild: eine Sonne über dem Wasser, alles in Orange, in Farbnuancen, die ich nicht wiedergeben kann. Das Bild strahlte viel Ruhe aus, Freude und Wärme. Ich weinte, es erschien eine Träne in dem Bild, aus der die Sonne schien.

Es rührte mich so tief an, daß ich noch mehr weinte. Und Trauer vermischte sich mit Freude, eins ist nicht ohne das andere fühlbar und denkbar, zwei Seiten derselben Sache, begriff ich intuitiv. Und mir fiel ein, wie lange ich mich schon von dieser Welt abgetrennt hatte und auch abgetrennt wurde, wie durch eine Glasscheibe, seit meiner Kindheit. Nun fühle ich mich dazugehörig – ja, verdammt, ich gehöre als kleiner Teil dazu.

Das Bild vor mir wird räumlich tiefer – und ich fühle die Einheit. Ich gehöre dazu.

Dann spürte ich einen Druck auf meinem Bauch als Druck gegen meine Energie. Ich fange an, mich wild zu bewegen, die Bewegungen werden immer koordinierter, und dann auf einmal ein Bild: Vor meinen Augen erscheinen chromblitzende Sprossen, die einfach so, ohne Zusammenhalt, in den blauen Himmel führen. Links und rechts Wolken. Meine Hände ergreifen die Sprossen, ich erklimme die Leiter, und ich spüre, wie ich von unten nach oben aufsteige.

Aber mein Körper ist nicht wirklich dabei. Ich bin leicht, körperlich leicht. Fliehe ich? Oder steigt etwas in mir auf?

Dann lag ich entspannt da, mit geöffneten Händen, und fühlte mich unheimlich wohl. Ich sah Bilder kommen und gehen, an die ich mich nicht erinnern kann.»

Der fünfundzwanzigjährige Tom steht zu Beginn seiner zweiten Sitzung unter großer Spannung. Er fühlt sie zunächst im Gesicht, an Armen und Händen. Er ist darum bemüht, emotionale und vegetative Impulse zu beherrschen, und spürt, wie sein Widerstand gegen das Loslassen auch mit der Angst vor dem Einkoten verbunden ist, die er mit der Verspannung des Schließmuskels fühlt. Eine solche Spannung steht oft in Verbindung mit einer strengen und zu frühen Sauberkeitserziehung – wenn von dem Kind, bevor die Schließmuskelkontrolle ausgereift ist, die Beherrschung dieser Funktion erwartet wird. Eine solche Überforderung wird mit Angst erlebt und kann dazu führen, daß ein Mensch generell befürchtet, mit dem Loslassen könnte etwas Schreckliches passieren. Dann wird er versuchen, sich gegen Impulse, die zum Ausdruck drängen, zu verspannen und zu versteifen, und kann so unter einen starken körperlich-seelischen Druck geraten. Um den Teilnehmern während der Sitzungen einen Kontakt mit solchen früh erworbenen Blockierungen ohne größere Angst und Scham zu erleichtern, wurden Windeln benutzt. Daß Tom sich trotz dieser Vorsorge der Lösung des Drucks so stark widersetzt, deutet an, wie groß der Druck und die Angst sind, die mit der Schließmuskelfunktion und dem Loslassen verbunden sind.* Erst als Tom zu «zerreißen» glaubt, gibt er seinen Widerstand gegen die nach außen drängenden Impulse auf, beobachtet aber mißtrauisch, was passiert. Er hat etwas Unange-

* Um im Ansatz die Spannung, unter der Tom hier steht, nachzuvollziehen, ist es eventuell hilfreich, wenn Sie selbst einmal versuchen, den Afterschließmuskel zu kontrahieren. Die meisten Menschen – in unserem Kulturkreis – werden bei einem solchen Versuch spüren, daß sich gleichzeitig der Bauch-Becken-Bereich verfestigt oder auch die Oberschenkel, Schultern, Kiefer verspannen. Meist wird der Atem festgehalten. – Eine zu frühe Reinlichkeitserziehung macht Kinder zwar oberflächlich gefügig, schafft aber zugleich eine tiefsitzende Zurückhaltung oder auch eine Unfähigkeit, zwanglos zu geben.

nehmes erwartet und ist überrascht, daß sich die Spannung im Weinen löst.

Tom erlebt diese Lösung körperlich und zugleich als intensives orangefarbenes Bild, das seine inneren Erfahrungen sensibel und mit wohltuenden Farben widerspiegelt. Dies ist für Tom das wichtigste Erlebnis dieser Sitzung, das er auch malt:

Im oberen Teil des Bildes strahlt ein warmes, freudiges Orange, vor dem sich in einer blau gefaßten Träne die Sonne goldgelb offenbart. Das goldgelbe und orangefarbene Licht findet seinen Widerschein auf der Oberfläche des blauen Wassers, das in der unteren Bildhälfte zu sehen ist. Das Licht erwärmt und überstrahlt in seiner Fülle das Blau. Der warme Überfluß des Orange läßt die Freude und tief beglückende Entspannung spüren, die Tom mit dem Aufgeben des unerträglichen, ihn zerreißenden Drucks erfährt. Auch im Betrachter wird die Schwingung von Orange angerührt, die «wohl tut, weil sie alle Konflikte entspannt, leicht und heiter die frohe Seite des Lebens zeigt» (Heimendahl 1961).

Für Tom ist diese wohltuende Entspannung mit der Erfahrung und Erkenntnis verbunden, daß Freude und Trauer sich vermischen und daß jede dieser Empfindungsqualitäten nur spürbar ist, wenn man auch die entgegengesetzte Empfindung kennt. Indem Tom an die Ganzheit rührt, die hinter diesen Polaritäten steht und sie umfaßt, ist er auch aus seiner Abgetrenntheit zum Leben, zu anderen, herausgenommen und erfährt inneren Frieden. Zunächst ist sein Gefühl der Verbundenheit – als die trennende Scheibe verschwindet – noch etwas zaghaft, er muß sich die Erfahrung trotzig bestätigen. Als sich die Erkenntnis und damit auch sein inneres Bild vertiefen, wachsen seine Gewißheit und sein Vertrauen in diese Verbundenheit.

Mit dem Loslassen, das unter Angst und Mißtrauen geschieht, erlebt Tom etwas Unerwartetes: Die Lösung zeigt sich nicht primär im Bereich des Hinterns, das heißt in einer Körperpartie, die man nicht sehen kann, sondern erschließt den Bereich der Augen, des Sehens, der Erkenntnis. Und die Verbildlichung der Erkenntnis – die frohe und wohltuende Orange-Schwingung – zeigt Tom, daß das Loslassen für ihn nicht unbedingt mit etwas Schrecklichem verbunden sein muß, sondern erleichternd ist, ihm Zugehörigkeit und Verbundenheit schenken kann. Diese Erfahrung lehrt ihn, daß er Vertrauen haben kann.

Tom bekommt hier einen Einblick in eine neue Perspektive, mit der er die Einheit erkennt, die die Gegensätze umfaßt. Aus dieser Sicht können ein großer Trost erwachsen und die Ermutigung, aus dieser neuen Einstellung die Polaritäten genauer zu erkunden. Denn der blaue Bereich des Meeres, der Tränen, des Dunklen, ist in Toms Bild ja auch vorhanden, wenn auch überdeckt von der Widerspiegelung des erwärmenden Lichtes. Das Bewußtsein umfaßt hier das Erleben in einem sehr beglückenden und tiefen Sinn, klar, weit, warm. Es wirkt auch erhellend auf die Oberfläche der unergründlichen Tiefen des Meeres. Und so werden nun bei Tom Erinnerungen an Einsamkeit, Isolation und Abgetrenntsein wach. Sie treten jedoch noch nicht deutlich hervor. Tom spürt, wie er sich mit einer Blockierung am Bauch selbst von seinen Erinnerungen und

Gefühlen abgetrennt hält und wie er seine Energie bremst. Und er beginnt, sich mit Bewegungen von diesem Druck zu befreien. Die Bewegungen koordinieren sich und führen zu der Erfahrung, eine Leiter zu erklimmen, in einen blauen Bereich zu steigen. Tom erlebt dies als Aufstieg in den Himmel, spürt aber zugleich, daß etwas *in ihm* aufsteigt, das er in dieser Sitzung jedoch noch nicht klar erkennen und fassen kann. Mit der Himmelsleiter, einem Symbol der Verbindung von Himmel und Erde, Oben und Unten, deutet sich jedoch an, daß Tom anfängt, eine Verbindung zwischen vorher getrennten Bereichen herzustellen.

Im Zentrum von Toms Erleben stehen die körperliche und seelische Erleichterung und Belebung und eine tiefe Ermutigung: Wenn Tom sich traut loszulassen, geschieht gar nicht das Schreckliche, das er erwartet – oder mit seinen Lebenserfahrungen gelernt hat zu erwarten –, sondern etwas Wohltuendes, das ihn stärkt.

Die von Tom erlebte Entspannung zeigt sich auch als Veränderung in den Gesichtsporträts, die vor und nach dieser Sitzung aufgenommen wurden. Der Körpertherapeut weist bei seiner Einschätzung darauf hin, daß Toms Augen vor der Sitzung «tot» wirken, daß die Energie im Bereich des Sehens stark blockiert ist. Nach der Sitzung beobachtet er eine Entspannung und Belebung der Augen. Auch die Wangen wirken nach der Sitzung entspannter. Nach Reich deutet dies darauf hin, daß eine Entspannung im Bereich des Herzens eingetreten ist, die mit ruhigerem Herzschlag, erhöhter Durchblutung und Wärmeentwicklung einhergeht. Sowohl das Licht in Toms Augen als auch die Entspannung im Herzbereich lassen sich im Zusammenhang mit dem erlebten Orange des inneren Bildes und der damit verbundenen Erfahrung verstehen. Der Körpertherapeut beobachtet auch eine Entspannung der Kiefermuskulatur – eine Lösung, die wohl auch im Zusammenhang mit der Entspannung des Schließmuskels und des Bauches steht. Die Veränderungen in Toms Gesichtsausdruck sind anhand der Fotos auch von den Gruppenteilnehmern ohne körpertherapeutische Ausbildung wahrzunehmen. Sie beschreiben Toms Gesichtsausdruck vorher als «eng und fest» und nachher als «geöffnet, beseelt».

Spannungen im Bereich der Augen und des Kiefers sind Tom seit langem vertraut. Vor Beginn der atemtherapeutischen Sitzungen berichtet er, daß er vor allem bei hoher Beanspruchung (Prüfungen, Termine, Zeitdruck) eine sehr starke Verspannung im Kiefer spürt – die Spannung war einmal so stark, daß Tom nicht mehr sprechen konnte. Zahn- und Darmbeschwerden und starker Druck auf den Augen kommen in solchen Zeiten hinzu. Tom ist seit seinem fünfzehnten Lebensjahr kurzsichtig und berichtet, daß die Fehlsichtigkeit in den letzten Jahren zugenommen habe. Diese Sehstörung begann während eines Urlaubs, in dem ein Bekannter seiner Familie Tom wegen seiner langen Haare außerordentlich aggressiv ablehnte. «Für mich war das eine Situation, mit der ich eigentlich gar nicht so richtig fertig werden konnte – zu sehen: Das und das will ich, und das wird nicht akzeptiert, weil jemand meint, daß das nicht normal wäre.» Diese Erfahrung steht für Tom in einer Reihe mit anderen Erlebnissen, in denen er sich unterdrückt, im eigenen Willen beschnitten, verletzt, körperlich angegriffen und sehr unterlegen gefühlt hat.

Angestauter Druck und Kontrolle, die er schmerzhaft gegen sich selbst wendet – dieser Haltung begegnet Tom sehr deutlich in seiner ersten Sitzung: Er spürt zunächst starke Verspannungen an Schläfen, Mund und Kiefermuskeln. Die Arme versteifen sich, werden angewinkelt gehalten, wobei die Finger steif nach unten zeigen. Und plötzlich versteht Tom die Bedeutung dieser Körperhaltung: «Er macht Männchen!» Diese Männchenhaltung zeigt ihm ein Lebensmuster: «Mich anzupassen, mich selbst zurückzunehmen, nichts von mir aus zu machen, mich von anderen abhängig zu machen.» Diese Haltung taucht in der Sitzung immer wieder auf und verbindet sich mit der Empfindung, ein Stahlkorsett zu tragen: «Ich bin wieder in der Männchenhaltung. Ich spüre ein Ziehen im Darm, ein Kribbeln. Dann nimmt der Schmerz im Bauch zu. Ich habe das Gefühl, ich hätte ein Stahlkorsett, es wird immer enger. Wahnsinnsschmerz. Auf meinem Bauch lasten mindestens hundert Kilo.» Diese «Bauchbinde», die auch den Rücken umfaßt, macht ihn steif, verhindert den Ausdruck vegetativer und emotionaler Impulse. Das Korsett hält ihn fest, wenn er beginnt, den Druck durch Bewegungen und Schreien zu lösen. Und so brechen Toms Befreiungsversuche immer wieder ab. Schließlich verschiebt sich die Spannung zum Mund und findet dann ihren deutlichsten Ausdruck in den Händen: «Meine Hände verkrampfen sich immer mehr, habe das Gefühl einer Faust, sie öffnet sich langsam, bis Finger und Handflächen einen rechten Winkel bilden. Die Hände sind wie betäubt und schmerzen doch. Der Zeigefinger drückt so stark gegen den Daumen, daß einer von ihnen jeden Moment brechen müßte. Ich bin ganz in meinen Händen. Stahlfinger pressen sich durch meine Finger, der Kampf nimmt noch mehr zu ...»

Diesen Kampf, mit dem Toms Handlungs-, Bewegungs- und Ausdrucksfähigkeit so extrem gelähmt wird, stellt er auch in seinem Bild dar (vgl. Tafelteil, Abb. 8):

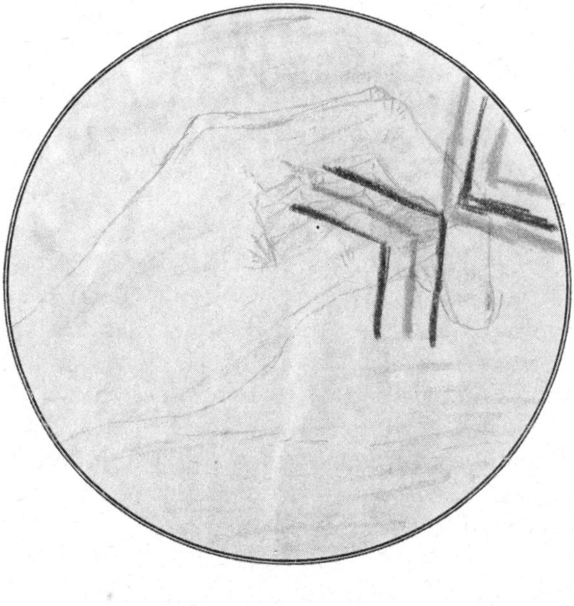

Vor einem zart blau gemalten Hintergrund ist eine linke Hand zu sehen. Der Druck, mit dem Daumen und Zeigefinger zusammentreffen, ist mit rechtwinkligen Linien farbig angezeigt. Diese Kräfte stoßen gelb und rot aufeinander, sie sind gleich stark und auch in Form und Farbe sehr ähnlich: Die mit dem Daumen wirkende Kraft ist außen rot und innen gelb – der Gegendruck des Zeigefingers erscheint außen gelb und innen rot. Der Kampf wird zwischen den beiden Fingern ausgetragen, die charakteristisch sind für die menschliche Hand und ihre mit der Bewußtseinsentwicklung verbundene spezifische Beweglichkeit. Der Daumen – dessen Abdruck auch als Siegel der Person galt – steht für den persönlichen und freien Willen des Menschen, der Zeigefinger für die intellektuelle Selbstbehauptung – mit ihm wird auch die Gewichtigkeit von Überzeugungen demonstriert (nach Wolff 1973). Tom verbindet mit dem Kampf zwischen diesen Kräften, in dem er sich «matt setzt», auch das Gefühl, «zwischen zwei Seiten zu stehen, unverrückbar, ohne daß ich Einfluß darauf hätte, etwas zu ändern». Er befürchtet, daß etwas Schreckliches passieren wird, wenn er die Spannung löst.

Die Kräfte, zwischen denen Tom fast zerbricht, spiegeln auch eine frühe Lebenssituation: Toms Eltern haben sich scheiden lassen, als er neun Jahre alt war. Er hat diese Erfahrung damals nicht be-greifen können. Tom spürt in dieser Sitzung körperlich, wie er seine Impulse unterdrückt, und auch, wieviel Kraft er dafür einsetzt und welchen Schmerz er sich damit zufügt. Er erfährt, wie er sich in diesem Kampf zwischen zwei Kräften selbst matt setzt. Diese Mattigkeit und Erschöpfung spürt Tom auch sonst sehr häufig in seinem Leben. Die Intensität des erlebten Drucks und der Erfahrung, in ihm gefangen zu sein, erinnert auch an die zweite Phase der Geburt, in der der Fetus von heftigen Kontraktionen bei noch verschlossenem Muttermund bedrängt wird.

In der schon geschilderten zweiten Sitzung kann Tom die Lösung des Drucks und der verfestigten Zurückhaltung, die ihn zu zerreißen droht, zulassen. Die rot-gelbe Energie der beiden Kräfte, die ihn vorher «matt setzte», verschmilzt zum Orange, zu einer neuen Sehweise und einem Erleben, das ihn erwärmt, belebt und ihm Vertrauen gibt.

In seiner dritten Sitzung gerät Tom in den Bereich des Blau – der Tränen –, der vorher von dem warmen Orange überdeckt war. Die Erfahrung beginnt wieder mit der Wahrnehmung von

Druck und Schmerz. Als sich ein starker Druck im Kopf vermindert, spürt Tom wieder die feste Binde um Bauch und Rükken. Er überläßt sich seinen Bewegungsimpulsen, sein Körper dreht sich, Tom kniet und bewegt den Oberkörper rhythmisch vor und zurück. In dieser Haltung, die er als «Gebetshaltung» spürt, nimmt er erneut ein warmes Licht wahr, das ihn entspannt und vor allem auch die schmerzhafte Verpanzerung des Rückens löst. Nach dieser heilenden Entspannung im Kontakt mit dem Licht wird es Tom, als er wieder auf dem Rücken liegt, sehr kalt. Er erlebt: «Ich sehe mich in meinem Kinderbett – ich bin zwei bis vier Jahre alt – in meinem Zimmer stehen. Es ist Winter, verdammt kalt. Mein Zimmer ist nicht heizbar. Meine Zimmertür ist zu. Ich friere, ich möchte gern zu meinen Eltern, da ist es warm, aber ich gehe nicht. Ich steh da und friere, bin allein und verzweifelt. Ich weine. Ich bin so maßlos traurig ... dann sehe ich den Hund, den ich vor drei Jahren getroffen habe, als ich in einer furchtbar kalten Nacht im Wald gecampt habe. Ein einsamer Straßenköter, er war so vorsichtig, als ob er schon viel Scheiße erlebt hätte, so ängstlich wich er mir aus. ‹Meine Güte, bist du verstört›, dachte ich. Und ich spürte seine Einsamkeit, die mir den Magen umdrehte. Ich sah diesen traurigen Einzelkämpfer, sah uns beide ... Es liefen Szenen aus meinem Leben ab, die sich alle um Wärme drehten. Wärme, das ist: Liebe, Zuneigung, Kontakt, Verstanden-Fühlen, Loslassen, Vertrauen. Und ich sah, wie ich lernte, mir so wenig wie möglich davon zuzugestehen. Wie diese Erfahrungen mein Leben beeinflußten, sah ich auch in diesen Bildern ...»

Am meisten beeindruckt Tom, daß er schon als kleines Kind die Hoffnung auf Liebe und Zuwendung verloren hat, daß er gar nicht mehr versucht, zu den Eltern zu gehen. «Ich hab einen richtigen Haß gekriegt, ich will was von denen, werd dann aber immer abgefertigt. Die beschäftigen sich eine Weile mit mir, dann geht's doch wieder ab in mein Zimmer ...»

Er erinnert sich, daß er in dieser Zeit begonnen hat, sich durch das Hin- und Herwerfen des Kopfes in den Schlaf zu schaukeln. «Ich habe lange Jahre hindurch solche Jaktationen lustvoll betrieben, bis ich ohne diesen Versuch, Spannungen zu verarbeiten, kaum einschlafen konnte.»

Tom hat in der Beziehung zu seinen Eltern erlebt, daß es keinen Sinn hat, um Liebe und Zuneigung zu bitten, und hat versucht, die Sehnsucht nach Geborgenheit und Wärme in sich zurückzudrängen. «Es geht ja auch ohne. Warum sich verletzbar machen – so verletzbar, wie ich da in der Kälte gestanden habe ...» Erst im Zusammenhang mit der Wiederbelebung seiner kindlichen Sehnsucht nach Wärme spürt Tom, wie lange er schon seine Traurigkeit in sich verschlossen hat, wie er seine Gefühle gar nicht mehr ernstgenommen hat. Auch in seinen Beziehungen zu Frauen hat Tom sich in seiner Sehnsucht nach Nähe oft stark zurückgenommen: «Das war mir zu heiß, auch eine Angst vor dem Unbekannten, nicht zu wissen, was mich erwartet.»

In seinem Bild (vgl. Tafelteil, Abb. 9) stellt Tom die Erfahrung von Kälte und die Sehnsucht nach Wärme dar. Er nennt es: «Wie der Kleine zur Wärme kommt».

Der blaue Bildgrund ist mit weißen Kristallen oder Eisblumen durchsetzt und läßt Kälte, Einsamkeit und auch Sehnsucht spüren. Im Vordergrund ist das gelb-weiße Licht einer Kerze zu sehen, das vom unteren Bildrand bis zur Bildmitte leuchtet. Die Kerzenflamme hat die Form der Träne, die das goldgelbe Sonnenlicht in der vorangegangenen Sitzung umfaßte. Das Licht ist jetzt in den unteren, blauen Bereich gerückt, matt und kühl geworden. Seine Strahlung hat sich zu einem dumpfen, fahlen Orange gewandelt. Im linken oberen Bildbereich steht in einem schwarzen Kasten ein dunkler Schatten. Das Kind steht als Schatten im Dunkeln, in der Finsternis und Kälte der Nacht, hält sich, die Beinchen nach innen gestellt, am Gitter seines Bettes fest. Nur in seinen Augen spiegelt sich sehnsuchtsvoll das Licht der Flamme. Tom taucht hier angstvoll in diese blaue Tiefendimension ein und erschließt sich Erfahrungen, in denen er sich einsam und gefangen fühlt. Er erlebte das Licht in dieser Sitzung in einer Gebetshaltung, es verkörpert auch etwas «Heiliges», das ihn erwärmt, seine Spannungen löst und ihn so zu Erlebnissen führt, die er lange in sich abgespalten hatte. Das Licht erhellt einen vorher nicht zugänglichen seelischen Bereich und macht Tom Gefühle von Einsamkeit, Mangel und tiefer Sehnsucht nach Liebe wieder bewußt.

Die angeführte, aber noch nicht ganz faßbare Tiefendimension dieser Erfahrung wird auch in der nächsten Gruppensitzung, in der Tom seine Partnerin als Helfer betreut, wirksam. Tom zieht sich plötzlich während der Betreuung emotional zurück: «Ich hatte das Gefühl, keinen Draht zu ihr zu haben, irgendwo nicht mitzukommen.» Als ich ihm die Betreuung abnehme, fühlt er sich verletzt: «Da läuft irgendwas, was ich wieder mal nicht begreifen kann, wo ich wieder mal nicht mitkomme, wo ich wieder ausgeschlossen werde ... seitdem spüre ich eine große Unruhe in mir.» Bei der Aussprache nach dieser Sitzung wird deutlich, daß Tom den Kontakt zu seiner Partnerin abgebrochen hat, als sie in ihrem Prozeß begann, eine Abtreibungserfahrung erneut zu durchleben. In diesem Kontext kam Tom mit seinen kindlichen Gefühlen in Berührung und spürte seine eigene Verletzung und seinen Schmerz darüber, nicht erwünscht zu sein, ausgeschlossen zu werden und den Kontakt zu verlieren. Die Gefühle, die er zu seiner Partnerin und zu seiner Mutter empfindet, vermischen sich so stark, daß er sich entschließt, seinen Prozeß mit einer anderen Partnerin weiterzuführen.

Zwischen Toms dritter und vierter Sitzung liegt ein Abstand von drei Monaten. In dieser Zeit erlebt Tom, wie sich sein vertrautes Selbstbild und seine festen Konzepte «scheinbar langsam aber sicher auflösen». Tom beginnt, seine Mattigkeit als eine Form der Vermeidung des Ausdrucks von Gefühlen zu verstehen. Er spürt Angst und Unsicherheit deutlicher, kann jedoch auch Kontakte mehr genießen: «Ich erlebe immer häufiger, daß Menschen offener für mich sind, als ich es geglaubt hätte. Und ich spüre, wie ich selbst Einfluß habe auf die Wärme, die sich daraus entwickelt ... Aus meiner Einsamkeit ‹kultivierte› ich die Einzigartigkeit meiner selbst. Aus der Not habe ich eine Tugend gemacht. Daher kam das Versteckspiel anderen gegenüber. Ich merke jetzt, daß ich in der Lage bin, mir Wärme zu holen, Kontakte auf persönlicher Ebene zuzulassen. Ich merke es auch, wenn mir das zu ‹heiß› wird und ich mich zurückziehe, und wie die Schranken dabei in *mir* liegen. Ich habe immer wieder Angst, mich von meinen Gefühlen leiten zu lassen, den verkrampften Griff zu lösen.»

In seiner vierten Sitzung werden Toms Erfahrungen immer wieder durch das Erleben von Dunkelheit eingeleitet und von weißem Licht begleitet: «Alles war dunkel, bis sich dann alles rot färbte, zur Mitte wurde es dann immer heller, im Zentrum ein weißer Kreis. Dieser Kreis bewegte sich nach einiger Zeit auf mich zu, wurde immer größer, heller. Mir war, als glitte ich durch einen Schlund, es ging langsam und schwer. – Es ist immer heller geworden, ich sehe die Beine meiner Mutter. Ich bin da. – Jemand hält mich auf dem Arm. Das Zimmer ist spärlich beleuchtet. Ich sehe meine Mutter links vor mir auf dem Bett liegen, rechts stehen zwei Schwestern. Alles erlebe ich wie durch Milchglas – auch sehe ich mehr, als ich spüre. Alles wird wieder schwarz. Mir schießt ein Satz durch den Kopf: ‹Wenn du schon nicht gern auf diese Welt wolltest, ist das noch lange kein Grund, so zu tun, als wärst du nicht da.› Ich ziehe meine Beine an, reibe mit den Händen meine Oberschenkel, ich habe ein wollüstiges Gefühl: Ich gebäre – mich selbst, durch meinen Bauch. Das Gefühl ist so intensiv, so anders – wie eine Frau –

aber ich bin doch ein Mann! – Dann kannst du doch zeugen. – Vor mir ist alles weiß – ein weißes unbeschriebenes Blatt Papier. – ‹Schreibe deine eigene Geschichte.› – ‹Ich will noch mal leben, bevor ich sterbe.› Alles ist weiß. Ich denke nach einiger Zeit: ‹Es passiert ja *nichts*.› Ich beginne zu weinen. Was mache ich mit meinen Gefühlen? – Nichts. Viele Fragen tauchen auf, immer ist die Antwort ‹nichts›. Bei jedem Mal muß ich weinen.»

Toms Erleben konkretisiert sich hier als Geburtserfahrung: Er gleitet durch einen roten Schlund und nähert sich immer mehr einem Licht, einer Öffnung. Er befreit sich damit aus der Kälte und dem Gefangensein in der Dunkelheit, das er in der vorangegangenen Sitzung erlebte, und gerät in die nächste Phase des Geburtsvorgangs. Die Austreibung aus dem Geburtskanal wird jedoch nicht sehr konkret und gefühlsmäßig erlebt. Tom spürt zwar, daß der Weg durch den «Schlund» langsam und schwer ist – und mit einem Schlund ist wohl auch meist etwas Gefährliches oder Schreckliches verbunden –, aber die Erfahrung wird wie durch eine Milchglasscheibe oder wie betäubt wahrgenommen. Tom stößt jedoch auf die grundlegende Lebenseinstellung, die mit dieser Erfahrung verbunden ist: Er wollte nicht auf diese Welt, und er hat es bisher vermieden, wirklich da zu sein, wirklich zu leben. Tom weiß über seine Geburt, daß sie sehr schwierig gewesen ist: Einige Tage vor der Entbindung hat seine Mutter das Fruchtwasser verloren, der Geburtsvorgang dauerte sehr lange, und Tom war nach dem Austritt aus dem Geburtskanal blau angelaufen.

Nachdem Tom in dieser Sitzung «da» ist, geschieht ein Wechsel der Wahrnehmungs- und Erlebnisperspektive: Tom erlebt sich als Gebärende, als Frau, und bringt sich selbst noch einmal zur Welt. Dieses Erlebnis ist gefühlsmäßig sehr intensiv und positiv getönt. Ich verstehe es als eine Versöhnung, mit der der Schmerz, die Kontaktlosigkeit und eine Todesnähe-Erfahrung während der Geburt ausgeglichen werden. Tom identifiziert sich mit dem Mütterlichen, mit dem Weiblichen, und findet so auch Anschluß an das Weibliche in sich, geht eine positive Beziehung zu dieser seelischen Dimension ein. Tom zögert kurz in dieser Erfahrung, hat Sorge, seine Männlichkeit zu verlieren.

Aber er wird nicht kastriert, er bleibt sich seiner Zeugungsfähigkeit auch im Erleben seiner weiblichen-mütterlichen Qualitäten bewußt.

Mit dieser Erfahrung überwindet Tom in sich die Herrschaft eines alten Lebensmusters, das ihn so tun ließ, als sei er nicht wirklich da. Tom spürt, daß er leben möchte. Die alten Wahrnehmungsstrukturen verschwinden, und Tom fühlt sich aufgefordert, auf dieses nun leere Blatt seine Geschichte zu schreiben. In der Begegnung mit der Leere wird er mit seinen bisherigen Lebenserfahrungen konfrontiert, und er erkennt, daß er bisher «nichts» aus seinem Potential gemacht hat.

Tom kann diese Erfahrung nicht wirklich begreifen. Er spürt jedoch, daß diese Erlebnisse auf einer sehr tiefen seelischen Ebene stattfinden, die ihn auch eine umfassende «aufmerksame» Ruhe spüren läßt. Die Erfahrung des «Nichts», der «Leere» stellt Tom in einem ganz mit Weiß ausgemalten Bild dar: Weiß verkörpert Unschuld, «auch im Sinne des unbeschriebenen Blattes» (Jacobi 1981); es stellt auch Mangel an Liebe sowie Einsamkeit und Unglück dar. Der weiß ausgemalte Kreis ist auch der leere Kreis und damit Symbol für den raumzeitlosen Bewußtseinszustand, für die Einheit, die sich noch nicht in Gegensätzen wie Männlich – Weiblich, Anfang – Ende offenbart. In den meisten Mythen von der Entstehung der Welt erscheint der Ursprung als Urzustand völliger Ungeschiedenheit. Dieser Urzustand wird in der chinesischen Philosophie mit dem Wu Gi, dem leeren Kreis, dargestellt. Als Farbe des Ursprungs ist Weiß auch die Farbe der Initiation: Eine alte Existenzform wird überschritten, eine neue, noch unbestimmte kann beginnen. All diese Aspekte schwingen in Toms Bild mit. Ich bringe seine Darstellung des «Nichts», der «Leere», auch in Verbindung mit seiner Erfahrung, weiblich-mütterlich zu sein. Folgt man den Interpretationen der Tiefenpsychologen Jung und Neumann, so hat Tom mit diesem Erlebnis eine neue Möglichkeit seiner seelischen Beziehungsfähigkeit geöffnet: «Für den Mann ist das Weibliche synonym mit dem ... Nicht-Ich ... identisch mit dem Loch, der Leere ...» (Neumann 1980). «Schließlich offenbart die Leere ein großes weibliches Geheimnis, sie ist das dem Mann Urfremde, das abgrundtief Andere»

(Jung GW 9/I). Tom ist in Kontakt gekommen mit dem Archetyp der Großen Mutter und hat, ohne sich als Mann zu opfern oder sich als «Männchen» abhängig zu machen, eine Identifikation und Versöhnung mit seiner inneren, weiblichen, gebährfähigen – das heißt auch schöpferischen – Qualität erfahren.

Einige Tage nach diesem Erlebnis stirbt Toms Mutter durch Suizid. Tom und sein Vater haben damit nicht gerechnet. Doch schreibt Tom: «Ich habe das Gefühl, als ob ich es in der Sitzung geahnt hätte, was einige Tage später passiert.» Er nimmt mein Angebot zu Einzelkontakten wahr und erlebt dabei neben seiner Trauer auch große Verwirrung und heftige Wut. Er fühlt sich wie früher von der Mutter im Stich gelassen. Er fühlt sich auch schuldig und spürt die Überforderung, mit der er lange Jahre gelebt hat, als die Mutter nach der Scheidung bei ihm Trost und Stütze suchte.

Nach der Begegnung mit der Leere, dem Nichts, und noch unter dem Eindruck des Todes seiner Mutter findet Tom in der nächsten Sitzung seinen Weg: Zunächst nimmt er eine Röhre wahr, in deren Zentrum ein heller Kreis erscheint. Dann sieht er seine Mutter. Diesmal sitzt er ihr gegenüber, und er fragt sich, ob er ein ähnliches Schicksal wie sie haben wird. Während und nach dieser Begegnung fühlt Tom sich am Hals «wie mit einer Schlinge» und auch am Zwerchfell durchtrennt. Dann löst sich diese Trennung ganz langsam «von innen nach außen» auf, und Tom sieht: «Vor mir leuchtet in dunkler Nacht ein Weg. Die Umgebung ist kaum richtig zu sehen. Himmel und Wasser und Erde sind kaum zu unterscheiden. Das soll mein Weg sein? Aber ich habe keine Angst. Plötzlich überrollen Energiewellen meinen Körper von Kopf bis Fuß.»

Für Tom sind diese Erfahrungen zunächst unverständlich – die einzelnen Erlebnisse dieser Sitzung kann er nicht in einen Zusammenhang bringen, und auch das Bild, in dem er seine Erfahrung darstellt, ist ihm fremd und eher unheimlich.

Toms Erleben bewegt sich in dieser Sitzung wiederum auf einer transpersonalen Ebene. Die Erfahrung beginnt mit der Wahrnehmung einer Röhre, in deren Zentrum Licht erscheint. Dieses Bild erinnert an die Geburtserfahrung der letzten Sitzung – es ist jedoch auch ein Bild für andere Übergangssituationen. Die von Raymond Moody befragten Menschen mit Todesnähe-Erlebnissen berichteten, daß sie durch einen «Tunnel», einen «Schacht», eine «Röhre» auf ein zentrales Licht zugegangen waren (Moody 1977). So stellt Toms Bild wohl auch einen Kontakt zu dem Tod seiner Mutter her – und deutet darüber hinaus möglicherweise die Wandlung und Veränderung einer Lebenshaltung an.

Tom begegnet dann erneut seiner Mutter. Er ist nicht mehr als Embryo mit ihr verbunden und auch nicht mit ihr identifiziert; er sitzt ihr gegenüber und wird mit der Frage nach seinem Schicksal konfrontiert. Wird auch sein Leben zur Selbst-Tötung führen? Die Antwort scheint zunächst von seinem Körper zu kommen; er ist an Hals und Zwerchfell durchtrennt. Mit der Schlinge um den Hals erinnert sich Tom wohl auch an den Tod der Mutter, die sich erhängte. Die Blockierung trennt den Kopf – der auch das Bewußtsein trägt und das männliche Prinzip symbolisiert – vom Brustbereich und den mit ihm verbundenen Gefühlen des Vertrauens und der Liebe. Die Zwerchfellblokkierung trennt den unteren Bereich ab, der auch das weibliche Prinzip und das Unbewußte symbolisiert. Tom fühlt sich sowohl von seinem männlichen als auch von seinem weiblichen Potential abgeschnitten – eine Situation, die seine Lebensfähigkeit bedroht. Aber er bleibt nicht in diesem Zustand – die Blokkierungen werden aufgelöst, und er kann seinen Weg sehen. Mit der Erkenntnis des Weges erfolgt eine noch weitergehende Lösung von Spannungen und eine Belebung durch Energiewellen, die seinen gesamten Körper «überrollen». Während die Vorstellung des Todes mit dem Erleben von Abgetrenntsein und Starre einherging, erkennt Tom seinen Weg in Verbindung mit starken lebendigen Energiewellen.

Das Bild zeigt einen gelb gemalten Weg, der vom unteren Bildrand durch eine noch nicht klar strukturierte Welt führt. Der Weg verläuft durch schwarze Schatten abwärts, steigt dann zur Bildmitte hin an und verliert sich in einer blau leuchtenden Ferne und Tiefe. Er ist jedoch auch in der Dunkelheit sichtbar. Er leuchtet aus sich selbst. Im Vordergrund liegen noch einige «Stolpersteine».

Diesen Weg erkundet Tom in seiner nächsten – und letzten –

Sitzung weiter. Zu Beginn taucht vor ihm das gemalte Bild des Weges auf. «Ich war überrascht und dachte: ‹Wenn ich wenigstens ein Bein da rein kriegen könnte.› Und da stand ich plötzlich mit beiden Beinen darin, am Anfang des Weges! Ich war ziemlich verdutzt.» Und wie in der letzten Sitzung kommt Tom in Kontakt mit einer ihm unbekannten Energie, die ihn kräftigt

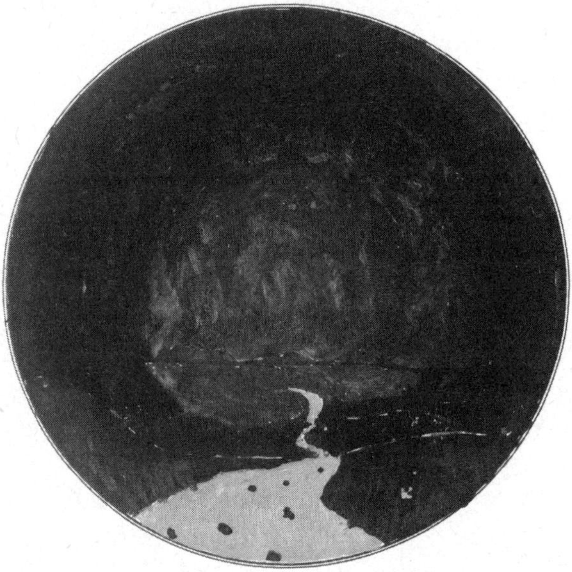

und ihm hilft, seinen Lebensweg zu klären. Diesmal «überrollt» sie ihn nicht mehr, sondern kommt aus seinem Inneren: «Da stieg eine Energie in mir auf, die ich nicht zu beschreiben vermag. Vor mir sah ich ein gleißendes Weiß, ein Oval, das am Rand goldgelbe Strahlen hatte. Ich spürte immer mehr Energie und ihren Fluß in mir. Und je mehr ich davon spürte, um so näher kam das Oval, bis ich das Gefühl hatte, darin zu liegen. Es umgab mich, ich fühlte mich ‹rund›, ‹ganz› und ließ es strömen. Mir kam das Gefühl, meine Hände von meinen Hüften aus in einem Bogen über den Kopf zu führen und von dort aus direkt über meinen Körper zusammen zum Bauch. Ich merkte, wie die Energie wuchs, als würde ich sie in mich hineinschaufeln oder -pumpen. Danach kam ein heftiges Gefühl von Austausch, Geben und Nehmen, als meine Hände sehr stark und schnell von meinem Solarplexus von mir weg und zurück pumpten. Ich mußte weinen vor Glück und Dankbarkeit über so viel Energie.»

Zum Schluß der Sitzung greift Tom mit den Händen nach den Strahlen des «Energie-Eis», das ihn umgibt, und erfährt: «Ich kann diese Energie, die in mir ist, auch einsetzen, etwas mit ihr machen ... und mir wurde auch klar, daß ich meine Energie

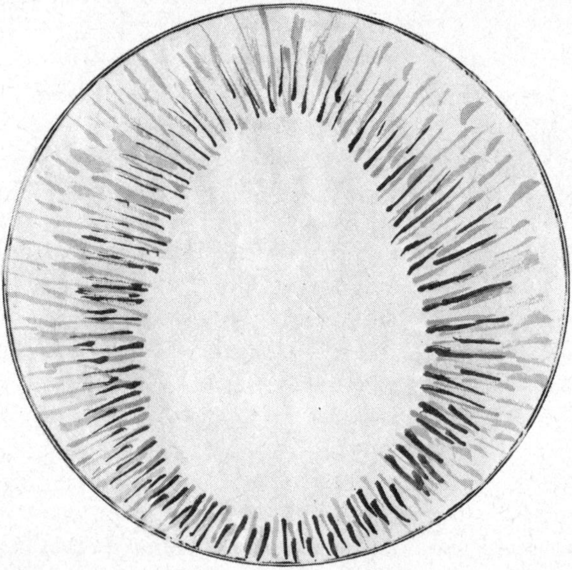

verschwende bei dem Versuch, Situationen zu ändern, wo's nicht geht. Und ich sah, wie wichtig es für mich ist, hinderliche Beziehungen aufzugeben. Ich brauch nicht gebückt und schicksalsergeben durch die Gegend zu laufen. Trotzdem und gerade dadurch fühle ich mich allem und anderen stark verbunden. Mir kommt der Gedanke: Das ist die Möglichkeit zu leben – sich nicht festzuhalten, nicht zurückzukehren. Den Weg zu gehen – voller Vertrauen.» Vor dieser Sitzung haben Tom und seine Freundin sich getrennt, nachdem sie sieben Jahre lang zusammen gewesen waren. Die Lösung der für beide unlebendig und unbefriedigend gewordenen Beziehung ging vor allem von Tom aus. In dieser Sitzung scheint sich ihm die Bedeutsamkeit seiner Entscheidung noch einmal zu bestätigen.

Das Bild der Erfahrung zeigt ein weißes Oval, das von goldgelben Strahlen umgeben ist. Indem Tom seinen Weg durch die dunklen Bereiche der Tiefe weitergeht, gelangt er ins Licht, das ihn belebt und kräftigt. Tom erlebt erneut seine Geburt, er erwacht zu seiner Identität und Eigenständigkeit. Alte Bindungen werden gelöst – mit der Nabelschnur getrennt –, und neue Energie durchströmt ihn.

Das Erlebnis enthält in sich das reine Weiß der «Leere». Die Leere ist jetzt in eine Form, eine Ei-Form, gefaßt; in seiner einfachen Form ist das Ei zugleich Vollkommenheitssymbol und Ausdruck für die Gesamtheit schöpferischer Kräfte. In vorchristlicher Zeit war es als Osterei Sinnbild der Fruchtbarkeit, für die Christen symbolisiert es die Auferstehung. In der Naturphilosophie des Mittelalters stellt das Ei das Gefäß dar, aus dem der verwandelte und vollständige Mensch hervorgeht. Im Licht der goldgelben Strahlung erwacht Tom zu seiner Ganzheit und zu einem Leben, in dem sich seine Möglichkeiten offenbaren und sich auch zielgerichtet als Erkenntnis und Handlung ausdrücken können.

Im Kontakt mit der belebenden Strahlung entsteht die Erfahrung von Austausch, von Geben und Nehmen. Damit ist eine Beziehungsform angedeutet, in der Tom sich frei und beweglich fühlen, mit anderen verbunden sein kann und sich und seine Kräfte nicht mehr matt setzen muß. Diese Strahlung und Energie hat ihn seit seiner zweiten Sitzung in verschiedener Form als Bewußtseinslicht begleitet: Sie offenbart sich in der Sonne, die die Träne durchstrahlt. Sie leuchtet als Licht und Sehnsucht nach Liebe und Wärme in der Dunkelheit und Kälte. Im Kontakt mit dem Weiß, mit der Leere, konkretisierte sie sich zum Weg. Nun hat Tom den Weg nicht nur erkannt, er ist auch bereit, ihn zu gehen – die goldgelbe Strahlung kräftigt ihn dabei, sie umgibt ihn und erfüllt ihn.

Für Tom ist das Gefühl der Ganzheit, das er in seiner letzten Sitzung empfindet, stark verbunden mit der Lösung und Erleichterung, die er in der zweiten Sitzung erfuhr. Als er die Bilder, die wichtigsten Stationen seiner Prozeßerfahrung, noch einmal betrachtet, sagt er dazu: «Dies Bild wird mir immer wichtig bleiben, weil es die Voraussetzung war, um weitergehen zu können. Es war die Erfahrung, die mir Vertrauen und Zuversicht gab, auch schwere Erfahrungen zuzulassen. Das Vertrauen ist der wirkliche Grundstein, ohne den nichts geht. – Wenn ich das Bild von meinem Weg betrachte, dann fühle ich jetzt auch manchmal: Ich bin der Weg. Ich weiß ja eigentlich, wo's langgeht. – Mit dem Ei verbinde ich das Gefühl, jetzt auch genug Kraft zu haben, um den Weg zu gehen.»

Die tiefste Erschütterung in Toms Prozeß und die Möglichkeit, daß sich in ihm eine neue vertrauensvolle Haltung zum Leben ausdrücken kann, ist sicherlich mit der Erfahrung der Leere und dem Tod der Mutter verbunden. Vor dieser Erfahrung war Tom seiner «Männchenhaltung» begegnet – einem Versuch, sich reaktiv an andere anzupassen und sich dabei selbst zurückzunehmen – und seiner kindlichen Sehnsucht nach Liebe und Geborgenheit, in der er sich jedoch festhielt. Aus frühen Erfahrungen von Kontaktlosigkeit, Kälte und Einsamkeit, Erfahrungen im Zusammenhang mit der schwierigen Geburt, hat Tom eine feste Erwartungshaltung gebildet, mit der er sich auch in Kontakten abgegrenzt hielt, in denen ein Austausch und das Erleben von Wärme möglich gewesen wären. Indem er jedoch den gebärenden Schoß in sich erfährt, bringt er sich selbst erneuert und bereichert zur Welt. Jetzt kann Tom die alte Erfahrung der Bedrängung und Abgetrenntheit loslassen und die seelische Dimension des Gebärens, des Gebens kennenlernen. Damit kann er auch die lebensfeindliche Haltung der Mutter und die tödliche Bedrohung bei der Geburt in sich überschreiten. Nach dieser Wiedergeburt wird Tom in eine Erfahrung tiefer Selbst-Erkenntnis geführt.

Nach der Begegnung mit dem Weiblich-Mütterlichen öffnet sich in ihm auch die männlich betonte Bewußtseinsfähigkeit der durchschauenden Erkenntnis – seine geistige Zeugungsfähigkeit. Aus dieser Erfahrung kann Tom seinen individuellen Weg zur Selbst-Verwirklichung erkennen und annehmen.

Ein halbes Jahr nach seiner letzten Sitzung hat Tom den Eindruck, daß er sich langsam von seiner Mutter verabschiedet hat und an sie «ohne Verzweiflung, ohne Schmerz, ohne Schuld» denken kann. Er spürt Kraft und Zuversicht für seinen Weg: «Ich habe keine Angst, daß mir der Freitod als letzte Möglichkeit bleibt, das gibt mir Kraft.» Das «Energie-Ei» scheint ein bleibendes und stärkendes seelisches Bild für Tom zu sein. «Ich brauche mich nur daran zu erinnern, und schon spüre ich die Energie fließen.» Tom hat das Gefühl, jetzt einen Platz in dieser Welt zu haben. Er konkretisiert ihn auch im Äußeren: «Ich habe mir in meiner Wohnung endlich ein Zuhause geschaffen.» Und er begegnet auch der Dimension des Weiblichen, die sich in ihm neu erschlossen hat in einer Frau, die er liebt und der gegenüber er es vorsichtig riskiert, sich zu öffnen. «Vertrauen und Zuversicht sind da, und sie wachsen.» Tom hält sich nicht mehr so stark zurück, setzt sich nicht mehr durch Mißtrauen und Zweifel matt. «Meine Hindernisse, das zu tun, was ich schon immer tun wollte, sind kleiner geworden. Ich will wissen, was ist, und nicht, wie es hätte sein können. Und somit werde ich in meinem Leben wahrhaftiger.»

Der Schleier zerreißt

«Ich fange an, meinen Kopf hin und her zu rollen, immer schneller, von einer Seite auf die andere. Dabei fällt mir plötzlich mein Bruder ein, der sich als Kind immer so in den Schlaf geschaukelt hat. Ich erlebe eine Situation aus unserer Kindheit wieder: Ich bin wohl so sieben oder acht Jahre alt und soll auf ihn, fünf Jahre jünger als ich, aufpassen. Das Kinderzimmer liegt im ersten Stock. Er spielt am Fenster herum. Als ich einen Moment lang nicht hinsehe, fällt er fast heraus und bleibt nur mit einem Fuß am Fensterbalken hängen.

Als ich dies Bild wiedersehe, kriege ich einen großen Schreck und starke Schuldgefühle. Durch meine Unvorsichtigkeit hätte er sterben können. Ich weine. Dann taucht ein Erlebnis mit meiner Schwester auf, als ich zehn und sie vier Jahre alt war. Wir machen ‹Kunststücke›. Sie läßt sich von einem Stuhl, der auf einem Tisch steht, rückwärts in meine Arme fallen. Einmal bin ich abgelenkt, gucke nicht hin, sie läßt sich fallen und knallt mit dem Rücken auf den Steinfußboden. Ich fühle mich elend und schuldig, als ich das wiedersehe. Ich bin so schlecht! Halb hilflos und halb wütend schlage ich mit den Armen und weine, was dann aber steckenbleibt.

Dann taucht das Bild eines Negerstammes auf. Ich bin mitten unter ihnen und weiß plötzlich, was sie mit mir vorhaben: Sie wollen mich quälen, foltern, mir etwas Böses tun. Meine Angst davor ist erstaunlich gering. Ich weiß genau, was auf mich zukommt. Erst als sie anfangen zu lachen und mich zu verhöhnen, fühle ich, wie sehr mir das weh tut. Während dieser Szene spüre ich schon die ganze Zeit sehr viel Energie im Becken- und Genitalbereich, die immer stärker wird. Es kribbelt bis in meine Beine. Ich spüre dann auch, worauf die Eingeborenen es abgesehen haben: auf meinen Genitalbereich, auf meine Vagina. Sie wollen sie zerstören! Es fließt immer mehr Energie dorthin, ich fühle sexuelle Erregung, die dann umklappt in die Vorstellung, ein sexuell erregter Mann mit erigiertem Penis zu sein. Ich bin dieser Mann, bin wild und aggressiv und will auf diese Frau losgehen, die da so ängstlich liegt und die ich auch bin!

Die Bilder verschwinden, aber es bleibt die Energie in Bekken und Beinen. Einmal meine ich ganz deutlich eine Hand auf meinem linken Oberschenkel zu spüren. Als ich hinfasse, liegt dort keine. Dann spüre ich eine Berührung meines Schambeins, die sich auch als keine wirkliche herausstellt. Mir fällt auf, wie wenig Unterstützung ich von meinen Helfern bekomme. Ich fühle mich alleingelassen und werde traurig. Ich spüre, wie mir der Hals weh tut. Er schmerzt. Ich muß ihn beschützen und wärmen. Ich umfasse ihn mit meinen überkreuzten Händen. Gleichzeitig spüre ich, wie meine Nase verstopft ist. Dann legen sich meine Hände auf mein Schambein, um meinen Genitalbereich zu schützen. Dann spüre ich einen starken Schmerz im linken Hüftgelenk. Ich drücke meine Hand dorthin, atme weiter, ziehe meine Beine an. Der Schmerz bleibt, wird stärker. Als er unerträglich wird, schreie ich, ziehe meinen Körper zusammen, rolle mich halb auf die Seite. Frauke dreht mich vorsichtig wieder zurück und ermuntert mich zum Weiteratmen. Dabei fange ich an zu weinen, und mein Unterkiefer beginnt zu zittern, so lange und so intensiv, daß sich das Zittern auf meinen ganzen Körper überträgt. Ich spüre, wie Bauch und Beine vibrieren; ich kann es nicht stoppen. Das Zittern nimmt mich so ein, daß ich nichts anderes denke und fühle. Es dauert ziemlich lange, bevor ich mich beruhige.

Als ich so daliege, erlebe ich: Das Grau vor meinen Augen reißt auf und macht den Blick auf eine grenzenlose Schwärze frei. Diese Schwärze ist so ungeheuer weit wie das All, bedrohlich und befreiend zugleich. Es ist, als ob ich plötzlich eine Mauer durchbrochen habe und nun sehe, was dahinter liegt. Es ist, als ob ich das Bedrohlichste überhaupt gesehen habe und vor diesem Moment immer Angst gehabt habe und nun spüre, daß ich das ja gar nicht brauche. Es fühlt sich an, als ob ich zum erstenmal in meinem Leben keine Angst habe – ich fühle mich ganz frei! Ich spüre tief, wie ‹überflüssig› die Angst in meinem Leben ist. Ich brauche keine Angst zu haben.»

Marianne, eine vierundzwanzigjährige Frau, erlebt in ihrer vierten Sitzung eine starke Lösung körperlich-seelischer Spannung, die sie zunächst als Schuldgefühl, Aggression, resignierte Hilflosigkeit und Lust gespürt hat. Indem Marianne Erfahrungen zuläßt, vor denen sie immer Angst gehabt hat, löst sich eine innere Blockierung, durchbricht sie eine Mauer, und sie erkennt, wie überflüssig ihre Angst ist. Dieser Erkenntnisprozeß beginnt mit der Erinnerung an zwei Lebenserfahrungen, in denen durch Mariannes Unachtsamkeit ihre jüngeren Geschwister hätten sterben können. Die Erinnerung erschließt sich über eine Körperbewegung, über das rhythmische Hin- und Herwerfen des Kopfes. Wie viele kleine Kinder hat sich auch Mariannes Bruder so in den Schlaf geschaukelt. Solche Jaktationen werden als lustbetonte motorische Entäußerungen gedeutet, die jedoch auch starke Ruhelosigkeit und Zerstörungswut ausdrücken können (Pschyrembel 1982). Das Hin- und Herrollen des Kopfes kann auch als Energieentladung verstanden werden, deren natürlicher Ausdruck durch Beine, Becken und Arme gehemmt ist und so in den Kopf steigt (Lowen 1981).

Mit dieser Kopfbewegung, die Marianne gleich zu Beginn erlebt, deuten sich schon die zentralen Erfahrungen dieser Sitzung an: Erleben und Ausdruck von Lust und Aggression und die Hemmung dieser Impulse durch Angst und Schuldgefühle. In der elterlichen Funktion, die Marianne in den erinnerten Lebenssituationen für die jüngeren Geschwister übernimmt, versagt sie: Der Bruder droht aus dem Fenster zu fallen, die Schwester wird beim Spiel nicht aufgefangen und verletzt sich. In beiden Situationen geht es um das Fallen, um den bedrohlichen Sturz und das Nicht-aufgefangen-und-gehalten-Sein. Das Fallen ist eine Erfahrung, die Kindern normalerweise viel Vergnügen macht, sie genießen die lustvollen Gefühle, die dabei entstehen können, wenn sich das Zwerchfell entspannt und ein starker Erregungsstrom in den unteren Körperbereich fließt. Die gleichen Empfindungen haben wir, wenn wir schaukeln, Achterbahn fahren und auch beim Geschlechtsverkehr. Und in sanfterer Form spüren wir diesen Energiestrom, wenn wir in den Schlaf fallen oder uns verlieben (englisch: «to fall in love»).

Für viele Menschen ist der mit diesen Erfahrungen verbundene psycho-physiologische Energiefluß jedoch mit Unbehagen und Angst verbunden, und sie versuchen, ihn zu kontrollieren und zu unterbinden. Auch Mariannes Erinnerungen weisen darauf hin, daß es gefährlich ist, sich fallen zu lassen. Unlust- und Angstgefühle im Zusammenhang mit dem Fallen können oft schon bei sehr kleinen Kindern beobachtet werden. Wilhelm Reich (nach Lowen 1976) brachte die Fallangst bei Kleinkindern in eine Beziehung dazu, daß sie von der Mutter nicht genug gehalten und angenommen waren. Die Mütter fühlten sich den Ansprüchen ihres Kindes gegenüber unbehaglich, ängstlich und überfordert. Sie machten sich Vorwürfe, daß sie keine gute Mutter seien, und konnten den Kontakt mit ihrem Kind nicht unverkrampft genießen – eine Haltung, die das Kind als Mangel an Halt, Schutz, Sicherheit fühlt. Auch Marianne, die in ihrer Erinnerung während der Sitzung die mütterliche Rolle einnimmt, hält den Kontakt zu den Kindern nicht, fängt sie nicht auf. Aus der Perspektive, in der sie die Situationen nacherlebt, beobachtet sie das Geschehen distanziert, sie ist nicht in Kontakt mit den Empfindungen des Fallens, mit der Angst und dem Schmerz des Kindes, das nicht gehalten wird. Sie spürt auch nicht die Überforderung, die vermutlich mit der Betreuung und der Verantwortung für die Geschwister verbunden war. Sie fühlt sich jedoch elend und schuldig, macht sich Vorwürfe, und hinter ihren Schuldgefühlen werden Hilflosigkeit und Wut deutlich. Marianne versucht, diese Gefühle durch Weinen und Schlagen mit den Armen auszudrücken – sie bleibt in diesem Versuch jedoch stecken, so als ob sie sich solche Empfindungen und Ausdrucksbewegungen nicht erlauben dürfte.

Dann verändert sich die Erlebnisperspektive. In einer bildhaft-symbolischen Dimension gerät Marianne in eine «wilde» Situation – und sie begegnet schwarzen Eingeborenen. In dieser Situation kann sie die (mit dem Fallen verbundene) Belebung des Bauch-Becken-Raums zulassen. Sie spürt lustvolle und aggressive Impulse und eine starke energetische Aufladung des Genitalbereichs und der gesamten unteren Körperhälfte. Diese Erregung verbindet sich mit der Befürchtung, daß ihr weibliches Geschlecht verletzt, zerstört werden könnte. Und so kann sie die Erregung, mit der sie sich zugleich verletzbar und gefährdet fühlt, als Frau nicht weiter zulassen. Ihr Geschlecht verwandelt sich, als Mann kann sie die sexuelle Energie erleben und auch die aggressiven Wünsche akzeptieren, die auf eine Art Vergewaltigung der hilflos und angstgelähmt daliegenden

Frau hindrängen. Marianne ist zugleich der sexuell erregte wilde Mann und die passiv und ängstlich wirkende Frau. Doch bevor sich der wilde Mann seines passiven Opfers bemächtigt, ändert sich die Erlebnisqualität. Die visuelle Wahrnehmung tritt zurück, und kinästhetische und Tastwahrnehmungen – Sinnesqualitäten der Nahwahrnehmung – drängen in den Vordergrund. Marianne wird sich ihres weiblichen Körpers erneut bewußt. Sie spürt Berührungen im Genitalbereich, die jedoch nicht, wie erwartet, wild und aggressiv sind, sondern sich eher sanft und auch «nicht wirklich» anfühlen. Marianne ist enttäuscht, vermißt eine tatkräftige Unterstützung durch die Helfer, fühlt sich alleingelassen und traurig. Mit diesen Bewertungen und Empfindungen beginnt sie sich zu verschließen und wirkt so der genitalen Erregung und der Expansion der Impulse durch Kontraktion entgegen: Der Hals tut weh, die Nase ist verstopft, und gegen den Schmerz im Hüftbereich wehrt Marianne sich durch Zusammenziehen des Körpers und Verminderung des Atmens. Doch das Weinen, die Wut und die starke Erregung lassen sich nicht länger beherrschen, herunterschlukken und zurückhalten. Das Kinn lockert sich, und die intensiven «eingeborenen» Erregungsströme lösen sich im Zittern und mit einer Vibration, die Marianne körperlich und seelisch-geistig völlig erfaßt. Es ist eine orgiastische befreiende Reaktion. Mit ihr zerreißt das Grau vor den Augen, eine innere Mauer wird durchbrochen. Und in diesem Moment intensiver Erkenntnis, der «bedrohlich und befreiend zugleich» ist, erlebt Marianne Angstfreiheit. Das «Bedrohlichste überhaupt», das sie immer voll Angst zu vermeiden versucht hat, ist geschehen. Sie hat es «gesehen» und stellt die Lösung der Angst als Blick in eine «grenzenlose Schwärze» dar, die so ungeheuer weit ist wie das All.

Aus dem Grau, in dem komplementäre Farben oder auch Licht und Dunkelheit vermischt sind, öffnet sich der Blick in die ungeheure, unstrukturierte Weite eines nachtschwarzen Alls. Der schützende Mandalakreis und die Zacken, mit denen der Grauschleier heftig aufreißt, sind sorgfältig mit Silber umrandet, das auch mit zarten Punkten im dunklen All aufscheint. Silber wird mit dem Mond in Verbindung gebracht, mit dem weiblichen Prinzip, das auch im Schwarz mitschwingt. Als Farbe der Nacht hat Schwarz teil an dem Symbolkomplex Mutter – Fruchtbarkeit – Geheimnis – Tod. Der Blick in die dunkle geheimnisvolle Unendlichkeit erschließt sich nicht direkt dem erhellenden Bewußtseinslicht, sondern vermittelt sich im Schein des Mondes, der das Licht der Sonne reflektiert. Der

Einblick in die dunkle Nacht der Seele, in den Ursprungsraum des Bewußtseins, enthüllt sich Marianne auch im Kontakt mit dem unteren Körperbereich, dem Bauch-Becken-Raum, aus dem vitale ursprüngliche Triebkräfte aufsteigen, die sich im Bild des wilden Mannes verdichten. Diese ursprünglichen Triebkräfte und die damit verbundenen Emotionen hatte Marianne so weit abgespalten, daß sie ihr fremd und bedrohlich geworden waren und sie sich ihnen passiv ausgeliefert fühlte. Indem sie sich von dieser ursprünglichen Kraft, die als männlicher Gegenpol auftritt, überwältigen läßt, sich der damit verbundenen Energiesteigerung und -lösung überläßt, löst sich auch ihre lähmende Angst. Im Moment der Öffnung zu dem dunklen und geheimnisvollen Urgrund des Seins erlebt Marianne Angstfreiheit. Nach dieser Sitzung fühlt sie sich sehr kraftvoll und durchsetzungsfähig, sie vermutet: «Das hat wohl auch was mit meinen ‹männlichen› Anteilen, meinen bisher versteckten Aggressionen zu tun.»

Bevor wir verfolgen, wie Marianne beginnt, diese Kraft zu integrieren, möchte ich schildern, wie sich der Kontakt mit dieser aktiven, wilden, als männlich erlebten Seite in den ersten drei Sitzungen vorbereitet. Marianne begegnet dabei zunächst ihrem Widerstand gegen diese Erfahrung: Zu Beginn der ersten Sitzung ist sie unsicher, wie sie «richtig» atmen soll. Sie strengt sich an und spürt starke Kopfschmerzen, die ihre rechte Gesichtshälfte durchziehen und sich mit jedem Atemzug verstärken. Sie wünscht sich eine Hand, um sie gegen diesen Schmerz zu drücken, ist aber unfähig, ihre eigene zu bewegen. «Meine Hand liegt wie festgenagelt neben meinem Körper. Irgendwie hab ich im Kopf, daß ich sie nicht bewegen darf. Ich fühle mich hilflos und ausgeliefert, kann nichts gegen den Schmerz tun und kann ihn auch nicht ertragen.» Dann zieht sie die Hand ihrer Helferin zu sich («Das geht») und preßt sie gegen den Schmerz. Das tut ihr gut, und zugleich merkt sie, wie sie es nicht wagt, mit ihrem Schmerz wirklich Kontakt aufzunehmen, ihn zu «be-greifen». Sie denkt immer wieder «Du bist nicht gut genug!» und versucht krampfhaft, es besser zu machen, «richtig» zu atmen. Mit diesen Bewertungen unterbricht sie die aufsteigenden Gefühle der Traurigkeit und verliert auch den Kontakt zu ihrem Körper, «ich spüre ihn nur von außen». Dabei wird sie sich eines vertrauten Lebensmusters bewußt: «Mich anzustrengen, zusammenzureißen, nicht zufrieden mit mir zu sein, um mich dann um so mehr anzustrengen.»

Als sie gegen Ende der Sitzung voll Wohlbehagen in ihren Körper «wie in ein Federbett» sinkt und es genießt, ihn nun ganz auszufüllen, schleicht sich diese kritische Bewertung wieder ein und stört das Wohlbefinden mit Vorwürfen und Schuldgefühlen: «Das reicht nicht, es war noch nicht richtig; nur genießen zählt nicht.» Doch jetzt kann Marianne ihre Traurigkeit stärker spüren und sieht plötzlich eine Situation aus ihrer Kindheit vor sich, in der sie sich von den Eltern sehr allein gelassen gefühlt hat.

In dieser Sitzung begegnet Marianne einer lähmenden Kontrollinstanz in sich, die ihre Empfindungen und ihr Verhalten abwertet und sie in ihrer Handlungsfähigkeit, ihrem gefühlsmäßigen Erleben, ihrer Genußfähigkeit und auch im Begreifen ihrer Schmerzen behindert. Diese depressive Lähmung stellt sie in ihrem Bild dar:

Sie schreibt dazu: «Meine rechte Gesichtshälfte ist voller Schmerz. Ich will mir die Hand drauflegen, dagegen drücken, lindern – aber es geht nicht! Ich bin wie angekettet, kann meine Arme nicht bewegen, liege ausgeliefert da. Die Fesseln kommen direkt aus meinem Kopf. Sie sind die Enttäuschung darüber, daß ich wieder mal nicht gut genug bin. Die Enttäuschung lähmt und fesselt mich und verhindert den Kontakt zwischen dem Schmerz und der Hand. Ich kann den Schmerz nicht ‹anpacken›, nicht ‹begreifen›.»

Die Fesseln sind sorgfältig in Grau ausgemalt, sie entspringen dem Kopf als schlangenförmige Haarlocken. Sie schlingen sich, zu Schwarz verdichtet, um Arme und Beine einer Gestalt, die kindlich wirkt und weder ein Gesicht noch Geschlechtsmerkmale hat. Ihre Hände sind sehr klein als Fäuste dargestellt, die Füße sind in dem Bild nicht sichtbar. Eine lähmende Macht fesselt mit Abwertung, Entmutigung und Schuldgefühlen die Handlungsfähigkeit des Kindes, schränkt seinen Raum und seine selbständige Erkenntnisfähigkeit ein und hemmt es, seinen Schmerz zu begreifen. In der Sitzung erlebt Marianne den Schmerz in ihrer rechten Gesichtshälfte, das Bild dagegen zeigt ihn, rot gekennzeichnet, in der linken Hälfte – so daß die Darstellung spiegelbildlich wirkt. Das gespiegelte Abbild und auch die schlangenartigen Haare lassen an das schreckliche Haupt der Gorgo Medusa denken, bei deren direktem Anblick jeder gelähmt wurde und versteinerte und das Perseus nur mit Hilfe eines Spiegels – Symbol für Reflexion, Klarheit und Selbsterkenntnis – abschlagen konnte.

Mit den lähmenden, abwertenden Gedanken hat Marianne ihren Prozeß immer dann unterbrochen, wenn sie begann, mit Gefühlen, körperlichem Wohlbefinden oder leidvollen Lebenserfahrungen in Verbindung zu treten. Dieses nicht freigesetzte Potential äußert sich in der folgenden Nacht in einem Traum: «Ich beschließe, hinters Haus an den See zu gehen, um mir den Sonnenuntergang anzusehen. Statt der Sonne erblicke ich einen riesigen Vulkan auf der anderen Seite des Sees. Seine Spitze erglüht, er bricht aus und schleudert Asche und Lava heraus. Die anderen Leute, die plötzlich da sind, rennen begeistert auf den Berg zu, wollen das Schauspiel aus der Nähe erleben. Ich komme mit, obwohl es mir gefährlich erscheint. Der Vulkan bricht erneut aus, und fast werde ich von einem Lavabrocken getroffen. Ich möchte zurück, mich in Sicherheit bringen und versuche, die anderen Leute auch davon zu überzeugen. Aber sie gehen immer weiter auf den Vulkan zu. Ein neuer Ausbruch, diesmal spuckt der Krater einen großen glitzernden Kristall aus. Gleichzeitig kommt jemand direkt am Fuß des Berges aus einer Felsspalte hervor: Es ist eine zerlumpte, zerschundene Frau, die verletzt aussieht und heruntergekommen, aber trotzdem sehr viel Glanz ausstrahlt.»

Wie in der Sitzung ist Marianne auch in ihrem Traum nicht wie die anderen Teilnehmer bereit, sich mit den aufbrechenden Erfahrungen zu konfrontieren; und auch in der Traumerfahrung geschieht etwas anderes als das, was sie geplant hat: Die aus der Tiefe hervorbrechende ursprüngliche, feurige und aggressive Energieentladung zerstört alte Formen und fördert etwas Neues zutage: Aus dem Innern wird ein Kristall ausgespuckt, das heißt ein Körper von großer Reinheit, Durchsichtigkeit und Klarheit. Und auch in der Gestalt der Frau, die aus einer Felsspalte tritt, wird deutlich, daß hinter der Armut und Verletztheit ein innerer Reichtum liegt, der die äußere Erscheinung überstrahlt.

In der zweiten Sitzung strengt sich Marianne zunächst wieder sehr an, um «richtig» zu atmen, und blockiert sich so durch Erwartungen. Immer wieder steigt Traurigkeit in ihr auf und zugleich der Widerstand, mit dem sie die gefühlsmäßige Erfahrung unterbricht. Sie erkennt: «Es ist sinnlos – so fühle ich mich und lasse mich dabei selbst im Stich. Im gleichen Augenblick merke ich, wie oft dieser Mechanismus bei mir einsetzt, wie ich ihn auch sonst schon fast automatisch abspule. Es erscheint mir auf einmal so klar und gleichzeitig auch so selbstverständlich. Mir wird bewußt, wie ich mich dadurch auch selbst blockiere. Ich spüre einen Abscheu gegen dieses Sich-klein-Machen, will mich daraus befreien.»

Marianne verkrampft ihre Hände in der Unterlage, auf der sie liegt, und sucht nach Gegendruck, um ihren Widerstand auch körperlich zu spüren und sich aus der Blockierung zu befreien. «Ich spüre, daß ich mich klein machen muß, um durchzupassen. Ich habe das Gefühl, auf dem Weg zu sein, aber nicht rauszukommen. Einmal spüre ich, wie mein ganzer Körper sich in Schräglage befindet, mit dem Kopf am tiefsten Punkt, und weiter nach unten rutscht. Ein anderes Mal empfinde ich ganz deutlich, wie ich vom Dunklen ins Helle gelange, aber beide Male komme ich nicht ganz raus. Ich werde immer trauriger, fast verzweifelt. Plötzlich bin ich ganz klein, wälze mich auf eine Seite und genieße es, zu *sein*. Ich habe das Gefühl, schräg mit dem Kopf nach unten zu liegen wie ein Embryo.» Für Marianne verbindet sich die Empfindung, klein, passiv und ausgeliefert zu sein, mit einem grundlegenden Lebensgefühl und einer geburtsähnlichen Erfahrung. Mariannes Geburt ist schwierig gewesen und hat sehr lange gedauert. Sie hat den Geburtskanal nicht mit eigener Kraft verlassen können, sondern mußte mit der Zange geholt werden. Die Mutter hatte die Geburt mit großer Angst erwartet, da sie sich einige Jahre vorher einen siebenfachen Beckenbruch zugezogen hatte.

In dieser Sitzung erwacht in Marianne ein starkes Bedürfnis, sich aus der körperlich und seelisch empfundenen Enge zu befreien. Sie nimmt mit dem einengenden Widerstand Kontakt auf, sucht ihren Weg, gelangt jedoch noch nicht ins Freie. Sie gerät vielmehr zunächst in einen vorgeburtlichen Zustand und ruht in einem Raum, in dem sie sich «sicher, beschützt und friedlich» fühlen kann. In dieser «geschützten Höhle» fühlt sie

sich jedoch plötzlich gestört durch das laute Atmen eines männlichen Gruppenteilnehmers. Die Geräusche erinnern sie an «Sexualität, Geschlechtsverkehr zwischen Mann und Frau» und werden ihr zunehmend unangenehm. Sie beginnt, das Keuchen ihres Vaters zu hören, «während er mit meiner Mutter schläft. Ich bin als Embryo unfreiwilliger Zeuge dieses Geschehens. Mit jedem Atemzug wird mein Ekel größer, unbeschreiblicher Ekel und Abscheu bei diesem Geräusch ...»

In ihrem Bild stellt sie dieses Erlebnis dar. Sie malt sich als braune dreigliedrige Lebensform, die in einer orangebraunen Schale ruht. Die Ruhe, Geborgenheit und Weite des schützenden Lebensraumes ist mit verschiedenen Blautönen angedeutet. In diese entspannte Geborgenheit dringen drei gezackte, kraftvoll rote Linien zu der tragenden Schale vor und stören mit ihrer heftigen Bewegung die tiefe Ruhe und Versunkenheit.

Dieses Erlebnis beschäftigt Marianne auch nach der Sitzung noch stark und macht ihr den Abscheu deutlich bewußt, den sie vor sexuellem Kontakt mit Männern empfindet. Es erinnert sie an den Ekel, den sie immer beim Eindringen des Phallus gespürt hat, und auch an ihre Passivität im sexuellen Zusammensein mit Männern.

Zu dieser Sitzung liegt eine körpertherapeutische Fremdeinschätzung anhand von Mariannes Gesichtsporträts vor und nach der Sitzung vor. Dem Körpertherapeuten fällt im Vorher-Bild der steife Nacken und das hochgehaltene Kinn auf; er vermutet «Sturheit, Halsstarrigkeit». Mund und Kinn wirken auf ihn starr und festgehalten, die Augen scheinen ohne Energie, so als ob Marianne «alles, was sie erblickt, objektiviert und sich so unberührbar hält». Im Nachher-Bild wirken die Augen auf ihn weicher, der Nacken entspannter. Er vermutet eine Lösung im Beckenbereich und damit verbundene angenehme genitale Empfindungen. Er ist überrascht, als der Interviewer von Mariannes Traurigkeit und Ekel berichtet, und meint: «Ich glaube, sie fühlt sich gut, konnte das aber nicht sagen.» Möglicherweise drückt Mariannes Gesicht nach der Sitzung auch die Entspannung aus, die mit dem Erleben der intrauterinen Geborgenheit verbunden war – eventuell verdecken die Gefühle des Ekels jedoch auch eine gespürte sexuelle Erregung, die sie sich nicht zugestehen konnte. Der Körpertherapeut sah sich in seiner Annahme bestätigt, als ihm das Foto von Mariannes Gesicht vorgelegt wurde, das zu Beginn ihrer nächsten Sitzung – zwei Wochen später – aufgenommen wurde: Die von ihm wahrgenommenen Ausdrucksveränderungen haben sich verstärkt, die

Augen und das Gesicht im allgemeinen wirken weicher und entspannt. Am Mund wird jedoch eine Verspannung sichtbar, die er als «Schutz gegen Lustempfindungen» interpretiert.

In ihrer dritten Sitzung kann sich Marianne ihren Impulsen weitgehend überlassen und stört ihren Prozeß nicht mehr durch gedankliche Bewertungen. Sie beginnt, gegen den Körper ihrer Helferin zu drücken und ihn so als Widerstand zu benutzen. «Als ich allmählich ruhiger werde, breitet sich ein wunderschönes Kribbeln in Bauch und Schamgegend aus. Ich fühle meine Mitte und den weiten Raum, den ich für sie habe. Ich spüre sie wie eine runde Kugel gleich unterhalb meines Bauchnabels, von der sehr viel Wärme und Stärke ausgeht.» Marianne kann frei und tief atmen, sie wehrt die Geräusche des männlichen Teilnehmers neben sich nicht mehr ab, sondern läßt sich von ihnen anfeuern, sie windet sich und strampelt. «Dabei komme ich mir vor wie im Bauch meiner Mutter, aber nicht geborgen und beschützt, sondern ausgeliefert und wehrlos. Ich habe das Gefühl, daß irgendwas nicht stimmt. Es passiert etwas um mich herum, was mir nicht gut tut, dem ich einfach ausgesetzt werde.» Marianne versucht sich zu wehren, fühlt sich aber macht- und kraftlos. Erinnerungen steigen in Bildern auf: ein dunkler Raum unter einer Treppe, wo sie als Kind gespielt hat, ein großer Wald, durch den sie als kleines Kind läuft und verfolgt wird; sie fühlt sich zunehmend verletzlich und ausgeliefert. «Jemand weiß das und will mich verletzen und kaputtmachen. Ich fange an zu heulen, mein Kinn beginnt zu zittern, dann mein ganzer Unterkiefer, stärker, immer stärker. Ich habe ihn absolut nicht mehr unter Kontrolle. Überhaupt mich selbst nicht mehr.» Die Empfindungen wecken eine Erinnerung an einen «Weinkrampf», den Marianne im Alter von sieben Jahren erlebt hat. Und sie hört ihre Mutter sagen: «Hör doch endlich auf damit!» – eine Anweisung, mit der Marianne nun selbst versucht, das panische Zittern zu stoppen. Mit einer Intervention versuche ich, diese starke Erregung zu lösen, gegen die Marianne sich zunehmend verspannt: «Ich mache wimmernde und heulende Töne. Frauke faßt mein Kinn und versucht, es zu lockern. Plötzlich bekomme ich ein Taschentuch in den Mund gesteckt! Ich schreie, will das nicht, schreie immer lauter, wie um mein Leben. Jemand will mir den Mund stopfen, ich soll still sein, aber ich wehre mich verzweifelt, strample und versuche mich zu befreien. Ich darf mich nicht zustopfen lassen ... das darf einfach nicht passieren! Ich habe mich noch nie so schreien gehört.» Danach rollt sie sich zusammen, ist traurig und zugleich sehr froh und dankbar. Als ihre Helferin, die von dem Geschehen sehr erschüttert ist, zu weinen beginnt, ist Marianne froh, gemeinsam mit ihr weinen zu können. «Ich mußte an das Weinen meiner Mutter denken, das ich nie gehört habe, mir aber so vorstelle.»

Für Marianne verbinden sich mit diesem Erlebnis viele Lebenserfahrungen, in denen sie Gewalt und Überwältigung erlebt hat. Sie wehrt sich jedoch gegen konkrete Erinnerungen, die mit ihrer Kindheit zu tun haben – den Hof, auf dem sie aufgewachsen ist, und die Männer, die dort gearbeitet haben. Mit der Lösung des Kiefers hat sich jedoch eine extreme Spannung gelockert und auch ein inneres Gebot, «den Mund zu halten»: Seit zwei Monaten hatte ihr Kiefer sich verschoben, wenn

Marianne den Mund zu weit aufmachte, so daß sie nachts eine Schiene zur Entlastung des Gelenks tragen mußte.

Das Bild zu dieser Sitzung zeigt den geöffneten Mund, der in schwarzen, braunen und nach innen immer intensiver werdenden roten Kreisen ausgemalt ist. In diesen zugleich schmerzhaft, aggressiv und lustvoll geöffneten Bereich dringt eine schwarz übermalte Kraft – das aufgeklebte Taschentuch – ein, die die Form einer Faust hat.

Im Vergleich zu der vorangegangenen Sitzung erlebt Marianne die Begegnung mit einer Kraft, die sie als feindlich und aggressiv eindringend empfindet, jetzt emotional intensiver und als zentrale Konfrontation. Diese neue Wahrnehmungsqualität wird auch in ihrem Bild deutlich. Die eindringende Energie aktiviert Marianne. Sie beginnt, sich mit ihr auseinanderzusetzen, sich zu wehren, will sich befreien.

Zwischen dieser und der vierten Sitzung liegt ein Abstand von fünf Monaten. In dieser Zeit versucht Marianne, ihre Prozeßerfahrungen im Zusammenhang mit ihren Lebenserfahrungen zu verstehen: «Das Thema, das sich durch meine Sitzungen und durch mein Leben zieht, ist Sexualität. Die Erfahrungen müssen etwas damit zu tun haben, daß ich lesbisch geworden bin, daß ich Sexualität mit Männern noch nie viel abgewinnen konnte und mich dann ganz davon entfernt habe. Ich habe sie meist als Fast-Vergewaltigungen empfunden und mich ausgeliefert gefühlt. Ich habe das Gefühl, daß ich das Auftauchen dieses Themas in den Sitzungen weitergehend verstehen muß, nicht nur als konkrete sexuelle Erfahrung mit Männern. Es hat etwas zu tun mit meiner Auseinandersetzung mit Männern und meiner Rolle als Frau; genauso, wie mein Lesbisch-Sein nicht nur eine Folge sexueller Vorliebe ist.» Marianne beginnt sich in dieser Zeit körperlich stärker zu spüren, «meine hängenden Schultern, mein leicht eingezogener Kopf, ich merke immer mehr, in welchen Situationen ich beginne, in mich zusammenzusinken oder aus mir herauszukommen».

In der nächsten, anfangs beschriebenen Sitzung erlebt Marianne, daß das Wilde, Gewalttätige, das sie dem Männlichen zuschreibt, auch ein Teil von ihr selbst ist. Es ist eine ursprüngliche und auch sehr vitale Energie, die sie stark abgelehnt und so auch abgespalten hat, der gegenüber sie sich nur ängstlich und passiv verhalten kann, die sie aber zur Belebung ihrer Handlungs- und Erkenntnisfähigkeit braucht und deshalb – wenn auch unter Angst, Schuldgefühlen und Schmerz – wieder in sich beleben und integrieren muß.

In der fünften Sitzung fühlt Marianne zunächst – wie in ihrer ersten – eine starke Spannung in der rechten Gesichtshälfte und der rechten Hand. Diesmal kann sie die damit verbundenen Empfindungen deutlicher wahrnehmen: «Ich spüre mein geteiltes Gesicht, rechts krank, links gesund, eine Hälfte häßlich, die andere schön. Ich will einfach losschlagen, will jemandem weh tun ...» Sie beginnt, ihre Wut mit Schlägen und Tritten heftig zu äußern, und spürt dabei erneut eine Belebung des gesamten Körpers, die sie zu einer tiefen, erfüllenden Entspannung führt: «Der Atem fließt durch meinen ganzen Körper. Ich fühle mich rund, ganz, voll, weit. Ganz leicht und sanft bewege ich mein Becken dazu. Ich spüre die Atemwelle in mir, die sich von oben nach unten rollt. Ich spüre Bewegung, Leben. Ich bin die Welle. Das Leben ist eine Welle. Alles fließt ... Ich spüre die Ruhe, den Frieden.» In diesem harmonischen Frieden fühlt sie sich jedoch wiederum durch die abgelehnte «männliche» Energie gestört. Sie erfährt sie diesmal als Geruchsempfindung, die ihr unangenehm ist und die sie mit «Sperma» identifiziert. Marianne wird diese Geruchswahrnehmung zunehmend zuwider, und mit dem Gefühl von Ekel und der negativen Bewertung stört sie den Fluß des Erlebens. Sie beginnt Schmerzen an der rechten Schulter und am Unterbauch zu spüren und hat jetzt den Eindruck, daß in ihrem Bauch etwas «Schlechtes, Krankes» sitzt, das «raus will». Sie will es «gebären», fühlt plötzlich, wie sich ihre Lage verändert und daß sie nach oben schaut «in ein grelles Licht, ich sehe Schatten, Köpfe, die sich über mich beugen und mich begutachten». Marianne spürt, wie sich Schmerzen diagonal zwischen Schultern und Eierstöcken durch ihren Körper ziehen und wie auch die rechte Gesichtshälfte sich wieder verspannt. Nach der Sitzung ist sie mit sich und ihrem Erleben unzufrieden und hat den Eindruck, etwas Wesentliches zurückgehalten zu haben.

In dieser Sitzung hat Marianne erneut erlebt, daß der Ausdruck wütender Impulse ihren Körper belebt und sie zu einer tief befriedigenden Entspannung führen kann. Sie erfährt jedoch auch wieder, daß diese körperlich-seelische Öffnung und ihr Wohlbefinden durch gedankliche Einordnung und Abwertung von Empfindungen unterbrochen werden und sich in Verspannung, Schmerz und Unbehagen verkehren. In ihrem Bild stellt sie den Blick nach oben in das grelle Licht dar. Das Bild zeigt wiederum eine Öffnung, die hellgelb zu dem sie umgebenden Grau kontrastiert. Die Öffnung ist mit runden Formen umfaßt, die für Marianne die Köpfe der «Begutachter» darstellen.

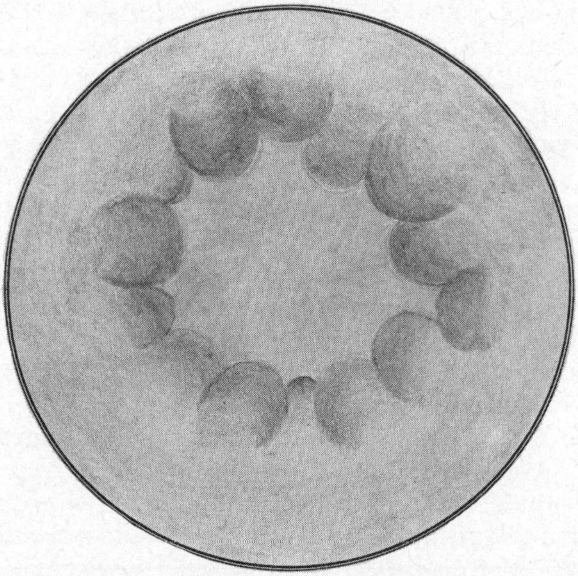

Der Ausblick vom Grau in die Helligkeit erinnert an den Blick in die grenzenlose Schwärze, die Marianne in der vorangegangenen Sitzung erlebte, und wirkt wie eine komplementär ergänzende Erfahrung. In beiden Sitzungen geht dem Blick in die Dunkelheit beziehungsweise ins Licht eine Belebung des Körpers, vor allem des Bauch-Becken-Bereichs, durch starke Wut voran. Der Ausblick auf die Dunkelheit ist mit sehr heftigen sexuellen Impulsen und Erregungsentladungen und einem gezackten Aufreißen des Graus und der Erfahrung von Angstfreiheit verbunden. Der Blick ins Licht erfolgt dagegen nach einer sanften, erfüllenden Entspannung, öffnet sich über abgerundete Grau-Formen und ist mit schmerzlichen, negativ bewerteten Empfindungen und Gedanken verbunden. In beiden Erfahrungen bleibt Marianne jedoch im Bereich des Grau, den ich, auch im Zusammenhang mit den grauen Fesseln der ersten Sitzung, als Verbildlichung von Hemmung, Lähmung und rational bewertender Kontrolle verstehe. Während die Dunkelheit mit dem weiblichen Prinzip oder auch dem Unbewußten in Beziehung gesetzt werden kann, verbindet sich das Licht mit dem ergänzenden männlichen Prinzip und auch mit der Vorstellung von Bewußtheit. Mariannes Erleben macht deutlich, daß sie den Kontakt mit dem Licht – dem auch in der Frau als männlich erfahrenen Bewußtseinsprinzip – noch mit Spannung, Schmerz und Schwäche erlebt, ablehnt und entwertet. Mit diesen Bewertungen, die sie äußeren Personen, «Begutachtern», zuordnet, unterbricht sie ihr Wohlbefinden und das Erleben von Erfüllung und Einheit. Mit Bewertungen – Fesseln, die dem Kopf entspringen – unterbricht sie den Kontakt mit einer Seite ihres Wesens, die sie als «anders» erfährt, als «häßlich» ablehnt. Die Erfüllung, die Marianne mit dem Fluß des Atems erfährt, ist ein Aufgehobensein im Frieden und in der Geborgenheit des Uterus, der allumfassenden Großen Mutter. Das, was Marianne in dieser Sitzung noch zurückhält, ist die Bejahung des Kontaktes mit dem männlich schöpferischen Aspekt des Seins, der sie mit einer Geruchserfahrung anrührt. Marianne wehrt sich gegen diesen Impuls, gegen die Befruchtung und die Integration und Differenzierung, die damit möglich werden würden. Sie will sich in dem friedlichen Zustand bewahren, der jedoch, wenn er zu lange währt, zu einer einseitig passiven Geborgenheit wird, die sich der Veränderung, dem Geboren-Werden verweigert – wie auch Marianne nicht aktiv mitwirkte an ihrem Geburtsprozeß, sondern mit der Zange ans Licht der Welt geholt werden mußte, auf das sie nicht vorbereitet war.

In ihrer nächsten Sitzung beginnt Marianne, den Kopf und den gesamten Körper heftig hin und her zu rollen, und verteilt nach jeder Seite Schläge. Wie wir aus ihrer vierten Sitzung wissen, aktiviert diese Bewegung aggressive und lustvolle Empfindungen, löst das Erleben des Fallens und die Belebung des Bauch-Becken-Raums aus. Als ihre Bewegungen durch die Helfer eingegrenzt werden, wehrt sie sich mit aller Kraft gegen die Einengung. «Ich versuche mich loszureißen, winde mich und schreie, schreie immer lauter ... bis ich beim lautesten Schrei das Gefühl habe, daß irgendwas in mir zerspringt, zerplatzt. Sekundenlang umgibt mich totale Schwärze, das Nichts. Aber dann spüre ich, daß mir ein neuer Raum erschlossen ist, den ich vorher nicht kannte, daß ein alter Druck mit einem Knall verschwunden ist und ich plötzlich mehr Luft und Platz habe.»

In diesem neuen weiten Raum, in dem sich Marianne «sehr ehrfurchtsvoll und religiös gestimmt» erlebt, erschließen sich ihr ungewohnte harmonische Bewegungen, mit denen sie sich körperlich und seelisch zunehmend öffnen und erweitern kann: «Ganz langsam führe ich die Fingerspitzen meiner beiden Hände aufeinander zu, bis sie sich über dem Sonnengeflecht treffen und sich dann darauf legen. Behutsam hebe ich sie wieder ab, führe sie wieder auseinander zu den beiden Seiten zurück und spüre dabei die ganze Zeit das Energiefeld zwischen Brustbein, Solarplexus und den Fingern der beiden Hände. Diese Bewegung wiederholt sich einige Male, dann gebe ich einem Impuls zu beten nach und lege meine Hände über dem Brustbein in Betstellung zusammen. Die ganze Zeit über liege ich mit geöffneten Oberschenkeln und aneinandergelegten Fußsohlen da. Immer wieder kommt diese Handbewegung, die ich mit einer ungeheuren Wichtigkeit und Bedächtigkeit mache, sie wird weiter und bekommt immer mehr den Charakter einer Öffnung. So als wäre etwas um das Brustbein herum zersprungen und würde jetzt den Weg freimachen für eine Energie, die lange unter Verschluß gehalten wurde und jetzt zum Fließen kommt.» Die Bewegungen werden weiter, führen auch zum Bauch und Becken und werden von Empfindungen des Kribbelns, der Elektrisierung, Belebung und Öffnung begleitet, und sie werden schneller – Schultern und Hüften bewegen sich in einer Art Tanz aufeinander zu. «Das hat etwas mit der Fortbewegungsart von Flagellaten oder anderen Mikroorganismen zu tun, die ich auch vor meinem geistigen Auge herumschwimmen sehe. Dann werde ich ruhig. Und für einen kurzen Moment habe ich das Gefühl, *ganz* zu sein, total ... schön!»

In dieser Sitzung erlebt Marianne eine umfassende Öffnung im Brustbereich, den sie mit dem Bewußtsein ihrer Individualität, mit dem «Ich»-Empfinden verbindet. Ihr Bild (vgl. Tafelteil, Abb. 10) veranschaulicht die Erfahrung, daß sich eine feste, harte, schwarze Schale heftig öffnet, mit gezackten Rändern zerplatzt und aufspringt. Die Öffnung gibt den Blick auf die darin enthaltene vitale rote Energie frei, die in einer goldenen Lichtsäule emporsteigt und sich nach rechts und links in harmonischen goldenen, gelben und orangefarbenen Bögen entfaltet.

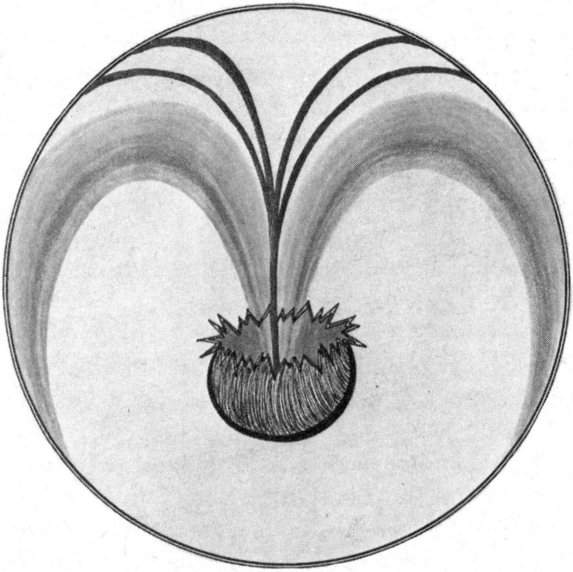

Diese Öffnung, die Marianne das Gefühl von Ganzheit erschließt, hat sich in den vorangegangenen Sitzungen vorbereitet: In der zweiten Sitzung trifft eine vitale, sexuell getönte Energie mit kräftigen, roten Zacken auf ein Wesen, das in einem geschützten Raum ruht. Das Bild aus der dritten Sitzung zeigt die gewaltsame Öffnung der verschwiegenen und zurückgehaltenen Vitalität und Lebensenergie. Zu den nächsten beiden Sitzungen wird die Erfahrung des Aufreißens und der Öffnung verbildlicht, der Blick nach außen wird frei. Diese Erfahrungen stehen im Zusammenhang mit Angst, Schmerz, Wut, starken sexuellen Impulsen und der negativen Bewertung von Aggression, Triebhaftigkeit und Männlichkeit. In dieser Sitzung findet Marianne nun Zugang zu ihrer Selbstbestimmung; diese Erfahrung öffnet sich wiederum recht gewaltsam, die Blockierung ist so fest, daß sie zerreißen, zerplatzen muß, und für diese Befreiung braucht Marianne die ganze Kraft ihres Trotzes und ihrer zurückgehaltenen Wut. Die Öffnung wird jedoch nicht primär als sexuell-genitale Entladung empfunden, sie macht jetzt den Bereich der Brust und die Fähigkeit zugänglich, auszugreifen und selbstverantwortlich zu handeln. Sie zeigt sich als harmonische, sanfte und sehr präzise Bewegung, die die innere vitale Energie nicht mehr explosiv, sondern sehr differenziert zum Ausdruck bringt. Mit dieser Erfahrung erweitert sich Mariannes Perspektive: Sie erkennt die verfestigte Blokkade des «Ich will nicht», die in ihr ist, erfährt, daß ihr die Öffnung nicht durch Gewalttätigkeit von außen zugefügt wird, sondern durch sie selbst geschieht. Sie kann ihre innere Vitalität erblicken und die differenzierten und subtilen Ausdrucksmöglichkeiten dieser ursprünglichen Energie erleben und darstellen.

Die Bewegungen, die Mariannes Hände und Arme vollführen, verstehe ich als heilende Bewegungen, die die verschiedenen Körper- und Erlebnisbereiche miteinander in Kontakt bringen, beleben und versöhnen. So verstehe ich auch die Bewegungen und Bilder, die Marianne am Ende der Sitzung erlebt, als den Beginn der Versöhnung mit dem männlichen Prinzip: Indem sie sich mit den «Mikroorganismen» identifiziert, überschreitet sie Ablehnung und Ekel vor dem männlichen Samen und erkundet die Beweglichkeit und Potenz dieser Energieform. Und sie erlebt dabei das Pulsieren des Lebens in der ganz ursprünglichen Beweglichkeit des Sich-Öffnens und Wieder-Zusammenziehens. Auch Mariannes Helferin erfaßt während der Betreuung die Bedeutsamkeit dieser Erlebnisse. Sie spürt sehr deutlich, daß Marianne in der letzten Phase keine körperliche Berührung wünscht. «Eindeutig war für mich ihr

Bedürfnis nach Selbstbestimmung, und ich konzentrierte mich darauf, sie mit entspannter Aufmerksamkeit zu begleiten. Und ich spürte Empfindungen mit wie: Selbstentdeckung, Eigeninitiative, Risiko und Liebe.»

Marianne fühlt sich nach dieser Sitzung kraftvoll und sicher. «Ich habe ein gutes Gespür dafür, was wichtig für mich ist, und setze mich dafür ein. Es geht für mich um Selbstbestimmung und darum, zu tun, was ich will. Mir kommt auch öfter meine erste Atemsitzung in den Sinn, in der es ja sehr viel um Widerstand ging, den ich damals noch nicht akzeptieren konnte. Auf eine Art haben die erste und die letzte Sitzung Ähnlichkeit miteinander, wobei ich jetzt etwas verarbeite, wozu ich am Anfang noch nicht bereit war. Ich habe ein Gefühl wie: der Kreis hat sich geschlossen.»

Die Fesseln der gedanklichen Kontrolle und Bewertung haben sich gelöst, Marianne hat sich mit der Kraft ihrer angestauten Wut von einer festen Blockierung befreit und mehr Zugang gefunden zu ihrer Identität und zu neuen Ausdrucksmöglichkeiten. In ihren sechs Sitzungen hat Marianne begonnen, mit ihrer Vitalität, Aggressivität und Tatkraft Kontakt aufzunehmen. Sie hat erlebt, in welchem Ausmaß sie diese Energie und ihre Fähigkeit zur Selbstbestimmung unterdrückt, mit negativen Wertungen abgespalten und sich mit Angst, Ablehnung und Schuldgefühlen gehemmt und gefesselt hat.

Sie beginnt nun, ihre eigenen Bedürfnisse deutlicher zu fühlen, und spürt auch die Notwendigkeit, sich in ihren Beziehungen klarer und aktiver zu äußern. Bei diesem Versuch begegnet sie jedoch auch immer wieder ihrer Zurückhaltung, Passivität und Scheu vor Verantwortung. So spürt sie deutlich, daß sie in der Beziehung zu ihrer Freundin, mit der sie seit zwei Jahren zusammenlebt, mehr Freiheit und Raum für sich braucht, und zögert doch auch immer wieder, ihre Bedürfnisse zu äußern und aktiv zu verwirklichen. So muß sie mit großer Bestürzung erleben, daß die Beziehung nun «mit einem Knall» endet, und zwar durch die Initiative der Freundin. Vier Monate nach ihrer sechsten Sitzung berichtet Marianne: «Meine Freundin ist aus unserer festen Beziehung ausgebrochen und hat sämtliche Regeln, die ich entgegen meinen Bedürfnissen immer noch eingehalten habe, über den Haufen geworfen. Daran habe ich deutlich gespürt, wie irrwitzig meine Opferhaltung war ... Ich habe noch nie so deutlich gemerkt, wie schlecht es für mich ist, auf etwas zu verzichten und mich zurückzuhalten. Es hat mit den Atemsitzungen zu tun, wenn ich jetzt erkenne, daß ich genau diese harte Erfahrung machen mußte, um mich und meine Bedürfnisse wichtig zu nehmen und nicht zu unterdrücken. Als sie da war, habe ich meine eigene Kraft nicht ernst genug genommen und für etwas anderes geopfert, anstatt sie zu leben. Aber ich merke auch, daß ich solche Schwierigkeiten, wie ich sie jetzt habe, nicht mehr als Schrecken des Schicksals ansehe, die ‹erbarmungslos› über mich hereinbrechen, sondern als Möglichkeit, neue Erfahrungen zu machen, zu lernen und mein Spektrum zu erweitern. Ich weiß jetzt, daß die Dinge, die mir passieren, nicht zufällig sind, sondern daß ich maßgeblich an dem beteiligt bin, was mir begegnet. Und mir ist klar geworden, daß ich allein die Verantwortung für mein Leben trage.»

In ihren Sitzungen hat Marianne sehr häufig Erfahrungen erkundet, die sich direkt oder auch indirekt im Zusammenhang mit den Phasen des Geburtsvorganges verstehen lassen: In ihrer ersten Sitzung fühlt sie sich gefesselt und gelähmt, unter Druck gesetzt, sie kann sich nicht bewegen. Das sind Erlebnisse, die mit der zweiten Phase des Geburtsvorgangs verbunden sind, dem Beginn der Kontraktionen bei noch verschlossenem Muttermund. Diese Blockierung erlebt Marianne in ihrer zweiten Sitzung noch deutlicher, sie empfindet die damit verbundene Sinnlosigkeit ihres Bemühens und tiefe Verzweiflung. Es setzen Befreiungsbewegungen ein, die jedoch immer wieder zum Stocken kommen. Marianne findet noch nicht den Weg nach draußen, sondern gelangt zurück zur ersten Phase, den Empfindungen der Ruhe und Geborgenheit in der noch ungestörten Ureinheit mit der Mutter, die jedoch durch heftige und schockartige Bewegungen gestört wird. In der dritten Sitzung findet sie sich wiederum im Bauch der Mutter, erlebt erneut, wie sie hilflos, wehrlos und gelähmt einem bedrohlichen Geschehen ausgeliefert ist. Sie fängt an, sich gegen die Überwältigung zu wehren, eine extreme Spannung beginnt sich zu lösen – Marianne gerät in die dritte Phase des Geburtsvorgangs, der

Muttermund öffnet sich. In der nächsten Sitzung bewegt sie sich im Geburtskanal weiter; im Wechsel von Kontraktion und Expansion erlebt sie tiefe Gefühle von Angst, Aggression und Lust. Die Gefahr der Vernichtung und die erlebte Befreiung drückt sich auch über intensive bildhafte und transpersonale Erfahrungen aus. Mit der nächsten Sitzung nähert sie sich der Öffnung, der Geburt, weiter an. Unter starken Bewegungen und heftiger Wut erblickt sie das Licht der Welt. Die Erfahrung geht mit einer tief empfundenen friedvollen Entspannung einher, die sich in Ablehnung, Schmerz und Unbehagen verkehrt. In der nächsten Sitzung wird die Ausstoßung aus dem Geburtskanal und das Erwachen der eigenen Identität erneut und vertieft vollzogen. Die damit verbundene Kräftigung und Bestätigung ihrer Identität scheint jedoch noch unabgeschlossen. Die in den letzten Sitzungen erlebte Ausstoßung und Ablösung wird in der äußeren Lebenssituation erneut nachvollzogen. Marianne beginnt dabei, ihre Ängstlichkeit und Gehemmtheit deutlicher wahrzunehmen und Zusammenhänge zwischen ihrem Verhalten und bestimmten Lebensereignissen zu erkennen. Sie erlebt jedoch eine Zeit starker und krisenhafter Veränderungen, so daß sie dankbar die Möglichkeit ergreift, an einer weiteren Atemsitzung teilzunehmen, als in der nächsten Gruppe ein Teilnehmer ausfällt.

In dieser Sitzung kehrt Marianne zu lebensbedrohlichen Erfahrungen während des Geburtsvorgangs zurück, erkennt Verbindungen zu ihrer momentanen Lebenssituation, erlebt erneut eine Befreiung und Öffnung und nimmt Kontakt zu einer Kraft auf, die sie als «kosmische Energie» erfährt und die sie belebend durchströmt. Der Prozeß beginnt mit heftigen Bewegungen und wütendem Schreien und führt Marianne dann in Verzweiflung und Todesangst. «Ich fühle mich wehrlos ausgeliefert, ahne eine schreckliche Gefahr. Todesangst. Alles um mich herum wird stockdunkel. Meine Lage ändert sich, ich hänge mit dem Kopf nach unten. Mit großer Verzweiflung stecke ich fest, der ganze Körper ist verkrampft. Immer wieder setzt mein Herzschlag aus, ich sterbe mehrere Beinahe-Tode. Ich werde ganz ruhig. Ich atme kaum noch, bewege mich nicht mehr. Die Verzweiflung bleibt und macht sich überall breit, bekommt eine resignative Färbung. Es hat keinen Sinn, nichts! Wozu immer kämpfen? Ich bin so erschöpft, ich will nicht mehr atmen, nicht mehr leben. Ich sehe keinen Weg, da raus zu kommen. Und ich komme dem Gefühl nahe, das ich in letzter Zeit wirklich habe, das hinter allem steckt. Ich fühle mich körperlich kleiner werden, als ob meine äußere Hülle schrumpft. Ich fühle mich zerbrechlich und verletzbar, aber auch wie in mein Innerstes vordringen.» Es dauert lange, bis Marianne wieder schneller und tiefer atmet. «Eine langsame Expansion. Mich überkommt Freude. Ich spüre meine Kraft wieder. Ich atme und lebe.» Ihre Arme und Hände beginnen sich zu bewegen, und sie spürt «pulsierende Energie» zwischen ihren Händen. «Die Hände tanzen wie von selbst, geben mir Kraft, die meinen ganzen Körper durchfließt. Dann sind meine Arme fast senkrecht nach oben gestreckt, und meine Hände formen eine Schale, mit der ich eine ungeheure, nie gekannte Energie auffange. Sie kommt von oben, fließt in diese Schale aus meinen Händen und von dort direkt weiter in meinen Körper. Es ist eine ‹höhere› Energie. Sie besitzt so viel Würde, daß ich mich kaum traue, sie näher zu benennen. Trotzdem möchte ich sie als ‹kosmische Energie› beschreiben, eine Energie, die ich achten und hüten muß.»

So erfüllt, belebt und gekräftigt, setzt sich Marianne erneut mit der Trauer über die Erfahrung auseinander, von der Mutter und der Freundin verlassen worden zu sein. Die Hilflosigkeit und Erstarrung werden durch Bewegung und Erweiterung gelöst, Marianne nimmt ihren Raum in Besitz und wird erneut von Lebensenergie durchströmt. «Ich brauche Raum, Platz, will mich ausbreiten, bekomme ein Gefühl von Weite. Dann ist es, als ob ich etwas aus diesem Raum herausschleudere. Ich mache wegwerfende Handbewegungen. Ich will es nicht mehr haben. Weg damit. Schließlich mache ich große rudernde Bewegungen mit meinen Armen, die meinen ganzen Körper mitziehen. Dann geschieht etwas Wahnsinniges: Ich stelle meine Ellenbogen zu beiden Seiten meines Körpers auf und richte die geöffneten Handflächen nach oben. Von dort empfange ich eine unfaßbare Energie, noch intensiver als die vorher beschriebene. Meine Hände zittern, als würde Strom durch sie hindurchfließen. An den Fingerspitzen spüre ich ganz deutlich einen Druck, als würde ich dort berührt werden. Ich strecke meine Hände noch höher dieser Energie entgegen. Die Hände bewegen sich dabei, ziehen tanzende, sich öffnende und schließende Kreise. Bei jeder Drehung meines Handgelenks spüre ich neue Vibrationen, die in meinen Körper weiterfließen. Ich tanke Lebensenergie. Alles fließt. Ich spüre, daß diese Energie immer da ist, aber daß ich mich durch meine Blockaden normalerweise davon abhalte, sie wahrzunehmen. Jetzt scheint der Strom gar nicht mehr zu versiegen, und in völliger Konzentration sauge ich diese Energie auf und spüre die Verbundenheit zu einer höheren Quelle, die diesen Strom speist. Das gibt mir die Gewißheit, daß ich an diese höhere Quelle angeschlossen bin. Ich bin sehr dankbar. Es ist eine konkrete Erfahrung von Spiritualität, von einer anderen Energie, Ebene und Realität als ich sie normalerweise erfasse.»

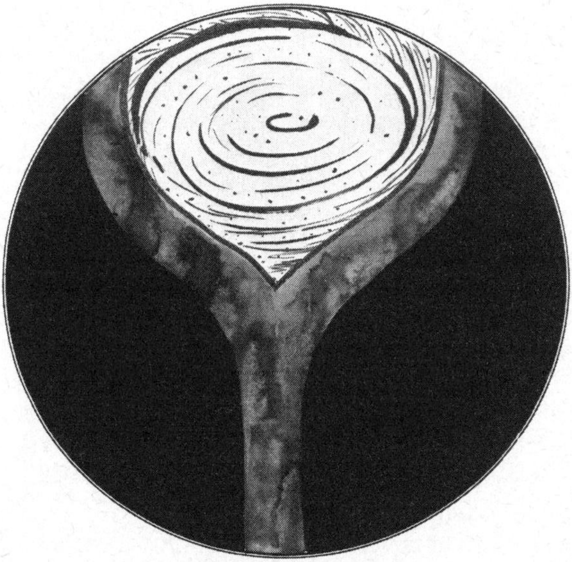

Diese Erfahrung stellt Marianne in ihrem Bild dar (vgl. Tafelteil, Abb. 11). Vor einem dunklen, schwarz ausgemalten Hintergrund, der die erlebte Verzweiflung und Todesgefahr ausdrückt, öffnen sich zwei stilisierte Hände. Sie vereinigen sich in der Bildmitte und bilden eine Schale, die spiralige goldene Energie umfaßt, die sich vor weißem Grund dreht und funkelnd strahlt. Die geöffneten Hände und der Strang, mit dem sie sich zum unteren Bildrand hin vereinigen, nehmen diese Strahlung auf, sie pulsiert in Orange, Gelb, Rot und Violett, offenbart sich als leuchtende Lebendigkeit, die in starkem Kontrast zu der Dunkelheit von Resignation, Todesnähe und Unbewußtheit steht.

In dieser Sitzung konfrontiert sich Marianne mit dem Tod, mit Gefährdungen, die sie während des Geburtsprozesses wohl wirklich durchschritten hat. Sie erkennt in sich eine tiefe Resignation und Lebensverneinung als Basis ihres gesamten Lebensgefühls, das in Krisenzeiten, bei Verlusten, intensiv hervortritt. Im Verlust der Freundin erfährt sie erneut auch den Verlust der Mutter und den Beginn der Eigenständigkeit mit der Geburt. Mariannes Gefühl der eigenen Identität vertieft sich jetzt und verbindet sich mit einer lebensspendenen Quelle und mit der Gewißheit, an sie angeschlossen zu sein – wenn auch der Kontakt durch körperliche und seelische Blockierungen immer wieder unterbrochen werden kann. Der Kelch, den Marianne in ihrem Bild darstellt, erinnert als nahrungsspendendes Gefäß an die mütterliche Brust. Er ist ein Sinnbild überströmender Fülle.

Mit diesem gestärkten und vertieften Gespür für die eigene Identität und Lebendigkeit erwächst in Marianne ein intensiveres Gefühl der Selbstverantwortlichkeit; es beginnt sich allmählich zu entwickeln, zu differenzieren und bewußter zu werden. Für Marianne beginnt eine Zeit der Klärung und Umstrukturierung. Zwei Monate nach dieser Sitzung berichtet sie: «Mir wird viel Unangenehmes über mich selbst bewußt, Bilder, Illusionen, die ich über mich hatte, kippen um. Ich lasse zu, was ich nie richtig wahrhaben wollte: wieviel Angst ich eigentlich habe, wie abhängig ich mich fühle, wie unsicher ich bin. Das habe ich vorher zwar auch schon gedacht, mich aber gleichzeitig verteufelt und angeklagt. Solange ich mich selbst dafür schlecht gemacht habe, wie ich bin, brauchte ich mich nicht zu verändern. Allmählich begreife ich, daß dieser ‹Verteufelungsmechanismus› mich auch davon abgehalten hat, wahrzunehmen, wie und wer ich bin – und die Verantwortung dafür zu übernehmen. Ich glaube, Verantwortung für mich übernehmen bedeutet vor allem, meine ‹Fehler› wirklich zu sehen und zu lernen, zu ihnen zu stehen. Es bedeutet, mich zu trauen, mal was ‹richtig falsch› zu machen, ohne es durch Selbstanklagen und Vorwürfe gleich wieder zu verwischen.

Ich habe eine Ahnung, daß ich dieses Selbstanklagegebäude aufgebaut habe, um keine Impulse mehr zu verspüren. Ich durfte keine Impulse haben! Ein fröhliches, lebendiges, impulsives Kind muß die totale Bedrohung für meine Eltern gewesen sein. Die allmählich verinnerlichte Anklage ‹jetzt nicht›, ‹später›, ‹noch nicht ganz richtig›, ‹nicht gut genug› hat sich wie ein Schleier über mein Lebensgefühl gelegt. Auch in den Sitzungen habe ich diese Impulshemmung zu spüren bekommen – aber auch die andere Seite, das allmähliche Erwachen von Bedürfnissen, das Leben- und Tanzen-Wollen. Auch in meinem täglichen Leben gebe ich diesen Impulsen jetzt eine Chance. Es ist eine Entwicklung, die für mich eine fundamentale Umwälzung bedeutet. Wenn ich meinen ganzen Prozeß betrachte, kann ich eine Entwicklung hin zur Spiritualität feststellen. Die Erfahrungen haben Einfluß auf mein Weltbild genommen, auf die Vorstellungen, die ich vom Leben (und vom Tod) habe. Die Dimensionen haben sich verschoben. Mein alltäglicher Kleinkrieg mit mir selbst und meiner Umwelt erscheint mir vor diesem Hintergrund zunehmend absurd. Ich weiß und habe erfahren, daß es etwas Wesentlicheres gibt.»

Die Hochzeit mit dem Satan

«Ich fing an zu atmen und wurde sehr traurig. Mir schossen Gedanken durch den Kopf, wie ich sie aus schlimmen Zeiten kenne: Ich höre eine böse Stimme, die alles kommentiert und abwertet, was ich tue und fühle. Gedanken, die als Kontrolle wirken und mich nicht loslassen wollen.

Und dann lauschte ich einfach meinem Atem, wie er aus- und einströmt. Michael [ihr Helfer] hatte mir einen Finger auf die Stirn gelegt, und da ließ ich all meine Gedanken los, wie Luftballons.

Dann hatte ich ein merkwürdiges Gefühl in den Beinen, sie fingen an, sich zu bewegen, und ich spürte ein Kribbeln am rechten Oberschenkel an der Narbe und an der Narbe am rechten Knie. Michael umfaßte meine Beine, da bekam ich furchtbare Angst, als kämen Kräfte auf mich zu, die mich foltern wollten. Und ich schrie vor Angst und Entsetzen. Meine Arme hatten sich mit den Handflächen nach oben rechts und links ausgestreckt. Als die Handflächen berührt wurden, hatte ich das intensive Gefühl, ans Kreuz genagelt zu werden. Die Füße schoben sich übereinander, auch dort war ein Nagel drin. Ich spürte Todesangst vor dem, was kommen sollte. Ich war auf ein Kreuz genagelt und lag da, total wehrlos mit schrecklicher Angst vor der Folter. Die Angst wurde immer stärker und schrecklicher. Jemand zog meine Füße und Beine auseinander, die aber noch festgenagelt waren. Ich riß meine Arme los – die Hände waren noch festgenagelt – und wollte mich wehren. Ich brauchte Hilfe. Da legten sich Hände in meine, und ich zog, ich wollte Hilfe. Doch dann spürte ich diese Krallen, die sich in meine Hände bohrten, und wußte, das war der Teufel und ich seine Braut.

Ich wollte nicht, ich hatte furchtbare Angst und stieß ihn weg. Da kratzte er mich mit diesen entsetzlichen Krallen in den rechten Oberschenkel, immer wieder und wieder und wieder. Und ich schrie, und meine Beine waren wie gelähmt.

Und, wie entsetzlich, ich empfand dabei auch noch Lust. Ich sah, wie er sich über mich beugte, wie eine Spinne, und dann drang er in meinen ganzen Körper ein.

Ich hatte das Gefühl, auch andere Wesen seien da, wie bei einem Ritual.

Dann gab ich auf. Ich gab auf. Den Widerstand. Ich konnte nichts tun.

Mein Körper bebte und schüttelte.

Und dann schämte ich mich. O Gott, habe ich mich geschämt. Ich war so erschüttert. Ich wußte nicht mehr, was war, was ist. Das war eine Hochzeit mit dem Satan. Grauenvoll! Ich fühlte ein Angebundensein, eine Verpflichtung ihm gegenüber, wie Treue. Das wollte ich nicht, aber es war so.

Dann ging ich einen Weg. Immer geradeaus, wie durch eine Wüste, wo die Sonne glühend und flimmernd brennt. Die Kehle war mir eng, und es lag ein Druck auf der Brust und im Nacken.

Dann spürte ich den Feuerball im Bauch, heiß und schrecklich. Geballte, grauenvolle Energie. Des Teufels Brut. Ich war erschöpft, ich fror schrecklich, ich konnte nicht mehr.

Ich war voller Scham, Schuld, Verzweiflung und Entsetzen. Ich wurde immer wieder von Entsetzen geschüttelt.»

Margrit, eine fünfundzwanzigjährige Frau, erlebt diese «Hochzeit mit dem Satan» in ihrer vierten Sitzung. Auch nach der Sitzung ist sie noch mehrere Tage lang erschüttert, bestürzt und verwirrt. Sie spürt, daß sie in der Begegnung mit dem «Satan» auch einer zentralen körperlich-seelischen Blockierung in sich selbst begegnet ist.

In der Sitzung ist Margrits Erleben von starken Körpersensationen und intensiven Gefühlen begleitet, doch bewegt es sich überwiegend auf einer symbolisch-transpersonalen Ebene. So ist es sinnvoll, das Verständnis für diese Erlebnisebene zunächst über die bildliche Darstellung zu erschließen (vgl. Tafelteil, Abb. 12).

In der Bildmitte – auf einem blauen Grund – ist ein liegendes Kreuz dargestellt, an das eine weiße Frau genagelt ist. Sie wendet ihr Gesicht ab von einer schwarzen Gestalt mit einem Pferdefuß, die über ihr kniet. Diese Gestalt bedroht mit Krallenfingern Gesicht und Geschlecht der Frau, an deren Beinen blutrote Wunden zu sehen sind. Die Frau hält ihr Gesicht jedoch auch abgewandt von zwei Gestalten im Hintergrund, deren

Köpfe mit schwarzen Kapuzen verhüllt sind. Die blau gemalte Fläche stellt möglicherweise auch ihre kuttenhaften Gewänder dar. Der Hintergrund ist nach oben hin scharlachrot ausgemalt.

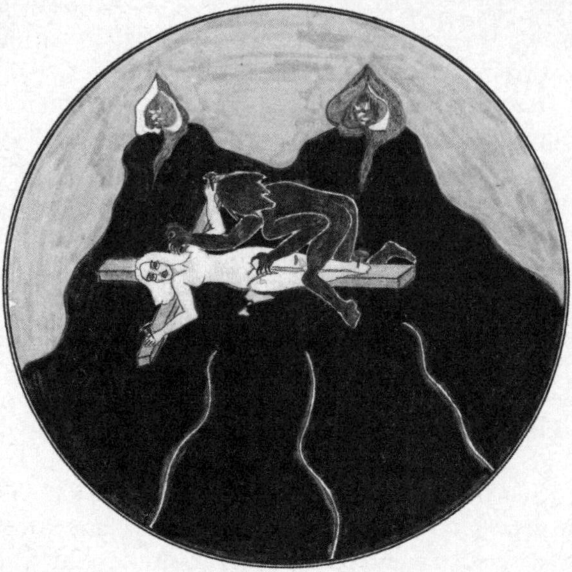

Vier Farben werden verwendet, die klar voneinander abgegrenzt sind. Im Hintergrund leuchten die Schwingungsfrequenzen von Rot und Blau, von zueinander polaren Farben mit einer erregenden und einer beruhigenden Wirkung. Die Gestalten treten in Schwarz und Weiß hervor, den Grenzwerten der Farbskala. Die Farbwahl scheint bedeutsam für die Symbolik des Erlebens zu sein, deshalb gehe ich auf die einzelnen Farben noch genauer ein. Ich stütze mich bei dieser Interpretation vor allem auf Farbdeutungen der Theologin und Tiefenpsychologin Ingrid Riedel (1983).

Blau, das den größten Teil des Bildes einnimmt, trägt als wesentliche Eigenart die Qualität unbegrenzter Ferne und Tiefe, kann jedoch auch Bindung, Verbundenheit, Treue andeuten – oder auch den Rausch, in dem sich Zeit und Raum verändern. Das von Margrit verwendete Kobaltblau deutet eine Zentrierung auf das eigene Innere an, auch im Sinne einer Steuerung der Affekte durch Willen und Vernunft, die eine Erregungsabfuhr bahnen, aber auch verhindern kann.

Dazu kontrastiert das Rot, das in seiner emotionalen Ausdrucksfähigkeit sowohl das Element des Eros als auch den Gegenpol – Aggression, Zerstörung, Gewalt – anrührt. Rot trägt die Symbolik von Blut und Feuer, das Brennende der Leidenschaft. Als Farbe des Blutes gehört es in den Bereich der ältesten Rituale – Blutopfer, die auch zur Erneuerung des Lebens gebracht wurden. Die Symbolik des Rot ist auf die weiblichen Gottheiten der ganzen Erde angewandt worden. Sie gehört jedoch auch zu den Kriegs- und Wettergöttern (Mars, Donar, Wotan), die nach Einführung des Christentums in die Gestalt des Teufels einflossen – auch in ihr abgewertet wurden. Innerhalb der christlichen Kultur wurde das Rot teilweise gefürchtet und tabuisiert, da es als Farbe der Zerstörung, Gewalt und blinden Leidenschaft galt.

Das von Margrit verwendete Scharlachrot trägt vor allem die Qualität von Kampf, Wut, Mut und des Zerstörerisch-Schöpferischen. Leidenschaft, Gewalt und auch Kontrolle, die die Erregung bremst und bahnt, bilden den Hintergrund von Margrits Erfahrung. Die bewertende Kontrolle (die den abwertenden gedanklichen Kommentaren entspricht, die Margrit zu Beginn der Sitzung erlebte) wird auch in den Beobachtern verbildlicht.

Im Zentrum der Erfahrung steht die Begegnung von zwei Gestalten, von Männlich – Weiblich, die gegenpolig weiß und schwarz erscheinen. Die Frau ist weiß dargestellt. Weiß ist die Farbe des reinen Lichts, des noch Unbeschriebenen, Unberührten, Unschuldigen. Weiß ist auch die Farbe der Leere, die noch alles in sich enthält. Die Braut trägt Weiß, und Weiß ist auch die Farbe des Totengewandes und der Sündenvergebung. Weiß kann jedoch auch Assoziationen im Zusammenhang mit Indifferenz, Starrheit und Sauberkeitszwang wecken.

Die Frau ist starr, unbeweglich an dem Kreuz festgenagelt. Sie erleidet, was ihr die schwarze Gestalt zufügt. Durch ihre Unbeweglichkeit – vor allem in der unteren Körperhälfte – kann sie sich nicht wirklich wehren gegen Erfahrungen, die sie als bedrohlich erlebt. Sie erfährt sich als schwach, kann das Geschehen nicht mitbestimmen. So erstarrt sie in ihrem Widerstand. Doch auch der Widerstand, der als Starrheit gelebt wird, kostet Kraft und kann nicht ewig durchgehalten werden gegen das Eindringliche der schwarzen Gestalt. Indem Margrit von dieser dunklen Energie erfüllt wird, gibt sie auf, löst sich der Widerstand. Margrit empfindet Lust. Eine tiefe Blockierung im Bauch-Becken-Bereich wird geöffnet, die Energieentladung bringt den gesamten Körper in Bewegung, er bebt und schüttelt.* Kurz vor dieser Energielösung bewertet Margrit die Erfahrung als Ritual und ist sich der Gegenwart anderer bewußt. Gleich nach der Lösung setzt die Kontrolle erneut ein. Normen (Treue, Verpflichtung), moralische Bewertungen, Scham und Schuldgefühle tauchen auf. Mit schamvoll eingestandener Lust und tiefem Entsetzen fühlt sich Margrit diesem Dunklen auch verpflichtet und ist an diese Energie «angebunden».

Dem Schwarz werden Werte wie Böses, Mangel und Unbewußtheit zugeschrieben. Schwarz ist auch die Farbe dunkler Geheimnisse, des Unheimlichen, des Tabus, der Magie, des Abgründigen. Sünde und der erotische Sadismus werden mit Schwarz in Verbindung gebracht; der Teufel wird auch als «der Schwarze» bezeichnet. Schwarz ist jedoch auch die Farbe der bergenden Dunkelheit, charakterisiert das Dunkel der Gebärmutter, der Erdhöhlen und aller Räume, in denen sich neues Leben entwickelt. Schwarz verbildlicht auch den Schatten – seelische Kräfte, die durch negative Bewertungen bisher zurückgehalten wurden.

Aus der Sicht C. G. Jungs sind oft gerade die wertvollen ge-

* Zu dieser Sitzung liegt eine körpertherapeutische Fremdeinschätzung vor. Die Beurteilung von Margrits Gesichtsporträts vor und nach der Sitzung zeigt, daß ihre Erfahrung zu deutlichen «charakterlichen» Veränderungen im Reichschen Sinne geführt hat. Der Körpertherapeut registriert: Im Vorher-Bild wirkt das Gesamtgesicht maskenhaft, im Nachher-Bild ist das Maskenhafte weniger stark ausgeprägt. Dies sieht man an der Entspannung der Muskeln an den Wangen, unter den Augen, um den Mund herum und am Kinn. Die Muskelspannung an der Stirn ist geringer. Hieraus kann man nach Reich schließen, daß die Kraft des Über-Ich, der Moral, der Kontrolle, nachgelassen hat. Der Mundbereich ist entspannter, die Lippen sind voller, das Kinn ist weicher. Hieraus kann man schließen, daß eine Öffnung und Entspannung des Beckens stattgefunden hat und daß Margrit sich sexuell mehr spüren wird.

gengeschlechtlichen Anteile mit dem Schatten verknüpft und können nur gemeinsam mit ihm befreit und bewußtseinsfähig gemacht werden. Der Schatten enthält andererseits jedoch auch destruktive und gefährliche Seiten der Person, mit denen sie lernen muß umzugehen. Meist projiziert man diese destruktiven Seiten auf andere, lehnt sie in ihnen ab, fürchtet und bekämpft sie in ihnen.

Margrit begegnet hier einer dunklen Energie, die ihr als männlich erscheint. Sie erlebt das Männliche als teuflisch, als eindringend, vergewaltigend. Diese Erfahrung wirkt erschrekkend und erschüttert sie so stark, daß sie zunächst emotional und körperlich erstarrt. Sie hat jedoch diese Erfahrung, bevor sie ihr geschieht, schon bewertet, als «Folter» mit «Todesangst» erwartet. Diese «böse» Zensur, die alles abwertet, was Margrit tut und fühlt, verbindet auch sogleich die tiefe körperlich-seelische Öffnung, die lustvolle Erfüllung und orgiastische Energieentladung mit Scham und Schuld. So werden Margrits Hingabe und Öffnung wieder etwas zurückgenommen, und ihre Verbundenheit mit der dunklen Energie erscheint als Angebundensein. Es wird keine Erfüllung in der Lust benannt, Margrit gibt sich nicht wirklich hin – indem sie ihren Widerstand aufgibt, erlebt sie das Sich-Verlieren zwar als lustvoll, aber zugleich auch als bedrohlich. Sie erfährt sich hier noch nicht wirklich als Erneuerte. Die Frau verläßt den Raum des kontrollierenden Blau nicht völlig. Sie nimmt kurzfristig Kontakt mit dem Rausch und dem roten Bereich der Leidenschaft und Aggression auf. Sie fühlt sich verwundet durch diese Energie, und so bleibt diese Kraft noch dem Dunklen, Teuflischen und Unbewußten zugeordnet. Die lebenswichtige Aggressionskraft – und damit auch die Fähigkeit, Not und Gefahr zu bewältigen – ist abgespalten, kommt in ihrem Bild jedoch als Schatten zum Ausdruck. Damit ist auch die mit der aggressiven Kraft verbundene Liebesfähigkeit angesprochen, sie bleibt hier jedoch noch abgetrennt. Margrit versucht, sich vor der überwältigenden Hitze, die als Feuerball im Bauch aufglüht, wieder zu verschließen – ihre Kehle verengt sich, Brust und Nacken verspannen sich.

Elsworth Baker kommentiert die Blockierung der Kehle folgendermaßen: «Die emotionale Funktion der Panzerung am Hals besteht darin, Wut und Weinen zurückzuhalten. Die Folge ist ein steifer Nacken, eine Halsstarrigkeit ... Wut und Weinen werden buchstäblich heruntergeschluckt ... die Angst, erreicht zu werden, führt zu einem ‹Kloß im Hals› ... im Zusammenhang mit einer Phantasie vom Penis des Vaters im Schlund und davon erstickt zu werden» (Baker 1980).

Vor allem die Blockierung der wütenden Impulse wird in Margrits Verhalten sehr deutlich. Wie entsteht jedoch ein solches Verhaltensmuster, und wie entwickeln sich die von Baker genannten sexuellen Phantasien, die er bei zahlreichen Patientinnen beobachten konnte?

Vor Beginn der Atemtherapie berichtete Margrit von einer sehr einschneidenden Erfahrung in ihrem Leben: Als Fünfjährige «träumte» sie, ihr Vater habe sie unsittlich berührt, sie habe dann oft nicht mehr zwischen Traum und Wirklichkeit unterscheiden können, wodurch sie viele «peinliche» Situationen heraufbeschworen habe. Erstaunt sei sie jedoch darüber, wie ein fünfjähriges Mädchen über Einzelheiten oraler Sexualität Bescheid wissen könne.

Wenn die «Hochzeit mit dem Satan» auch in einer überpersönlichen Form die Begegnung gegenpoliger Energien zum Ausdruck bringt und eine Verwandlungsmöglichkeit alter Strukturen anzudeuten scheint, so spiegelt die Erfahrung doch auch Margrits Verhaltenheit und Blockierung in ihrer Aggressivität, Sexualität und Hingabebereitschaft – eine Begrenzung, die sie in Kontakten und Beziehungen zu Männern immer wieder erlebt. Die damit verbundene Angst und die Tendenz, die Vereinigung durch Bewertungen zurückzunehmen, lassen – neben einer moralisierenden Erziehung – auch auf bedrohliche sexuelle Erfahrungen schließen. Daß in dieser Sitzung nicht nur kindliche Phantasien aktiviert wurden, sondern auch reale traumatische Erfahrungen, bestätigte sich ein Jahr nach Abschluß der Atemtherapie. Margrit begann eine kontinuierliche Einzeltherapie, um die angerührten Erlebnisse umfassender aufzuarbeiten. In einer Therapiesitzung erschloß sich ihr (im Zusammenhang mit einer Eileiter- und Blasenentzündung) über sehr große Angst und dem Zulassen von Schwindel – dem

Auflösen vertrauter Bezugsebenen – ein fast unerträgliches Gefühl. Und damit verbunden stieg die Erinnerung an einen sexuellen Kontakt mit dem Vater im Alter von fünf Jahren auf. In der Wiederbelebung dieser Erfahrung durchlebte sie erneut das Überwältigende der Erotik, den zu frühen Kontakt mit dieser Kraft sowie die konkrete lebensbedrohliche Erfahrung zu ersticken. Sie erinnerte sich auch, daß sie viele Jahre lang nachts mit einer nach hinten in den Schlund verkrampften Zunge aufgewacht war – vielleicht ein Versuch, Zugang zu einer abgespaltenen Erfahrung zu finden. – Ich vermute, daß viele sogenannte kindliche «Phantasien» reale traumatische Erfahrungen spiegeln.

Erst die Reaktionen der Umwelt – der Familie, die die dunklen Geheimnisse der Tabuverletzung verleugnen will – zwangen Margrit dazu, diese Erfahrung zu verdrängen, als traumhaftes Geschehen abzuspalten. Damit ergaben sich für sie jedoch eine tiefe Verunsicherung über die Gültigkeit und Zuverlässigkeit ihrer Wahrnehmung und – auch verbunden mit dem Schock, den das sexuelle Erlebnis bewirkt haben wird – eine emotionale Erstarrung, in der ein Teil ihrer Lebensenergie eingefroren wurde. Margrits mangelndes Vertrauen in die Gültigkeit ihrer eigenen Wahrnehmung zeigte sich während des atemtherapeutischen Prozesses auch in ihrer Erfahrung als Helferin: Obwohl sie das innere Erleben ihres Partners jeweils sehr gut nachvollziehen konnte, körperliche Blockaden exakt beobachtete und sinnvolle Hilfen in Erwägung zog, folgte sie diesen Impulsen zunächst nur, wenn sie von mir bestätigt wurden. Im Laufe der Sitzungen vertraute sie jedoch ihrer Wahrnehmung und ihrem Potential als Helferin immer mehr und wurde eigenständiger.

Ein Mensch, der gelernt hat, seiner Wahrnehmung zu mißtrauen, wird sich notgedrungen auf andere stark beziehen müssen, lernt, ihre Wünsche zu erahnen, und sucht nach äußerer Bestätigung und nach äußeren Regeln und Kontrollen. Dieser Verlust von Selbstvertrauen und das Bemühen um äußere Anpassung können zu einer hohen Sensibilität führen, sind jedoch mit Unsicherheit und Angst verbunden. Margrit lebte lange Jahre in Angst, Isolation und Verzweiflung, sie erlebte sich als unlebendig und verlor sich selbst immer mehr – noch verstärkt durch die Gewöhnung an Schlaf- und Beruhigungsmittel, mit denen sie die Angst zu dämpfen versuchte. Aus der Realität und dem konkreten Erleben von Kontakten entzog sie sich oft und entwich in innere Phantasiewelten. In diesem Identitätsverlust unternahm sie ein halbes Jahr vor Beginn der Atemtherapie einen Selbstmordversuch. Sie hatte den Eindruck, «in einer totalen Sackgasse gelandet zu sein, nicht mehr zu wissen, was ich überhaupt bin, was von mir eigentlich übrig bleibt, was verläßlich ist, [mir fehlte] eben eine Basis. Aus diesem absoluten Wirrwarr und Mangel an Identitätsgefühl habe ich versucht, mir das Leben zu nehmen.»

Margrits Wiederbelebung und Kontakt mit der eigenen Identität begannen in den atemtherapeutischen Sitzungen zunächst mit der Lösung von Wahrnehmungsblockierungen und dem Zulassen und Spüren von Schmerz, Angst, Verlorenheit und Kälte. In ihren ersten drei Sitzungen kann Margrit ihren Körper kaum fühlen, und sie versucht auch, ihren Emotionen zu entkommen. In der ersten Sitzung erlebt sie ihren Körper als graue Hülle, sie sucht nach einem Ausweg aus ihm. Sie spürt sehr große Schmerzen in den Augen und versucht, der Intensität des Erlebens durch gedankliche Bewertungen, rationale Steuerung des Prozesses und Verminderung des Atmens zu entgehen. Vor allem versucht sie, mit Hilfe der Augen zu entkommen. Sie verdreht die Augen nach oben und strebt nach einer Verschmelzung mit dem Kosmos – oder einer intrauterinen Existenzform * – um ihre verwirrenden und schrecklichen Gefühle nicht spüren zu müssen. Sie vermeidet jede Wahrnehmung und kämpft dagegen an, eine innere Wahrheit zur Kenntnis nehmen zu müssen. Mit dieser Erfahrung nimmt sie Kontakt zu der Tablettenabhängigkeit und ihrem Selbstmordversuch auf und beginnt, dies als Flucht vor Sinnlich-Körperlichem und konkretem Erleben zu verstehen. Ihre Erfahrung

* Baker bringt die Augenblockierung in Zusammenhang mit Tendenzen zur Regression auf intrauterine Existenzformen. Er weist auch auf Zusammenhänge hin zwischen Augenblockierung und Kontraktionen an der Hirnbasis, das heißt einer Blockierung vegetativer Zentren.

verbildlicht sie in einer überwiegend farblosen, fast abstrakten Darstellung, in der die rot-gelbe Lebensenergie nach oben durch ein Auge austritt und eine Hülle um den Körper bildet. Die Energie ist nicht innen zentriert, sie verströmt sich außen und läßt den Körper grau und unlebendig zurück. Als Erinne-

rung an ein Lebensprinzip verstehe ich die stehende Lemniskate, die auf die Körperhülle grau-blau aufgetragen ist. Sie ist ein Symbol für die Vereinigung von zwei Polaritäten. Für Margrit verdeutlicht dies Zeichen das Ein und Aus ihres Atems. Leben und Lebendigkeit bedeutet also für Margrit, Energie nicht nur nach außen zu geben, sondern auch immer wieder in sich einströmen zu lassen. Mit dem Symbol der Lemniskate erinnert sie sich (obwohl sie es malt, ohne um diese Hintergründe des Symbols zu wissen) an die Ganzheit, die hinter dem Rhythmus des Ein- und Ausatmens steht. In ihrem Prozeß hat sie immer wieder versucht, diesen Rhythmus zu unterbrechen. Margrit vermeidet es, den Atem, die Lebensenergie wirklich tief in sich einströmen zu lassen und so auch ihren Körper und ihre Gefühle zu spüren. In dieser Sitzung zeigt sich sehr deutlich, daß diese Vermeidung mit einer starken Blockierung im Bereich der Augen – der Seh- und Erkenntnisfähigkeit – und wohl auch der Hirnbasis verbunden ist. Alexander Lowen, der Begründer der Bioenergetik, bringt die chronische Verspannung in diesem Bereich in Zusammenhang mit Zweifel und Schuldgefühlen und nennt sie den «Sitz des Teufels» (Lowen 1978). Wie wir aus Margrits vierter Sitzung wissen, sind dies genau die Erfahrungen, von denen sie bei der Lösung dieser Blockierung überwältigt wird und mit denen sie sich konfrontieren muß.

Ihre zweite Sitzung führt Margrit zu einer geburtsähnlichen Erfahrung. Wieder versucht sie zunächst, den Prozeß und ihr Erleben willentlich zu steuern. Dann nimmt sie jedoch Kontakt zu ihren Helfern auf, und daraus erwächst ein Vertrauen, das sie ermutigt, der von innen kommenden Erfahrung zu folgen: Von einem Raum wohliger Dunkelheit gleitet sie nach draußen, in einen Raum, den sie als eisig kalt wahrnimmt. Mit dem Übergang lösen sich körperliche Spannungen in Schreien und Zittern. Ihre Beine jedoch kann sie nicht mitnehmen, sie fühlen sich starr und unlebendig an, und sie erlebt sich von ihnen getrennt. Die Erfahrung der eisigen Kälte stellt sie in ihrem Bild in Schwarz und Blau dar.

Margrit war immer davon ausgegangen, daß ihre Geburt einfach und unproblematisch gewesen sei. Als sie jetzt ihre Mutter genauer befragt, erfährt sie, daß die Geburt schwer gewesen ist. 24 Stunden vor der Geburt war das Fruchtwasser abgeflossen. Da die Wehen schwach waren, bekam die Mutter Medikamente. Die Mutter hat bei dem Geburtsvorgang sehr gefroren. Margrits Beine waren noch einige Wochen nach der Geburt unbeweglich und wie gelähmt. Die Hemmung vitaler Impulse, die Abspaltung von ihrer Basis, die (mit der Narkose der Mutter auch vom Fetus erlebte) Betäubung und die schmerzhafte teuflische Überwältigung lassen sich so auch im Kontext des Geburtsvorgangs verstehen.

In ihrer dritten Sitzung erlebt Margrit erneut, wie ihre Augen in den Schädel zurückklappen; sie gelangt wieder in den «Kosmos» und begegnet dort zwei verschiedenen Kräften, die ihr als Dunkelheit und Licht erscheinen. Zunächst erlebt sie ein «tiefschwarzes All, es schlug mir entgegen, böse». Diese Schwärze verdeutlicht wohl auch die Gefährdung während des Geburtsvorgangs. Als sie jedoch mit «flammendem Kopf» in den bedrohlichen Raum «hineinströmt», «zerfällt» die Bedrohung; Margrit erlebt Angstfreiheit und eine immer weitergehende – auch körperlich spürbare – Öffnung. Durch die Pupille eines leuchtenden Auges hindurch fliegt sie zu einem strahlenden Nebel, einem zentralen Licht entgegen. Im Kontakt mit dieser lichtvollen strahlenden Öffnung lösen sich körperliche Verspannungen und Atemblockierungen.

In dem Bild zu dieser Sitzung (vgl. Tafelteil, Abb. 13) erscheint Margrit in menschlicher Gestalt. Mit ausgebreiteten Armen schwebt sie vor einem dunkelgrauen Hintergrund. Warme rot-gelbe Energie strahlt in Kopf und Händen. Die obere Körperhälfte ist zartlila ausgemalt und wirkt belebt; Beine und Füße wirken noch kühl (blau). Brust und Genitalbereich sind von dem strahlenden Nebel verschleiert, und die Pupille des Auges umgibt die Fesseln. Die Füße haben das Zentrum des Auges – und der damit verbundenen Wahrnehmungs- und Erkenntnisfähigkeit – noch nicht durchdrungen. Den Füßen, den am dichtesten mit der Erde verbundenen Gliedern, wird aus psychoanalytischer Sicht auch eine phallische Bedeutung zugeschrieben. So mag Margrits Darstellung auch andeuten, daß sie sich einer Erkenntnis im Bereich der Sexualität genähert hat. Die Iris des Auges hat Risse – das Eindringen des Körpers in den dunklen Bereich ist mit dem Durchstoßen einer Hülle und mit Verletzung verbunden, führt jedoch zu einer körperlich-seelischen Öffnung, zu – noch verschleierten – sexuellen Empfindungen und zur Befreiung.

Indem Margrit dem dunklen, schmerzhaften und bösen Raum nicht ausweicht, löst sich die Augenblockierung. Der Sehbereich entspannt und erhellt sich, und sie nähert sich einem Licht, das Spannungen und Angst löst und ihr Vertrauen schenkt. So kann Margrit es wagen, in der vierten Sitzung den Kontakt mit einem dunklen Geheimnis aufzunehmen und den Schatten, den Bereich des «Satans», genauer zu erkunden. Gegen Ende der vierten Sitzung hatte Margrit eine Feuerkugel im Bauch gespürt. Damit deutete sich auch eine Lösung der Beckenblockierung an, die lustvoll erlebt wurde, jedoch auch mit tiefer Scham und Verzweiflung verbunden war. In ihrer fünften Sitzung erkundet Margrit diesen Erfahrungsraum weiter. Sie spürt zunächst wieder die Narben an den Beinen*, diesmal als «Taubheit bis in den Beckenboden». Die Kugel im Bauch, «des Satans Brut», spürt sie nicht mehr als feurige Energie, sondern als «Stein, der den Fluß in mir hemmt». Diese Stelle schmerzt auf einmal so heftig wie die Magengeschwüre, an denen Margrit jahrelang litt, und die auf medikamentöse Behandlung nicht ansprachen. Die Geschwüre verschwanden jedoch nach ihrem Selbstmordversuch im Zusammenhang mit einer neuen Beziehung, in der sie erstmals ihren Partner auch als fürsorglich

* Daß die Erkundung der Bauch-Becken-Blockierung sich hier wiederum über die Narben an den Beinen erschließt, scheint mir nicht zufällig: Die Verletzungen entstanden im Zusammenhang mit bedrohlichen Kontakten, in denen sie sich hilflos fühlte. Nach einer Verletzung war sie mehrere Monate lang gehbehindert. Sie erinnern auch an den schwierigen Geburtsvorgang, der zu einer teilweisen Lähmung der Beine führte.

erlebte. In dieser Sitzung stockt ihr Atem an dieser steinernen Barriere, und sie fühlt: «Dort sitzt der Tod.» Diese Blockierung ist «wie eine feste Kugel, die nichts durchläßt». Die Erfahrung, in einer lebensbedrohlichen Enge und Begrenzung gefangen zu sein, erweckt in Margrit das Gefühl, Abschied nehmen zu müssen. Diese Empfindung verbindet sich mit großer Trauer und Einsamkeit und erinnert Margrit an das Lebensgefühl, das die langjährigen Magengeschwüre begleitet hat. Immer wieder spürt sie die schmerzhafte Enge: «Etwas zieht sich zusammen, worauf ich keinen Einfluß habe, die Verbindung ist unterbrochen.» Sie legt ihre Hände schützend auf ihren Bauch, faltet sich zusammen und entflieht in eine tiefe Regression, wobei sie sich im Weltraum schweben fühlt.

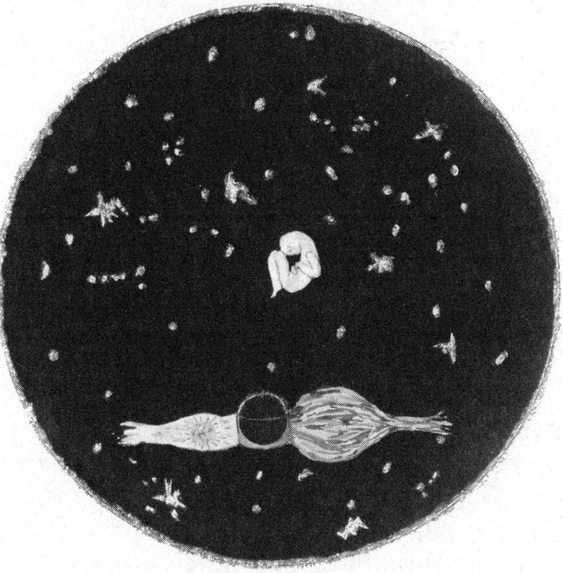

Das Bild dieser Sitzung ist fast vollständig mit Schwarz ausgemalt. In der Bildmitte ist ein gelb gemalter Embryo zu sehen, umgeben von silbernen Sternen. Im unteren Bildbereich wird ein Schlauch dargestellt, dessen Enden geöffnet sind und der in der Mitte eine schwarze Kugel enthält. Der linke Bereich dieser Form ist schmal und wie der Embryo gelb gemalt, der rechte dagegen wirkt voller und ist kraftvoll orange und rot getönt. Die schwarze Kugel, die die Verbindung zwischen diesen beiden Bereichen unterbricht, ist sorgfältig mit Silber umrandet, wie auch der gesamte Mandalakreis, der so als Vergrößerung dieser Kugel wirkt.

Mit dem Beginn des Geburtsvorgangs muß das Kind Abschied nehmen von der geborgenen Dunkelheit des mütterlichen Grundes. Die Bewegung im Geburtskanal scheint hier jedoch gefährlich behindert zu sein, und der Ausweg in den belebten Bereich ist noch verschlossen. Margrit fühlt sich dem Erlebnis hilflos ausgeliefert, sie kämpft nicht um Befreiung, und es wird eine Gefährdung an der Grenze des Todes spürbar. Das Erlebnis erschließt auch einen Zugang zu ihren Magengeschwüren: Sie hat sie als gestaute und selbstzerstörerische Wut erlebt, die sich nicht ausdrücken konnte.

Nach dem Kontakt mit einer dunklen, lebensbedrohlichen Enge öffnet sich Margrit in der sechsten Sitzung einer hellen «gottähnlichen» lebensspendenden Kraft, die reinigend und heilend in ihr wirkt. Sie erlebt: «Da begannen sich diese Krämpfe in den Händen zu lösen, und Hände und Arme fingen an, Schwingbewegungen zu machen. Es war wie ein Austausch über die Hände. Ich hatte Kontakt mit einer großen Energie, einer Kraft, einem Wissen. Ein Austausch ohne Worte in Form von Energie, die durch meine Arme in den Körper floß. Ich spürte sie in Wogen in mich einströmen, und ein Kribbeln ging durch meinen Körper, durchströmte mich. Alte Energie floß durch die Beine ab. Ich war erfüllt von Energie, Ehrfurcht und Würde, voller Liebe für alles, was ist. Diese Energie führte mich. Am deutlichsten spürte ich sie in den Händen. Meine Hände gingen zum Hinterkopf, als dort ein Schmerz aufflammte*, sie strichen über mein Gesicht und suchten sich ihren Weg zur Kehle hinunter, ich hatte dabei das Gefühl, meine Geburt mitzuerleben, wie ich langsam mit dem Körper hinausschlüpfen wollte. Dann schnürte mir etwas den Hals zu, als

* Mit diesem Schmerz ist vermutlich die mit der Augenblockierung verbundene Kontraktion in der Hirnbasis angesprochen.

sollte ich stranguliert werden. Ich spürte deutlich – auch unter meinen Fingern –, wie sich kreisförmig ein Ring um meinen Hals zuschnürte, ich hatte das Gefühl zu ersticken. Es verging eine Ewigkeit für mich. Als Frauke dann so ruhig sagte: ‹Atme doch weiter›, löste sich der Ring und der Atem floß wieder in mich hinein. Ich spürte, meine Mutter hat mich nicht gewollt, wollte mich nicht gebären. Ich fühlte, daß dies Zuklemmen auch mit der Abgeklemmtheit im Unterleib in Verbindung steht. Nach einer Weile legte sich meine linke Hand auf den linken Eierstock. Die ganze Zeit durchfloß mich Energie, so daß mein Körper oft zuckte und schüttelte. Da spürte ich eine deutliche Änderung im Energiemuster meines Körpers. Es begann eine Schneise zu legen, die fester war, deutlich spürbar. Meine rechte Hand folgte dieser Schneise, die sich Stück für Stück verlängerte und vom linken Eierstock nach rechts oben zur Drüse rechts neben der Kehle führte. Ich wurde traurig und mußte ganz laut schreien. Meine Beine zuckten und öffneten sich. Ich konnte mich fallenlassen. Dann spürte ich das Kribbeln an den Händen deutlicher, und dann kribbelten auch meine Fersen. Meine Hände faßten sie an. Wieder veränderte sich das Energiemuster in meinem Körper. Ich ließ die Hände machen, und sie strichen meine Beine entlang. Ich zog die Knie an mich und hielt sie fest. Da gehörten sie mir. Als ich mich auf die Seite rollte, war ich erschöpft, aber es ging mir wunderbar. Ich war jetzt, bin jetzt ganz.»

Margrit erlebt, wie ihr mit der Kehle zugleich der Atem und der untere Körperbereich abgeschnitten werden, und sie wird sich der Bedeutung der Verbindung zwischen Kehle und Genitalbereich bewußt, die sich als verfestigtes Energiemuster diagonal durch den Körper zieht. Mit dieser Erfahrung kann sie sich umfassend öffnen, Schmerz und lange angestaute Spannung loslassen und so auch die untere Körperhälfte, Beine und Füße – und damit auch das sexuelle Erleben, das Verbundensein mit dem Boden und die Beweglichkeit – in Besitz nehmen. Margrit erlebt die Kraft, die sie in diesem Erleben leitet, reinigt und belebt, als «große Energie», die in Wellen in sie einströmt. Diese geburtsähnliche Erfahrung läßt sie diesmal den Übergang in eine äußere Welt bewußt und vollständig vollziehen und in Liebe, Ehrfurcht und Würde erleben.

In der bildlichen Darstellung dieser Erfahrung (vgl. Tafelteil, Abb. 14) eröffnet sich in der Mitte ein Blick auf die ungebrochene Fülle des weißen Lichts. Es strahlt zum Bildrand in Gelb und Orange aus und durchströmt das Energiefeld des Körpers – hier auch verbunden mit blauen und grünen Tönen – belebend und heilend. Das Bild enthält sehr viel frohe Bewegung, die im Kontakt mit der Öffnung steht, die in der Bildmitte sichtbar wird.

Im Kontakt mit der lichten Öffnung und Neugeburt kann Margrit Zusammenhänge zwischen Blockierungen erkennen und auch lösen. Sie kann sich vertrauensvoll fallen lassen und so eine umfassende Belebung erfahren. Nach dieser Lösung und Kräftigung ist Margrit in der nächsten Sitzung bereit, die innere «Wüste», in die sie geraten ist – den Weg, der sich ihr am Ende der vierten Sitzung erschloß –, und die Verpflichtung, die sie an den «Satan» bindet, genauer zu erkunden.

Sie sieht sich plötzlich wieder in einer ihr «schmerzlich vertrauten» Wüstenlandschaft. Sie erlebt sich als Mann, der mit tyrannischen Gesten über Menschen und Natur herrscht. Die Herrschaft dieser männlichen Gestalt wird, auch körperlich, als großer Schmerz gespürt, ist «kaum auszuhalten» und mit tiefer Verzweiflung verbunden. Margrit spürt, daß diese männliche Form zwar große Macht besitzt, jedoch nicht das «Eigentliche», «Richtige» ist; es «verblendet», erkennt sie. Diese tyrannische männliche Macht repräsentiert für sie auch ein «altes Versprechen, keine sexuellen Kontakte zu haben», ein Versprechen, das als Schutzhaltung zunächst hilfreich wirkte, Margrits Entwicklung jedoch hemmt. Es ist ein «veraltetes Versprechen», das ihr Selbst einengt und unter Kontrolle hält. Ihr Bild zu dieser Sitzung zeigt die Perspektive des Tyrannen: Er überblickt eine weite, heiße, gelbe Wüstensteppe, die sich bis zum Horizont erstreckt. Darüber spannt sich ein bewegter Himmel. Der Tyrann überblickt eine Naturlandschaft, die jedoch ausgedörrt wirkt. In ihr leben keine Menschen, die er beherrschen könnte. Das Bild ist in ein schwarzes Passepartout gefaßt: Der Blick auf diese Wüste kommt aus einem dunklen – bösen oder auch schmerzbesetzten – Bewußtseinsraum.

In ihrer achten – und letzten – Sitzung spürt Margrit erneut die Verbindung mit dieser dunklen tyrannischen Macht. Sie fühlt sich von ihr als Medium durchströmt und richtet die Macht auch auf andere. Wie in der vorangegangenen Sitzung nimmt Margrit hier Kontakt auf mit ihrer Aggressivität, schreibt sie jedoch einer Instanz zu, die sich außerhalb von ihr befindet. Sie selbst fühlt sich für diese dunklen Kräfte nicht verantwortlich, erlebt sie ohne Angst, bringt aber Laute anderer Gruppenmitglieder, in denen Verzweiflung zum Ausdruck kommt, in Verbindung mit dieser Kraft, «die Leiden schafft». Margrit ist fasziniert von dieser Macht, die es ihr ermöglicht, Leid und Qual an andere zurückzugeben, Schmerz nicht nur zu erleiden, sondern auch aktiv – wenn auch indirekt und ohne sich dafür verantwortlich fühlen zu müssen – zuzufügen.

Allmählich spürt sie jedoch, daß diese Energie nicht gut ist und auf die Dauer nicht erfüllend wirkt. Mit dieser Erkenntnis geschieht eine Verwandlung. Margrit beginnt sich von dieser dunklen Macht zu lösen, sie wird ein Kelch und öffnet sich in einer empfangenden Haltung einer lebensspendenden lichten Energie, die die verdorrte seelische Landschaft liebevoll befruchten kann: «Dann wurde ich ein Kelch, in mich strömte Licht, ich empfing es wie goldenen Regen. Ich nahm diese Freude, dieses Glück in mich auf, es war alles erfüllt von Liebe ... dann wurde ich eine Tempeltänzerin, bewegte die Arme und Hände und Beine.» Diese von innen kommenden Bewegungen haben den Charakter von Mudras – Erkenntnis, die als Bewegung erfahren und ausgedrückt wird – und vermitteln eine mahnende Botschaft, die Margrit auch in Worte übertragen kann: «Es ist ein Wahres, was recht und falsch ist nach Gesetzes Art. In guter Sach ist es ein Rat. In Dummheit, Blindheit bringt es Unheil dir. Drum sieh, was du verändern mußt. Es ist ein Tod und die Geburt, was Licht dir bringt und Leben gibt.»

Das Bild ihrer Erfahrung zeigt vor einem goldenen Hintergrund vier weiße Kreise, in denen verschiedene Symbole auftreten. Insgesamt wirkt das Bild abstrakt und eher farblos. Die Vielzahl der Symbole bringt ein gedankliches Ringen um Verständnis zum Ausdruck und läßt die emotionalen Erfahrungen der Sitzung – Aggression, Macht, Freude und Liebe – kaum spüren. Trotz des goldenen Grundes, der auf eine wesentliche Erkenntnis oder Erfahrung hinweist, scheint gerade das Bedeutsame der Erfahrung durch die Bemühtheit der Darstellung und die Schwarz-Weiß-Malerei verdeckt und rational kontrolliert. Die Bildaussage wird jedoch deutlicher, wenn wir uns auf die beiden Hakenkreuze konzentrieren, die sich in der Bildmitte berühren. Verdoppelungen eines Bildes oder Symbols treten häufig dann auf, wenn unbewußte Inhalte eben im Begriff stehen, bewußt, das heißt auch unterscheidbar zu werden.

Das Hakenkreuz (sanskritisch: Swastika) ist ein sehr altes Symbol. Es wird auch als Sonnenrad bezeichnet und trägt die Vorstellung von Bewegung und Wandlung in sich. Wilhelm Reich (1933) erklärte die Anziehungskraft dieses Symbols auf die Massen mit der Wirkung, die es auf das unbewußte Gefühls- und Triebleben ausübt. Er sah in dem Hakenkreuz die schematisierte Darstellung zweier ineinander verschlungener Gestalten und nahm an, daß dieses Symbol in sehr tiefen seelischen Schichten einen Reiz ausübt, «der um so stärker ausfallen muß, je unbefriedigter, sexuell sehnsüchtiger der Betreffende ist. Wird das Symbol noch dazu als Sinnbild für Ehrenhaftigkeit und Treue präsentiert, so trägt es auch den abwehrenden Strebungen des moralischen Ichs Rechnung und kann um so leichter akzeptiert werden.» Wenn ich Reichs Hinweis einbeziehe, dann mag mit den Hakenkreuzen auch eine Wandlung von Margrits Einstellungen zu Beziehungen und Sexualität verbunden sein. Die beiden Hakenkreuze sind jedoch farblich und auch in ihrer Bewegungsrichtung zueinander kontrastiert. Das schwarze Hakenkreuz im oberen Bildbereich – das dem Symbol des deutschen Faschismus entspricht – hat eine

Links-, das goldene im unteren Bildbereich eine Rechtsdrehung. Die Linksdrehung deutet in der Symbolik gewöhnlich eine Bewegung zum Unbewußten hin an, die Rechtsdrehung dagegen ein Streben zum Bewußtsein. (In Tibet galt die linksläufige Swastika als Zeichen der Bön-Religion, das heißt der schwarzen Magie.) So gesehen steht das schwarze Hakenkreuz auch für die faszinierende Macht des Tyrannen und für eine regressive Ausrichtung zum kollektiven Unbewußten hin. Auffällig an der Darstellung ist die Zuordnung der Farbwerte zum oberen und unteren Bildbereich: Im oberen Bereich, der im allgemeinen die bewußten Kräfte zum Ausdruck bringt, erscheint die dunkle, rückwärtsgewandte und unbewußte Ausrichtung. Sie steht über dem goldenen Sonnenrad, dem Symbol des Bewußtseinsprinzips, das hier im unteren – eher das Unbewußte repräsentierenden – Bildbereich auftritt. Margrit ringt um die Erkenntnis des «Wahren» und des «Falschen» und bringt hier zum Ausdruck, daß sie sich in ihrer bewußten Identität und auch Aktivität und Beziehungsfähigkeit noch von dunklen unbewußten Kräften, von abgespaltenen Aggressionen, überdeckt fühlt – etwas, was ihr in «Dummheit und Blindheit» Unheil bringen kann.

Dieses Bild läßt sich auch zu dem aus der vierten Sitzung in Beziehung setzen, der «Satanshochzeit». In beiden Darstellungen erscheint im Zentrum die Begegnung von zwei verschiedenen Kräften. Im vierten Bild gestaltet Margrit die Überwältigung des passiv Weiblichen und Festgehaltenen durch eine dunkle, als männlich-satanisch empfundenen Kraft, während sie im achten die Berührung von zwei Bewegungsrichtungen verbildlicht, die in Schwarz und Gold aufscheinen. Das bedrängend Teuflische tritt hier als kollektive faschistische Kraft auf und als Sehnsucht nach Regression und Unbewußtheit. Das passive Erdulden ist durch ein goldenes Sonnenrad ersetzt und korrespondiert farblich mit dem Bildgrund. So gesehen zeigt sich hier auch eine Zunahme von weiblicher Identität und Kraft – wobei dem «oberen» Bereich, dem des Bewußtseins, immer noch sehr bedrohliche Werte zugeschrieben werden. Dieser Bereich enthält immer noch Tendenzen zu magischer Bemächtigung. Margrit wird von diesen Kräften jedoch nicht mehr überwältigt. Eine ausgleichende Gegenbewegung ist entstanden, wenn sie auch noch nicht bewußt ausgedrückt und dargestellt werden kann.

Die zentrale Erfahrung, mit der Margrit in ihrem Prozeß Kontakt aufnimmt, ist das Erlebnis der Überwältigung durch eine als männlich erfahrene Kraft. In der Hochzeit mit dem Satan tritt diese Kraft dem Ich-Bewußtsein als transpersonal überwältigendes Wesen mit dämonischem Charakter gegenüber. Margrit wird von etwas erfaßt, das sie bedrängt und gewaltsam in sie eindringt, und erlebt dabei tödliche Angst. Sie erfährt einen Einbruch unbewußter Kräfte, die die Bewußtseinskontrolle zu überwältigen drohen. Margrit kann sich der Überwältigung nicht ausliefern, und so löst sich die Angst auch zunächst noch nicht und das Dionysisch-Rauschhafte der Erfahrung wird nicht voll erlebt. Auf der persönlichen Ebene ist diese Grenzerfahrung mit einem traumatischen ödipalen Erlebnis verbunden. Der Tiefenpsychologe Erich Neumann (1983) geht davon aus, daß diese Grenzerfahrung eine notwendige und für die weibliche Bewußtseinsentwicklung bedeutsame Phase darstellt. Dabei steht oft eine ödipale Erfahrung im Vordergrund der archetypischen Konstellation, doch überschreitet das archetypische Bild, mit dem Verbindung aufgenommen wird, die Züge des persönlichen Vaters. Neumann weist auch darauf hin, daß eine Verhaftung an diese Erfahrung nicht auf die kindliche Psyche beschränkt ist, sondern ein Problem der erwachsenen Frau bleibt, die dieses Stadium ihrer Bewußtseinsentwicklung nicht überwindet. Typische Formen einer Fixierung an dieses Entwicklungsstadium sind nach Neumann: Das Weibliche, das dem «Geist-Vater» töchterlich verbunden bleibt als Jungfrau, Nonne (Margrits Versprechen, keine sexuellen Kontakte zu haben), entwickelt keine erdhaften, mütterlichen, weiblich-schöpferischen Züge – und bleibt so «ohne Schatten», abgespalten von seiner inneren Ganzheit, körperlich-seelisch-geistig unfruchtbar. In der Gebundenheit an eine überpersönliche männliche Kraft (die als gegengeschlechtliche seelische Kraft – Animus – in jeder Frau wirkt) kann eine «Animus-Besessenheit» an die Stelle einer echten Fähigkeit treten, Beziehungen einzugehen. In Margrits Prozeß ist dies durch die Figuren des Satans und des Tyrannen verdeutlicht, die dunkle Impulse, Macht und sadistische Aggression tragen, Kräfte, die Margrit in sich abgespalten hat und die ihr vertrautes Selbstbild bedrohen.

In ihrem Prozeß nähert sich Margrit jedoch der Erkenntnis,

daß ihr Versuch, sich in einer vertrauten, moralisch reinen Form zu bewahren, zu einer gefährlichen Entfremdung von vitalen Lebensimpulsen geführt hat. Indem sie ihre Angst vor der Triebhaftigkeit, ihre Aggression und sadistische Impulse abgespalten und die Verantwortung dafür einer als männlich empfundenen Macht übergeben hat – von der sie sich beherrscht, überwältigt und zugleich fasziniert fühlt –, ist sie in die Gefahr des Selbstverlustes, der Selbstzerstörung geraten. Diese falsche Ausrichtung, mit der sie aggressive und sexuelle Triebkräfte in sich gefangen setzt, staut und entwertet, blockiert zugleich ihre Lebensenergie, verhindert Freude, Bewegung und liebende Bezogenheit. Indem sie nun Kontakt zu diesen angstvoll abgewehrten Impulsen aufnimmt, diesem bedrohlich dunklen Bereich begegnet, gerät sie auch in den Bereich starker regressiver Tendenzen.

Regression, das heißt ein Zurückkehren zum Zustand einer vorherigen Entwicklungsstufe, hat oft eine negative Bedeutung. Es kann Rückschritt, Stehenbleiben, Unterbrechung von Fortschritt oder auch Flucht vor Verantwortung ausdrücken. In Entwicklungs- und Gesundungsprozessen kann Regression jedoch auch ein Zurückgreifen auf Potentiale sein, die nicht mitgewachsen sind und nun zur Entwicklung und Entfaltung des Ganzen nachgeholt werden müssen. Bei Margrit werden sehr frühe traumatische Erfahrungen und gestaute Triebkräfte wach, die bei ihrem Versuch, sich einseitig an die Forderungen der Umwelt anzupassen, nicht befreit werden konnten und die sie nun zur Verwirklichung ihrer Ganzheit benötigt. Diese Erfahrungen zeigen sich überwiegend als körperliches Geschehen und sind mit bildhaften Wahrnehmungen verbunden, die sich durch ihre Fülle der bewußten Erkenntnis nur schwer erschließen.

Viele der bildhaften Erfahrungen sind sehr verschlüsselt, erinnern jedoch auch an die Phasen des Geburtsvorgangs, in denen Margrit über bedrohliche und gefährdende Krisen schließlich zum Licht gelangt. In der mit den Kontraktionen beginnenden Erschütterung, durch die die Geborgenheit des tragenden Grundes verlorengeht, wird das Kind von einer Macht bedrängt, die die vertraute Verbundenheit zum mütterlichen Schoß stört. Diese ganz andere Macht, die begrenzend und beengend, aber auch stimulierend wirkt, erscheint in Margrits Erleben immer als männlich. Und es scheint, als ob sie alle Impulse, die mit aggressiver und vitaler Kraft verbunden sind, einem Nicht-Ich zuordnet, das sich ihrer weiblichen Identität als männlicher Gegenpol gegenüberstellt. In dieser Einseitigkeit, die sich nur hilflos geben kann und aggressive Impulse abspaltet, zeigt sich eine lebensbedrohende Hemmung.

Indem Margrit diesem Schattenbereich begegnet, das in sich Abgespaltene kennenzulernen beginnt, die Versteinerung in sich spürt und versteht, tritt sie in Kontakt mit dem «Wahren», dem «Licht», der «göttlichen Kraft». Im Verlauf dieser Selbsterkundung öffnen sich Blockierungen, alte Prägungen, «veraltete Verpflichtungen».

Die «Hochzeit mit dem Satan» verbildlicht eine tiefgreifende Blockierung in Margrits Bewußtseinsentwicklung – sie enthält jedoch auch eine Botschaft, die das wirksamste Gesetz seelischer Verwandlung und menschlicher Reifung benennt: Wenn man in Kontakt treten kann mit dem, was man als «Böses», als «Schatten» erfährt, wenn man dies, was zunächst als Äußeres erlebt wird, in sich hineinnehmen kann und sich seiner Bedeutung bewußt wird, geschieht Verwandlung. In der «Hochzeit» deutet sich an, daß Margrit bereit ist, sich dem verachteten und gefürchteten «Bösen» – den Tiefenkräften ihres eigenen Inneren – zu stellen, so daß diese Kräfte aus ihrer gestauten Destruktivität erlöst werden können. Doch bevor sie dieses neugewonnene Potential integrieren kann, muß sie es konkreter und differenzierter erfahren und bewußt machen.

In Margrits Prozeß taucht eine Vielzahl von Bildern und Symbolen auf; ich habe nicht alle aufgegriffen und auch nicht alle Verbindungen zwischen den verschiedenen Erlebnisebenen darstellen können. Ich möchte hier jedoch noch einmal auf die Bedeutung des Auges eingehen – ein Symbol, das in Margrits erster Prozeßphase häufig auftritt – und auf die Beziehung zwischen dem Sehen, der Standfestigkeit und Gefühlen von Scham, Schuld und Furcht. Scham ist eine Empfindung, die mit dem Sehen und dem Gesehen-Werden verbunden ist. Scham empfindet das Kind, wenn es das Gefühl bekommt, etwas Unrechtes zu tun, und sich der Beobachtung, den kritischen Augen anderer, unvorbereitet ausgesetzt fühlt. Das Kind bringt seinen Impuls, sich vor der kritischen Betrachtung zu verbergen, zum Ausdruck, indem es sein Gesicht versteckt. So versucht auch Margrit, ihr Gesicht von den Beobachtern abzuwenden, die ihrer Begegnung mit dem Satan zusehen. In seiner einfühlsamen Darstellung der menschlichen Entwicklungsphasen weist der Psychoanalytiker Erik Erikson auf den Zusammenhang zwischen der Entwicklung von Schamgefühlen und dem Stehen-Lernen hin: «Im Beschämen des Kindes wird sein immer stärker werdendes Gefühl mißbraucht, klein zu sein, das sich entwickelt, wenn das Kind zu stehen beginnt und sein Bewußtsein ihm erlaubt, die relativen Maße der Größe und der Macht zu erkennen» (Erikson 1982).

Scham, Zweifel und Schuldgefühle entwickelt das Kind angesichts von Forderungen, sich selbst, seinen Körper oder seine Wünsche als böse und schmutzig anzusehen. Die bewertenden Instanzen, die zunächst in den äußeren Bezugspersonen verkörpert sind, werden allmählich als innere moralische Kontrolle integriert. Indem Margrit die Behinderung ihrer Initiative und Selbst-Ständigkeit erforscht, begegnet sie ihren vitalen Impulsen (die abgespalten sind und als dunkel und satanisch auftreten) und zugleich der in ihr wirkenden Kontrolle, die mit machtvollen beschämenden und beschuldigenden Gefühlen und Kommentaren wirkt und Bewußtwerdung verhindert. Wie alle Begegnungen mit frühen traumatischen Erfahrungen und seelischen Tiefenkräften muß auch Margrit ihre Erfahrung von der transpersonal-symbolischen Erlebnisebene in ihren Alltag übertragen, so daß dieses Wissen genauer verstanden und in ihrem Verhalten wirksam werden kann. Die Auswirkungen des abgespaltenen Dunklen und der machtvollen Kontrollinstanz auf ihre Lebensgeschichte müssen aufgeklärt, diese seelischen Kräfte angenommen und verwandelt werden.

Nach Wilhelm Reich gehören die Augen und damit die Sehfähigkeit zu den ersten Bereichen, die blockiert werden können. Bei chronischer Kontraktion wird die Entwicklung des beidäugigen Sehens – der Tiefenwahrnehmung – behindert. Im Zusammenhang damit wird auch das Gewahrsein der Umwelt und des eigenen Körpers beeinträchtigt, das heißt eine Wahrnehmung erschwert, die exakt ortet und es ermöglicht, eine entsprechende gefühlsmäßige Haltung und einen klaren Standpunkt in einem Beziehungsgefüge einzunehmen. Blockierungen im Augensegment lassen ein Ungleichgewicht zwischen Wahrnehmungen und Empfindungen entstehen, das zu Mißdeutungen, «Wahn»-Vorstellungen und Unsicherheiten in der Einschätzung von Ereignissen und Beziehungen führt. Elsworth Baker weist darauf hin, daß das «Weggehen» in den Augen, das heißt das Vermeiden von Wahrnehmung, mit der Tendenz zur Regression auf eine fetale Umwelt unter Ausschaltung der Außenwelt in den ersten zehn Lebenstagen vorgeprägt wird (zum Beispiel durch Mangel an warmem, annehmendem Kontakt, durch kalte, feindselige, haßerfüllte Blicke). Wenn sich die Blockierung (im Zusammenhang mit weiteren traumatischen Lebenserfahrungen) ausprägt und verfestigt, geht dies meist mit einer furchtsamen Erwartungsspannung einher, die einen Spannungsring um die Kopfbasis legt, mit dem auch die Kehle blockiert wird, wodurch Aufsteigen, Wahrnehmen und Ausdrücken vitaler Impulse behindert werden. Auch wird bei einer solchen Blockierung deutlich die Atmung vermindert.

In ihren ersten drei Sitzungen begegnet Margrit ihrer Neigung, in den Augen «wegzugehen», und so die Wahrnehmung schmerzlicher und verwirrender Erfahrungen und die Auseinandersetzung mit ihnen zu vermeiden. In der vierten Sitzung konfrontiert sie sich mit dem Bereich des «Bösen»; gestaute vitale Kräfte, Angst, Lust, aber auch die mit Schuldgefühlen und Scham wirkenden Kontrollimpulse werden frei. Mit der Wahrnehmung der lange zurückgehaltenen Tiefenkräfte und der vitalen Energien scheint die Augenblockierung gelockert. Nun werden die Spannung und der Druck in der Kehle deutlich. Margrit kann erkennen, wie das Zuschnüren der Kehle mit der Verminderung und Unterbrechung des Atemrhythmus und der «Abgeklemmtheit» im Unterleib verbunden ist. In den letzten beiden Sitzungen erlebt sie dann erneut und umfassender, daß eine körperlich-seelische Öffnung sie zunächst immer in Kontakt mit den gestauten und lange abgeklemmten vitalen Impulsen bringt, die mit der Unterdrückung auch einen sadistischen Unterton bekommen haben. Indem diese Impulse jedoch wahrgenommen und ausgedrückt werden können, bahnen sie eine belebende Öffnung für lichte und beglückende Erlebnisqualitäten.

Als bedeutsamste Auswirkung der hier dargestellten Prozeßerfahrung werte ich die Veränderung in Margrits Lebensgefühl. Vier Monate nach ihrer letzten Sitzung berichtet sie: «Wenn ich die Zeit vor den Atemsitzungen mit der jetzigen vergleiche, kann ich es kaum glauben, wie verändert ich mich jetzt fühle. Ich hatte vorher immer das Gefühl, Lebensgefühl, in einem Morast zu leben. Ich habe viele Schlaftabletten genommen, hatte Magengeschwüre und ein sehr diffuses Gefühl von mir und meinem Körper. Einen Sinn sah ich in meinem Leben nicht. Ganz wichtig ist mir, daß ich jetzt zu mir selbst mehr Vertrauen habe. Ich habe mich früher immer an andere Menschen gehängt und versucht, mein fehlendes Lebensgefühl in ihnen auszugleichen. Ich habe jetzt mehr das Gefühl von mir, ein Individuum zu sein, ich habe in mir etwas gefunden, was ich bin, was mir Leben gibt und etwas ist, was einen Sinn hat zu leben. Ein Gefühl von einem Sinn an sich, der keine Begründung und Rechtfertigung braucht.»

Die Begegnung mit dem Schatten

«Ich konnte sehr tief atmen und hatte das Gefühl eines Blasebalgs im Bauch, als ob mein Atem für die ganze Welt reicht. Ich fühlte so viel Kraft und auch Macht, daß ich lächelte.

Als ich mich an dieses Gefühl gewöhnt hatte, geschah etwas, womit ich nicht umgehen konnte: Ein Teil eines Gesichtes blitzte kurz auf, ein Auge unter einer Augenbraue, beide golden. Ich wurde wortlos gefragt: Du hast mich gerufen? Ich wurde unsicher, mein Verstand schaltete sich ein: Hatte ich den gerufen? Eigentlich nicht, andererseits war ich neugierig, aber wer weiß, wer das war? Ich wollte einen Moment lang rufen ‹Ja›, aber ich hatte zuviel Angst. Dann war die Gelegenheit vorbei. Und ich fühlte mich zurückgeworfen in die Welt, in meinen plötzlich mühsam atmenden Körper, der mir schmerzlich bewußt wurde.

Ich konnte jetzt gar nicht mehr so gut durchatmen, überall war Sand im Getriebe, und ich hatte einfach keine Lust, mich damit abzugeben – ich wollte zurück auf die andere Ebene.

Es gelang mir noch einmal, als mein Atem wieder ins Strömen kam. Ich blickte mit geschlossenen Augen auf meine Nasenwurzel und sah eine Figur, von der viel Liebe ausströmte. Diese Figur hatte Umrisse wie ein Mensch, sie bewegte sich langsam. Das Besondere war: Sie wirkte schwarz, flächig, gesichtslos, wie ein Scherenschnitt, jedoch nicht aufgeklebt, sondern wie herausgestanzt aus der flimmernden Vielfalt der Welt. Sie war nicht einfach dunkel, sondern wie aus schwarzem Licht, die Umkehrung der Wirklichkeit. Wir sagten uns nichts; diese unglaublich ruhige Figur schien von mir zu wissen, kümmerte sich aber nicht um mich.

Die Erscheinung schwand, und ich war für lange Zeit mit körperlichen Empfindungen beschäftigt. Mein Atem war völlig durcheinander, und mein Solarplexus schmerzte stark. Mir war das alles so lästig. Ich wollte nach oben, nicht hier unten im Körper herumwursteln. Der sollte gefälligst weiterarbeiten und mich oben halten. Als ich so gar nicht nach unten wollte, überkam mich ein starkes Gefühl von Arroganz und Verachtung für alles, was ich mit ‹unten› verband. Ich dachte: ‹Was jammert ihr hier so herum, haltet mich bloß nicht auf, in eure Niederungen muß ich mich nicht begeben. (Ich schäme mich dafür, aber ich weiß, daß ich eigentlich mit mir gesprochen habe, mit *meinen* Niederungen, in die ich nicht wollte, aber mußte). Ich drängte noch einmal mit aller Gewalt nach oben. Es ging nicht. Ich bekam nur Schmerzen an der Stirn. Da gab ich auf und wandte mich nach unten. Mein Körper hat meine Ungeduld besiegt. Das Sonnengeflecht schmerzte stark. Seitdem ich von ‹oben› zurückgekehrt war, habe ich nur bis dorthin atmen können. Ganz langsam gegen den furchtbaren Schmerz atmete ich wieder durch. Es gab immer wieder Momente ungeheurer Verzweiflung, das Gefühl ‹Ich schaff's nicht›. Und wenn ich dann nachdachte, überlegte, wie ich meinen Atem ordnen sollte, ging überhaupt nichts mehr. Auf dem Höhepunkt dieser Phase fühlte ich mich als ganz kleines Kind. Mir war, als seien die Schmerzen, Demütigungen, Verletzungen meiner Kindheit auf diesen Punkt meines Bauches konzentriert. Ich konnte diesen Punkt nicht beseitigen, und ich gab noch einmal auf. Irgendwie konnte ich mich der Musik überlassen, dem Klatschen, den Stimmen. Jetzt war ich es, der gezogen wurde, gerufen und angefeuert von solchen, die wußten, wie es mir ging. Es blitzte immer mal wieder der Schmerz über dem Brustbein auf, auch in den Leisten, aber ich begann seltsam zu schweben, dann zu fliegen. Unter mir zogen Formen vorbei, immer schneller, ich konnte nichts dagegen tun, ich konnte auch nichts erkennen. Dann war mir, als fiele ich in meinen Körper zurück. Ich lag ruhig da, eine Hand nach oben, eine nach unten. Ich wollte jetzt beides. Dann ein Gefühl der langsamen Rückkehr. Es war sehr schön.»

Michael, ein sechsundzwanzigjähriger Mann, erlebt in seiner dritten Sitzung dreimal einen Bewußtseinszustand, der ihm als «höher» oder «oben» erscheint. Diese Erlebnisebene erschließt sich ihm jeweils über die Lösung von Atemblockierungen und die Harmonisierung seines Atems. Zu Beginn der Sitzung fühlt er, daß er tief und frei in den Bauch atmen kann. Er spürt dabei ein Gefühl von Kraft und Macht. Als sich ihm mit dieser tiefen Bauchatmung jedoch eine ungewohnte Erfahrung eröffnet, wird sein stolzes Allmachtsgefühl sehr schnell erschüttert. Michael weicht der Begegnung mit einer Kraft, die ihn anfragt und von der er ein goldenes Auge wahrnehmen kann, aus. Er beginnt, das Erlebnis rational zu kontrollieren, und unterbricht so die Erfahrung. Michael ist unsicher und ängstlich und wird sich seines Körpers und der mühsam gewordenen Atmung schmerzlich, ärgerlich und ungeduldig bewußt. Er nimmt nicht wahr, daß ihm sein Körper ganz genau spiegelt, was geschieht, wenn er den Fluß innerer Erfahrungen unterbricht. Michael hat «keine Lust», sich mit der Sprache seines Körpers auseinanderzusetzen, sich «damit abzugeben»; er will zurück auf «die andere Ebene».

Unterstützt durch Berührungen der Helfer lösen sich die Blockierungen, und Michaels Atem beginnt erneut zu strömen. Und mit dem wieder harmonisch gewordenen Atemfluß öffnet sich ihm erneut eine symbolische Erlebnisebene: Er erkennt eine Figur, die eine «andere Realität» ausdrückt. Er sieht diese Gestalt im Bereich des «dritten Auges», einer Sphäre der inneren umfassenden Schau. Die Figur hat menschliche Umrisse, erscheint jedoch flächig, gesichtslos und ohne deutliche Geschlechtsdifferenzierung. Sie wirkt wie «herausgestanzt» aus der hell und bunt flimmernden Oberfläche der Welt. Michael blickt auf eine «Umkehrung» der ihm vertrauten Wirklichkeit und erhält Einblick in eine dunkle Tiefendimension, die Liebe und große Ruhe ausstrahlt und ihn damit anrührt.

Auch diesmal entsteht kein Kontakt. Michael bemerkt, daß die dunkle Figur von ihm weiß, sie «kümmert sich» jedoch nicht um ihn. Da diese Wahrnehmung ja nicht von außen auf ihn zugeführt wird, sondern als innere Schau aus ihm selbst entsteht, bedeutet dies wohl auch: Michael weiß um den dunklen Bereich in sich, der hinter der bunten Vielfalt seines Lebens ruht – er beachtet diese Dimension jedoch nicht. Er antwortet auf die Begegnung mit dem Schatten – der ein noch ungelebtes Potential innerer Ruhe und Liebesfähigkeit birgt, in dem jedoch auch Unbekanntes und noch Unstrukturiertes ruht – erneut mit einer Atemblockierung. Michael benennt keine Angst, doch läßt sich dieses Gefühl aus der körperlichen Reaktion erschließen: Er hält den Atem mit der Einatmung fest und atmet nicht vollständig aus; diese Blockierung übt einen Druck auf das Sonnengeflecht aus und vermindert die sympathikusgesteuerte Erregung. Diese Hemmung beim Einatmen ist eine Möglichkeit, das Empfinden und Ausdrücken von Gefühlen zu unterbinden. Michael errichtet eine ruhige und tapfere Fassade, mit der er sich davor schützt, Angst und auch Wut zu spüren. Michaels Helferin kann die Spannung am Sonnengeflecht als «harte, feste Fläche» sehen, sie beobachtet, wie Michaels Atem seinen Oberkörper aufbläht und der Unterkörper dabei starr wirkt. Die körperliche Haltung deutet an, daß Michael sich gegen bestimmte Gefühle wehrt, die in ihm aufsteigen wollen, als er dem Schatten begegnet. Zugleich ist er ärgerlich auf seinen Körper. Er verachtet ihn, die anderen Teilnehmer und damit verbunden wohl auch die Gefühle, die er mit der Atmung unter Kontrolle hält, als «niedrig» und wehrt sich gegen diese «Niederungen».

Doch allmählich beginnt Michael, im Kontakt mit den körperlichen Schmerzen auch Verbindung zu schmerzlichen Lebenserfahrungen, verletzenden und demütigenden Erlebnissen in seiner Kindheit aufzunehmen – Erfahrungen, die auch mit dem Dunklen, dem Schatten verbunden sind. Immer wieder versucht er, diese schmerzhaften Erfahrungen und Erinnerungen willentlich zu «beseitigen». Und in diesem Kampf, den er hier mit sich selbst, mit seiner Erinnerung und seinem Körper austrägt, spürt er mit tiefer Verzweiflung: «Ich schaff's nicht.» In dieser Auseinandersetzung mit seinem körperlich spürbaren Widerstand wird er immer wieder zu einem Punkt geführt, an dem er seine willentliche Kontrolle aufgeben muß. Und so erschließt sich ihm noch einmal eine ungewohnte Erlebnisebene: Michael hat den Eindruck zu schweben und sieht unter sich sehr schnell Formen vorbeiziehen, die er nicht deutlich erkennen kann. Als er diesmal in seinen Körper «zurückfällt», deuten seine Hände an, daß er die Bereitschaft zu entwickeln beginnt, sowohl das Obere als auch das Untere anzunehmen: Die rechte Hand öffnet sich nach oben, die linke nach unten.

Die für Michael wichtigste Erfahrung dieser Sitzung, die er auch in seinem Bild darstellt, ist die Begegnung mit der dunklen Figur, mit dem Schatten.

Mit roten, blauen, gelben, grünen Punkten und Linien flimmert auf dem weißen Bildgrund die bunte, bewegte Vielfalt der Welt. In krassem Kontrast dazu steht eine dunkle Figur; sie hat menschliche Umrisse, erscheint jedoch flach und unstrukturiert und hat kein Gesicht. Es ist von ihr nur die obere Körperhälfte dargestellt. Die Arme hält sie ausgebreitet – Unterarme und Hände sind nicht sichtbar. Diese dunkle Dimension, die hinter der bewegten Helligkeit der Oberfläche fast kreuzförmig hervortritt, strahlt für Michael Ruhe, Würde und Liebe aus und rührt zugleich die «Niederungen» an: leidvolle und demütigende Erfahrungen aus der Kindheit.

Michael versucht, den Schmerz mit Verachtung und der Atemblockierung im Brustbereich unter Kontrolle zu halten. Die dunkle Gestalt führt ihn jedoch zu diesen Erfahrungen und deutet an, daß sich die «hohen» Werte, wie innere Ruhe, Würde und Liebe, im Kontakt mit den «Niederungen», dem Zulassen und Annehmen von Schmerz, Angst, Verzweiflung und Wut erschließen. Der Schatten zeigt Michael, daß sich leidvolle Lebenserfahrungen nicht willentlich «beseitigen» lassen, sie ruhen unter der bunten Helligkeit der vertrauten Wirklichkeit. Das «Obere» läßt sich nicht erzwingen – es ergibt sich jedoch, wenn Michael Kontakt mit den «Niederungen» zuläßt, wenn er die tiefen seelischen Kräfte ergründet, die mit dem Schatten verbunden sind und hier noch kontrastieren zu der hellen und bewegten Farbigkeit der vertrauten Bewußtseinswelt.

Zu dieser Sitzung liegt eine körpertherapeutische Fremdeinschätzung anhand von Michaels Gesichtsporträts vor und nach der Sitzung vor. Im Vorher-Bild wirkt der Gesichtsausdruck auf den Körpertherapeuten «mißtrauisch» und voll zurückgehaltener Aggression. Er weist darauf hin, daß dies vor allem an den Augen liegt, die Energie zurückhalten und «tot» wirken. Im Nachher-Bild erkennt er, daß sich die Augenblockierung gelöst hat. Die Augen wirken weicher, doch macht Michael sie schmaler – ein Versuch, sich zu schützen. Das Auge und die damit verbundene Seh- und Erkenntnisfähigkeit wird auch in den transpersonalen Erfahrungen der Sitzung angesprochen: in dem goldenen Auge und in der dunklen Figur, die Michael im Bereich des «dritten Auges» erblickt. Michael spürt in dieser Sitzung zwar frühe schmerzhafte und leidvolle Lebenserfahrungen, er versucht jedoch auch, sich vor dieser Wahrnehmung zu verschließen. Und so taucht er auch nicht wirklich tief in sie ein, sondern schwebt über ihnen und kann sie – da er den gefühlsmäßigen Kontakt zu ihnen vermeidet – auch noch nicht wirklich erfassen.

Michael hat in dieser Sitzung immer wieder eine Spannung zwischen zwei Polen erfahren. Er nennt sie Oben-Unten, Hoch-Niedrig, und es wird deutlich, daß er das Obere, Hohe bejaht und dem Gegenpol Widerstand entgegensetzt. In der Begegnung mit dem Schatten deutet sich ihm jedoch an, daß diese abgelehnte Seite, die ihm Angst macht, zu einer seelischen Tiefendimension gehört, die unter der Oberfläche seiner vertrauten Bewußtseinswelt ruht und nun hervortritt. Mit dem Schatten rühren Michael sowohl abgespaltene leidvolle Lebenserfahrungen an als auch ein noch nicht gelebter innerer Reichtum – beides will erlebt, angenommen und integriert werden.

Bevor wir Michael bei der weiteren Erkundung dieser dunklen Tiefenschicht begleiten, möchte ich schildern, wie sich die Begegnung mit dem Schatten in den ersten beiden Sitzungen vorbereitet. In seiner ersten Sitzung spürt Michael zunächst schmerzhaft die Atemblockierung in der Brust, den Druck am Sonnengeflecht. Er hat den Eindruck, dort «zu eng» zu sein. Die schmerzhafte Verspannung löst sich – auch durch Berührungen seiner Helferin –, und Michael spürt «fließende Energie». Es drängt ihn, sie in Bewegung umzusetzen. Da er sich mit diesen Bewegungen jedoch wieder von einer Vertiefung des Atmens ablenkt, werden sie von den Helfern eingeschränkt.

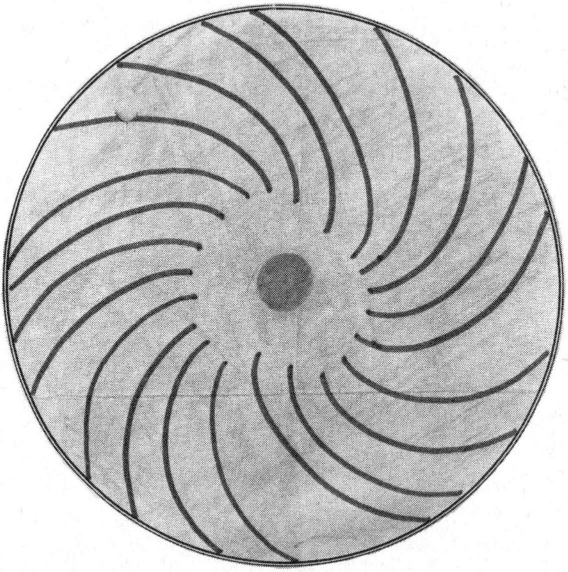

Mit diesem von außen kommenden Widerstand spürt Michael, wie in ihm starke Angst und heftige Wut aufsteigen – wobei er sich sehr klein und schwach fühlt. Schließlich lösen sich seine Gefühle und der innere Druck in heftigem Schreien. Gleichzeitig hat Michael den Eindruck, daß sich sein Körper dreht und von einem «Sog» gezogen wird: «Ich empfand gegen Ende der Reise ein dunkles, eher schmerzhaftes Gefühl des Gezogenwerdens, verbunden mit einem langsamen, aber intensiven

Drehgefühl. Diese Drehung erfolgte um ein kleines, dabei helles Zentrum und erfaßte meinen Körper von außen nach innen rechtsherum.» Diese Erfahrung stellt er in seinem Bild dar: Vor einem grauen Hintergrund ruht im Zentrum ein heller goldgelber Kreis oder eine Kugel, um die sich rote und blaue Linien drehen. Michael wird nach innen zu einem zentralen Licht oder zu einer Öffnung hingezogen. Die Ausrichtung und Bewegung dorthin erlebt er als dunkel und schmerzhaft – hier deutet sich schon an, daß Michaels Weg zum Licht auch durch schmerzliche und dunkle Erfahrungen führt. Der Bildhintergrund ist grau gemalt. Grau, das zu gleichen Anteilen aus Schwarz und Weiß besteht, weist möglicherweise darauf hin, daß Licht und Dunkel in Michaels Erfahrung und Wahrnehmung noch vermischt und unklar sind. Grau gilt jedoch auch als Farbe der Vermittlung und des Ausgleichs und verweist so eventuell auch auf Erlebnisebenen, in denen Michael die Spannung zwischen den Polen von Licht und Dunkel, Ruhe und Bewegung, Außen und Innen ausgleichen kann. Nach dieser Erfahrung fühlt er sich sehr leicht und fröhlich.

In seiner zweiten Sitzung spürt Michael wiederum Schmerzen und eine Blockierung des Atems im Brustbereich. Als sich die Spannung löst und er zunächst wieder den Energiefluß durch Bewegung nach außen bringen will und darin behindert wird, macht es ihm «nicht so rechten Spaß», mit diesem Widerstand Kontakt aufzunehmen; er spürt «Langeweile», es ist ihm «nicht so wichtig», sich zu bewegen. So beginnt er, das Strömen seines Atems in Ruhe zu genießen, und erlebt diese Erfahrung auch als inneres Bild: Er sieht sich bewegende Wasserwellen, über denen sich Lichtpunkte zu verschiedenartigsten Formen wandeln. Er beobachtet die Formen entspannt, sie werden zu Gesichtern, die ihm jedoch unvertraut sind. «Ich konnte dies sehr genießen, nur ganz ruhig zu liegen und den Atem wie in Wellen strömen zu lassen. Und ich sah: friedliches Wasser, das kommt und geht – der Atem. Bewegliche Lichter darüber – der Geist.» Diese Erfahrung malt er in seinem zweiten Bild.

Im oberen Bereich schwebt vor einem zartgelben Hintergrund ein tropfenförmiges goldgelbes Licht. Im unteren Bereich ist zartblau das Meer dargestellt, das in der Bildmitte eine horizontale Wellenlinie bildet. Das Bild läßt Leichtigkeit, Entspannung, Weite spüren – es wirkt jedoch auch flach und einseitig hell. Der untere Bereich des Wassers – ein geläufiges Symbol für das Unbewußte – vermittelt nicht den Eindruck von Tiefe und Unergründlichkeit und scheint vom Bereich des

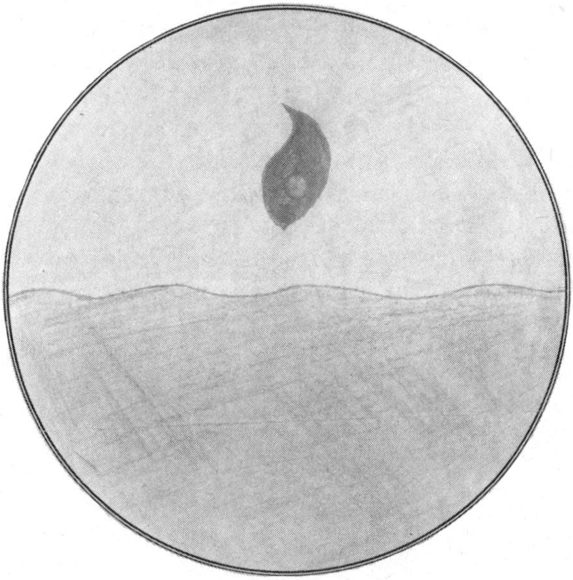

Himmels nicht wirklich unterschieden zu sein. Beide sind in hellen und zarten Farbtönen ausgemalt und bringen kaum emotionale Bewegung zum Ausdruck. Michael ist in dieser Sitzung dem Kontakt mit der Begrenzung seiner nach außen drängenden Bewegungsimpulse ausgewichen. Er hat eine Erfahrung vermieden, die ihn in der ersten Sitzung starke Angst, Wut und auch Hilflosigkeit spüren ließ. Vor sich selbst begründet er diese Unterbrechung spontaner Prozeßerfahrung damit, daß er befürchtet, «Langeweile» zu erleben, und daß die Erfahrung «nicht so wichtig» sei oder eventuell «keinen Spaß macht». Und so kann Michael das Strömen seines Atems und die damit verbundene Ruhe genießen, aber das Erleben bleibt harmlos, ohne Tiefe, und die Formen, die er erblickt, haben zwar einen ästhetischen Reiz, doch kann er ihre Bedeutung, ihren Sinn nicht erkennen und wünscht sich, «vielleicht beim nächstenmal ihre Bedeutung für mich mehr zu erfassen». Der Geist, der in Michaels Bild über dem Wasser schwebt, ist goldgelb ausgemalt. Die Farbe erinnert an das zentrale Licht, zu dem er in der ersten Sitzung gezogen wurde. Hier erscheint es als Tropfen oder Flamme. Wenn man die Form genauer betrachtet, mit der Michael den Geist verbildlicht, dann zeigt sich eine Entsprechung zur Darstellung des Yang-Prinzips in der chinesischen Philosophie. Dies wird deutlicher, wenn ich die von Michael gemalte Form einmal übertrage und zum Kreis ergänze, wobei ich die ergänzende Kreishälfte dunkel ausmale: Es entsteht das Tao-Symbol, das in sich die komplementären, das heißt einander ergänzenden kosmologischen Grundprinzipien von Yin und Yang umschließt. Dem Yang entsprechen die Kräfte des

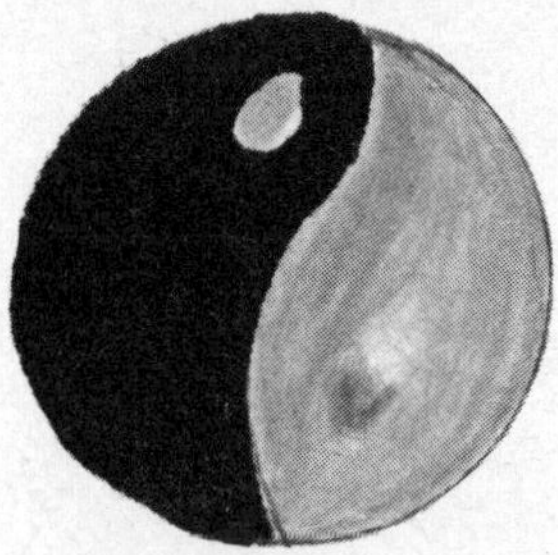

Lichten, des Bewußtseins, des Schöpferischen, Männlichen, des Himmels, dem Yin die Kräfte des Dunklen, Unbewußten, Empfangenden, Weiblichen, der Erde. Das Symbol ihres Zusammenwirkens wird oft in Schwarz-Weiß dargestellt, doch in seiner ursprünglichen Form erscheint das Yang – wie hier bei Michael – in Gelb. Als Andeutung, daß diese Kräfte in sich Bewegung tragen und die Möglichkeit der Wandlung in ihrem Gegenpol, wird im dunklen Yin ein Punkt des hellen Yang sichtbar, wie auch das Yang in sich ein dunkles Yin umschließt. Auch dies wird in Michaels Darstellung angedeutet, doch findet er in seiner Ahnung um das Ergänzende nur die Verstärkung der Helligkeit – nicht die komplementäre Dunkelheit. So leuchtet in seinem Yang ein heller weißer Punkt statt des dunklen. In der Steigerung des einseitigen Prinzips kann Michael die wahre Ergänzung nicht finden. Richard Wilhelm geht in seinem Kommentar zu dem von ihm übersetzten *‹I Ging›* (1976), dem uralten chinesischen «Buch der Wandlungen», darauf ein, daß diese beiden Grundprinzipien von Yin und Yang als Urkräfte verstanden werden, die durch das Tao, den Sinn, in Bewegung gebracht und unterhalten werden. «Diese beiden Grundkräfte in ihrem Wechsel und ihrer gegenseitigen Wirkung dienen zur Erklärung der sämtlichen Erscheinungen der Welt. Aber es bleibt ein Rest, der sich durch dieses Gegenspiel nicht erklären läßt, ein letztes Warum. Diese letzte Tiefe des *Sinns* ist der Geist, das Göttliche, Unerforschliche, schweigend zu Verehrende in ihm.»

Wenn wir der Ausdruckskraft des Symbols folgen, das Michael in seinem Bild verwendet, ohne sich der Bedeutung bewußt zu sein, dann zeigt sich, daß seine Erfahrung einseitig Yang-betont ist. Das ergänzende komplementäre dunkle Prinzip, das erst Leben und Wandlung erfahrbar macht und so den Sinn, den Geist erahnen läßt, fehlt hier noch.

In der dritten Sitzung tritt es dann hinter der lichten Oberfläche dieser einseitigen Erfahrungswelt dunkel als ergänzende Schattenkraft hervor. Der Schatten drückt nach C. G. Jung ein Potential aus, das zur Ganzheit des Menschen gehört und die Lebensimpulse umfaßt, die nicht zur Verwirklichung gelangen konnten. Dazu gehören vor allem die nicht zugelassenen Entfaltungsmöglichkeiten des inneren Selbst, jedoch auch die nicht gelebten Gefühle der Verletztheit und Aggression gegen eine unverständliche, bedrohliche und kränkende Umwelt. Michaels Prozeßerfahrungen der ersten drei Sitzungen deuten an, daß in ihm einerseits Gefühle von Angst, Hilflosigkeit und Wut nach außen drängen und andererseits Lebensimpulse konfrontiert und angenommen werden wollen, die mit dem Weiblichen, der Erde, den unbewußten und dunklen Tiefenschichten verbunden sind.

In seiner vierten Sitzung kämpft Michael zunächst wieder

verzweifelt und wütend mit der Atemblockierung der Brust. Der Unterkörper wirkt unbelebt und die Beine sind gestreckt versteift. Als die Helfer Michaels Beine anheben und die Verspannung der Knie durch Beugung allmählich lockern, löst sich dic Atemblockierung, der Atem strömt in Bauch und Becken. «Plötzlich fließe ich, empfinde Lust, mein Unterleib bewegt sich, mein Becken schwingt ... eine Befreiung, ich lebe!» Und nun spürt Michael wieder, wie in seiner ersten Sitzung, eine Art Sog, der ihn zieht: «Dann auf einmal ein Bild, ein riesiges Mandala oder ein Kaleidoskop, ich werde hineingezogen, genau in die Mitte. Am Ende erscheint Licht, ich rase durch eine lange Röhre, werde hinausgeschossen in gleißendes Licht und noch eine Röhre, und noch eine ...» Diese Erfahrung von schneller Bewegung, die ihn abwechselnd Begrenzung und Offenheit, Dunkel und Licht erleben läßt, führt ihn schließlich – als er die Beine zum Körper zieht und sich zusammenfaltet – zu einer Empfindung tiefer Ruhe, die «wunderschön» ist und Gefühle von «Einssein» und «Glückseligkeit» in ihm öffnet. Als er sich dann mit der Unterstützung der Helfer wieder auseinanderzufalten beginnt, verwandeln sich diese Empfindungen in großen Schmerz: «Ich erlebe einen Schmerz, wie ich ihn seit meinen frühen Kindertagen nicht mehr kenne. Er geht über den Körper hinaus und über alles, was ich bisher erlebt habe. Ich weine durch und durch. Ich atme. Langsam, bis tief in den Bauch, ganz tief nach unten, alles ist geschmeidig. Dann sehe ich die Welt; sie ist furchtbar, unheimlich und düster drohend. Da soll ich hin? Ich komme aus der Einheit, dem Raum ohne Grenzen, wo es friedlich war um mich her und in mir. Jetzt erlebe ich doppelten Schmerz: Ich verliere das Wissen um diesen Ort, es bleibt in mir eine vage Erinnerung an Glückseligkeit. Und ich werde in die Welt gestoßen. Ich sehe die ganze Erde vor mir, dunkel, gefährlich und drohend. Und plötzlich über der Welt erscheint das Licht, gleißend, ungeheuer schmerzhaft, es verbrennt mir die Augen.»

Michael hat in dieser Sitzung eine geburtsähnliche Erfahrung. Er kehrt zu dem Erleben der Geborgenheit im mütterlichen Schoß zurück und spürt schmerzhaft und voll tiefer Sehnsucht, daß er aus diesem paradiesischen Urzustand vertrieben worden ist. Zugleich trauert er um den Verlust des Wissens, das mit diesem Seinsgrund verbunden war. Michael fühlt sich in die äußere Welt «gestoßen», die ihm unheimlich, gefährlich und «düster drohend» erscheint. Er hat den Eindruck, nur mit «allerletzter Kraft» dorthin vorzudringen, und spürt auch, daß er noch nicht wirklich dort angekommen ist, sondern «mit Unlust» in der Betrachtung dieser Welt verharrt. Seine stärksten gefühlsmäßigen Erfahrungen sind mit dem Erleben des Übergangs verbunden, mit dem Verlust von Geborgenheit und dem Gefühl, in die Welt gestoßen zu werden.

Nach dieser Sitzung erkundigt sich Michael bei seiner Mutter nach seiner Geburt. Er erfährt, daß sie einfach und problemlos, sogar «sehr schnell» verlaufen sei. Michael ist jedoch vier Wochen zu früh geboren, er hat nach der Geburt jede Nacht furchtbar geweint und geschrien – genau vier Wochen lang. Ein Kind kann zu früh geboren werden, wenn seine wachsenden Bedürfnisse von der Mutter nicht mehr erfüllt werden können, wenn zum Beispiel der Uterus nicht fähig ist, sich weiter auszudehnen. Dies ist möglicherweise eine Erklärung für Michaels vorzeitige Geburt, da er mit dem Gewicht eines voll ausgetragenen Kindes zur Welt kam. Als weiterer Grund für eine Frühgeburt wird eine Überproduktion von Katecholaminen (sogenannten Streßhormonen) angesehen, die die Durchblutung des Mutterkuchens herabsetzen (Tietze 1984). Die Überproduktion dieser Stoffe zeigt eine Überlastung der Mutter und zugleich eine negative psycho-physiologische Kommunikation zwischen Mutter und Kind an. Im letzten Schwangerschaftsmonat reifen Sehfähigkeit und Lichtwahrnehmung voll aus, dem Kind werden Abwehrstoffe übertragen, und vor allem bereitet es sich auf die Geburt vor. Bei Frühgeburten ist nicht nur die Vorbereitungszeit, sondern oft auch der Geburtsvorgang extrem kurz. Dies spiegelt sich in Michaels Erleben: Er fühlt sich unvorbereitet aus dem Einssein herausgestoßen und durch Röhren «hinausgeschossen». Anschließend weint er «durch und durch» und spürt damit wohl auch die Verzweiflung des ersten Lebensmonats, in dem er die Anpassung an den äußeren Lebensraum nachholen mußte.

Sein Bild (vgl. Tafelteil, Abb. 15) zeigt den Blick auf die Welt, in die er sich unvorbereitet gestoßen fühlt. Der größte Teil des Mandala-Kreises ist mit dunklen Tönen ausgefüllt. Halbmondförmig liegt im linken, unteren Bildteil eine schwarze Fläche, darüber ein brauner Streifen, der langsam in Grün und Blau übergeht. Eine schwarze Trennlinie teilt dieses große Farbfeld von einer kleinen, hellgelb getönten Fläche im oberen, etwas rechts gelegenen Bildteil ab.

Ich verstehe das Bild als Einblick in Michaels innere Welt. Die dunklen Farben überwiegen. Mit Schwarz, Braun, Grün und Blau sind verschiedene Aspekte einer eher passiven Erlebnisqualität angedeutet, die ein weites Spektrum von Leid, Angst und Bedrohlichkeit über die Erde – die Mutter, das weibliche Prinzip – legen. Je tiefer der Betrachter sein Auge von der hellen Fläche nach links unten senkt, um so dunkler und unzugänglicher wird auch die dargestellte Qualität des Erlebens. Hebt sich das Auge wiederum, so wird das Dunkel allmählich durchlässiger, heller, und erfährt im Grün eine beruhigende vegetative und im Blau eine sehnsuchtsvolle Tönung, um dann auf eine feste schwarze Grenze zu stoßen, zu der der helle Lichtstreif grell kontrastiert. Die Grenze verbildlicht den Schmerz des – zu schnellen – Übergangs in die äußere Welt und den Schock, den die Helligkeit der noch unentwickelten Sehfähigkeit versetzt. Die Anordnung des hellen Gelbs im rechten oberen Bildbereich spricht auch dafür, daß hier das Denken, die bewußte Wahrnehmungsfähigkeit und das Bewußtsein dargestellt werden. Es ist mit einer undurchlässigen Linie von dem dunklen Bereich geschieden. Mit dieser Grenze zeichnet Michael wohl die Angst nach, mit der er die dunklen Tiefenschichten von seiner Bewußtseinswelt abgetrennt hält. Seine Darstellung zeigt jedoch auch, daß er zu ahnen beginnt, wie klein letztlich jener Ausschnitt der Gesamtrealität ist, der ihm mit bewußter Wahrnehmung zugänglich ist. In dieser Sitzung hat Michael die darunter schlummernden seelischen Regionen in ihrer Größe, Unklarheit und Dunkelheit erfahren – er hat sich an die damit verbundene Geborgenheit und Glückseligkeit im mütterlichen Schoß erinnert, die er mit der Geburt, dem Schock des Übergangs in eine helle Bewußtseinswelt verloren glaubt.

Michaels Bild erinnert an C. G. Jungs Modell der Psyche, in dem ein helles Bewußtseinsfeld auf dem dunklen Unbewußten ruht. Doch fehlt in ihm die Andeutung des seelischen Zentrums, des Selbst, das aus tiefenpsychologischer Sicht alle Kontaktaufnahmen des Bewußtseins mit unbewußten Tiefenschichten lenkt.

In der nächsten Sitzung gerät Michael noch tiefer in den Bereich des Dunklen. Er fühlt sich diesmal nicht durch Atemblokkierungen gehemmt, spürt seine Kraft und tobt sie mit vehementen Bewegungen aus. Dabei spürt er: «Ich merkte schon etwas anderes, etwas Jämmerliches, das aufgeben und weinen wollte, aber das wollte ich nicht. Ich wollte meine Kraft spüren.» Und so tobt er weiter, bis er schweißbedeckt ist, so daß es sinnvoll erschien, ihn auf die Einseitigkeit seines Verhaltens, mit dem er sich erschöpfte, aufmerksam zu machen. Die Intervention rührt Michael tief an: «Irgendwann kam Frauke und sagte mir: Sei ruhig, laß die Dinge kommen und kämpfe nicht so viel. Das, und wie sie es sagte, löste etwas in mir, etwas wie ‹Ich darf so sein›. Ich wurde sehr traurig, weinte, dann wurde ich glücklich, lachte, dann wieder sehr traurig. Es war für mich ungewohnt, dieses Durcheinander zu spüren, ohne etwas zu tun.» Michael schämt sich und versucht, sich mit seiner Unsicherheit unter einer Decke zu verbergen. «Aber Frauke zog mich wieder hervor und sagte, ich solle weiteratmen, tief, aber ganz ruhig. Ich wurde immer trauriger und hatte ein ganz seltsames Gefühl. Ich verbinde es mit sehr frühen Zeiten meiner Kindheit, aber es war auch etwas darin, was ich nicht kenne. Ich konnte nämlich nie einfach so *sein*, schon gar nicht wurde ich dafür gemocht, ich mußte immer etwas *tun*. Diese Traurigkeit habe ich immer bei mir behalten, und so ist sie irgendwann ganz verlorengegangen.»

Michael erlaubt sich nun, diese tiefe Verzweiflung und Einsamkeit zu spüren; es sind Empfindungen, die er mit seiner frühen Kindheit verbindet. Die seltsam unvertraute Qualität der Erfahrung läßt jedoch auch den Gedanken aufkommen, daß Michael in dieser Sitzung erneut und noch dichter Kontakt mit einer geburtsähnlichen Erfahrung aufnimmt und nun in die zweite Phase des Geburtsvorgangs gerät, in der die vollkommene Ruhe des Seins, die Ureinheit mit dem tragenden mütterlichen Grund, durch die beginnenden Kontraktionen unterbrochen wird. Der Muttermund ist jedoch noch verschlossen, der Weg nach draußen zum Licht noch nicht frei, der Kampf und das Bemühen um Befreiung ist noch sinnlos, und das Geschehen ist mit Gefühlen der Traurigkeit, Sinnlosigkeit und Resignation verbunden. Michael ist in der Dunkelheit gefangen, vor seinen Augen «wird alles schwarz», doch in der Mitte erscheint «ein Funke Licht».

Diese Erfahrung stellt er in seinem Bild dar. Es ist fast ganz mit Schwarz ausgemalt. Im Zentrum der bergenden und bedrängenden Dunkelheit wird winzig klein ein rhombischer weißer Lichtpunkt sichtbar. Der Rhombus erinnert in seiner Form an das weibliche Genital und symbolisiert irdische und chthonische, das heißt mit der Erdtiefe verbundene Mächte, denen Michael hier begegnet und denen er sich ausgeliefert fühlt.

In den Wochen nach dieser Sitzung wird Michael sehr deutlich, in welchem Ausmaß er gelernt hat, sich anzutreiben und von sich Aktivität und Leistung zu verlangen. «Sobald ich irgendwann ruhig zu werden drohe, fängt alles an zu spannen, es ist bis zum Zerreißen gespannt, und ich denke: Jetzt mußt du aber etwas tun.» Mit Aktivität und Tätigkeit schützt sich Michael vor den bedrohlichen Gefühlen von Traurigkeit und Ver-

zweiflung, die in ihm aufsteigen, wenn er zur Ruhe kommt. So sehnt er sich einerseits nach innerer Ruhe und Geborgenheit, andererseits fürchtet er die Empfindungen, mit denen er dann zunächst in Kontakt kommt. Diesen Gefühlen – und wohl auch der damit verbundenen Angst, in der bedrängenden Dunkelheit vernichtet und ausgelöscht zu werden – versucht Michael in seinem Leben und so auch in den Sitzungen immer wieder durch Tätigkeit und heftige Bewegung zu entkommen. Die innere Anspannung spürt Michael auch oft als Empfindlichkeit und Spannung seiner Haut. Die Haut – organismische Grenze im Kontakt mit der Umwelt – reagiert besonders gereizt, wenn

Michael sich sehr unter Druck fühlt, sich antreibt und so dem inneren Erleben ausweicht.

Auch zu Beginn der nächsten Sitzung versucht Michael zunächst wieder, der Traurigkeit mit Körperbewegungen und Willenskraft auszuweichen – bis er bemerkt: «Wenn ich will, fließt der Atem, aber innerlich wird alles fest. Ich laufe doch weg. Wo ist denn meine Traurigkeit; ich habe sie ja gar nicht erlebt.» Und er läßt es zu, daß diese beunruhigenden Empfindungen in ihm aufsteigen. Und diesmal erschließen ihm diese leidvollen Erfahrungen, mit denen er sich «gekreuzigt» fühlt, auch einen Zugang zu seiner heftigen Wut: «Dann wird die Trauer ganz stark. Ich bin verlassen, einsam, verzweifelt, mein Weinen wird immer stärker, mein Gott, ich bin gekreuzigt, mein Bauch ist aufgerissen. Etwas fließt hinein, wie Licht, das brennt, gleichzeitig Leben gibt. Ich liege allein, atme, will niemanden. Es kommt etwas Böses, der Teufel, das ist es, das will ich sein, o gut! Daran kann ich mich festhalten, das gibt Kraft, jetzt können sie alle was erleben; wen knöpf ich mir zuerst vor? Ich bin nur noch böse, durch und durch.»

Mit dem Zulassen von Traurigkeit und Verzweiflung belebt sich körperlich auch der Bauch-Becken-Bereich, und Michael kommt in Kontakt mit seiner enormen gestauten Aggression, Wut und Rachsucht, dem «Teuflischen». Zugleich lassen sich diese Erfahrungen im Zusammenhang mit der nächsten Phase des Geburtsvorgangs verstehen. Indem Michael sich dem Geschehen zunehmend überläßt, steigen intensive Bilder in ihm auf, und dann wird er erneut geboren, und es erschließt sich ihm eine numinose Dimension: «Ich weiß nicht, was mich erwartet, fast verzage ich. Dann sehe ich einzelne Bilder: Ein helles Dreieck, eine Pyramide, spiegelt sich im trüben Wasser – Himmel und Hölle, oben und unten. Tanzende Lichtpunkte, der Fluß der Dinge. Der Himmel mit zwei Enden, wie Windungen ... Ich höre Gebetsmusik, Männer singen. Ich fühle eine Regung zu knien, gebe ihr nach, ich knie, den Oberkörper nach vorn geneigt, die Hände aneinandergelegt, das Gesicht nach vorn auf dem Boden, ich bete. Ich richte mich im Knien auf. Licht überströmt mein Gesicht, ich empfange eine Botschaft. Es drückt mich fast nieder, so viel Glück habe ich nie erfahren, es ist fast zuviel. Mein Gesicht zuckt. Ich singe mit den Männern. Ich klage mich selbst an: Ich habe die Botschaft schon früher erfahren, das Licht, es versiegt in mir, ich lasse es nicht durch mich strahlen. Verzweiflung. Ich erfahre Gnade. Spüre wieder das Licht. Ich spreche den Namen mit den Männern, singe, bin voller Dankbarkeit. Mehr kann ich nicht, ich liege, höre die Männer singen, sie haben mich eingeweiht.»

Hier öffnet sich in Michael eine Dimension, die größer ist als sein vertrautes Ich-Bewußtsein und jenseits aller Konzeptionen, die er sich von der Welt und der Wirklichkeit gemacht hat. Michael übergibt sich dieser Erfahrung. In großer Demut beichtet er, er betet, und er wird gesegnet. Dies ist verbunden mit einer Gebetsmusik, der Tonaufnahme einer Dhikr, der rituellen «Erinnerung» in der Tradition des Sufismus. Es ist eine Aufnahme aus einem authentischen Dhikr. Dabei werden in arabischer Sprache die «Schönen Namen Gottes» angerufen und die «Erinnerung an den Urgrund alles Seins» auch durch Körperhaltung und -bewegung verstärkt. Als Michael mit den Männern betet, wird gesungen: la ilaha illa'llah – es gibt keinen Gott außer Gott. Michael ist mit der Tradition des Sufismus nicht vertraut und hat nie an einem Dhikr teilgenommen, und doch antwortet etwas in ihm auf diese «Erinnerung» an die Quelle des Seins, die in allem ist und die alles umfaßt und der wir den Namen Allah, Gott, Tao ... geben – den Namen, den Michael mit den Betenden spricht. Michael fühlt sich mit dieser Erfahrung «eingeweiht».

Zu dieser Sitzung malt Michael eines der inneren Bilder, die er vor dieser «Einweihung» sah (vgl. Tafelteil, Abb. 16). In ihm erscheint vergrößert und differenziert das rhombische Licht, das Michael im Zentrum des vorangehenden Bildes darstellte. Es hat sich hier geteilt in ein helles Dreieck und sein dunkles Spiegelbild. Michael schreibt dazu: «Ich glaube, die helle und wunderschöne Pyramide konnte ich nur erleben, weil ich ihr dunkles Schattenbild auch angenommen und seine Kraft erlebt hatte.»

Das obere himmelblaue Dreieck vor gelbem Grund stellt für Michael den Bereich des Himmels dar. Das untere, gleichgroße und ultramarinblau vor blau-grauem Grund gemalte Dreieck steht für den Bereich der Hölle. Die Dreiecksformen mit den nach oben und nach unten gerichteten Spitzen sind sehr alte Symbole für das männlich-schöpferische und das weiblich-empfangende Prinzip. Michaels Bild zeigt, daß für ihn das Yin, das Weibliche, dem Männlichen jetzt als ebenbürtige Kraft ge-

genübersteht. Er erlebt es jedoch noch als «düster», «bedrohlich», «trübe» und als «Hölle». Für Michael ist dieser Bereich nicht gleich*wertig*, er bleibt noch den abgelehnten und abgespaltenen Schattenkräften zugeordnet. Michael erfährt jedoch ganz deutlich, daß sich ihm der obere Bereich nur dann wirklich erschließen kann, wenn er bereit ist, auch den unteren anzunehmen und zu akzeptieren. Die beiden Bereiche berühren sich in der bildlichen Darstellung nicht, sie sind nicht miteinander verbunden.

Betrachten wir die Darstellung im Kontext der Geburtserfahrung, dann wird auch eine Ablösung der männlichen Form von dem weiblich-mütterlichen Grund erkennbar. Der Sohn tritt aus dem mütterlichen Schoß – im Gegensatz zur Tochter – als andere, dem Weiblichen entgegengesetzte Form hervor.

Um die eigene Identität zu bestätigen, muß er sich abtrennen und abgrenzen. Und die Angst vor dem noch übermächtig Großen, ganz Anderen drückt sich auch in dessen Entwertung aus.

Aus den verschiedenartigen Erfahrungen der Sitzung ist für Michael dies die bedeutungsvollste, mit der er die Suche nach seiner eigenen Identität ausdrückt. Seine Darstellung rührte auch andere Männer aus der Gruppe sehr an. So formte Tom, der gerade seinen eigenen Weg gefunden hatte, für Michael zwei Pyramiden in Ton – von gleicher Größe und Farbe. Für mich macht die Darstellung auch Wertungen deutlich, mit denen unsere mentale und auch patriarchalische Kultur lebt, Wertungen, die mit einer einseitigen Betonung des männlich schöpferischen Prinzips und der – auch angstvollen – Abwertung des empfänglichen und tragenden Weiblichen (und der unbewußten Tiefenkräfte) verbunden sind.

In den Erfahrungen der Sitzung überschreitet Michael die mit der Geburt beginnende Identitätsfindung, die sich in der Abgrenzung zum Gegenpol stärkt. Ich verstehe die «Einweihung» als Kontaktaufnahme zu seinem inneren Selbst. Es offenbart sich als Licht, und Michael kann es nur dadurch erfahren, daß er sich öffnet und empfänglich macht. Mit dieser inneren Haltung findet er in sich ein komplementär ergänzendes Prinzip.

In seiner nächsten – und letzten – Sitzung kommt Michael wieder in Kontakt mit einer «sehr hohen» Energie, die er als «Blitz» erfährt und «zweigeteilt durch die Nacht des schwarzen Nichts» zucken sieht. Er erlebt wiederum, wie er sich anzutreiben versucht und wie aus dieser Haltung «nichts», keine wesentlichen Erfahrungen entstehen können. Als er sich «sein» läßt, steigt ein Bild in ihm auf: «ein Januskopf; das Bild wirkte wie aus Rauch, der ständig in Bewegung ist, die Form verändert. Der Rauch stieg empor aus Blütenblättern; dann sah ich, es war eine Vagina». Mit diesem Bild, das ihm sehr fremd ist und ihn zugleich anzieht, scheint sich eine Versöhnung mit dem abgelehnten weiblichen Prinzip anzudeuten. Das Bild ist nicht starr, es zeigt sich in zarter Bewegung. Janus, der römische Gott der Türen, der Schwelle und des Anfangs, wird mit zwei Gesichtern (männlich/weiblich) dargestellt, die in entgegengesetzte

Richtung blicken. Janus drückt damit die Verbindung von Gegensätzen aus und verkörpert so auch den psychischen Zustand, der jenseits der Verhaftung an einseitige Sehweisen und Wertungen liegt. Und wenn wir an Michaels Ablehnung des weiblichen Prinzips denken, dann wird die Versöhnung wohl auch mit der Wahrnehmung ausgedrückt, daß der Januskopf der Vagina, dem weiblichen Schoß entsteigt – wie auch Michael mit seinen männlich-weiblichen Wesensanteilen dem Schoß der Mutter entsprungen ist. Dann ertönt wieder die Gebetsmusik, die Michael in der letzten Sitzung so tief ergriffen hat. Michael singt wieder mit den Männern, er spürt, wie er im Kreis der Betenden steht. «Wir waren zusammen demütig im Kontakt mit etwas Größerem.» Als er langsam von dieser Erfahrungsebene zurückkommt, spürt er, wie jemand seine Hand hält; es ist niemand von den «sichtbaren Helfern». Michael fühlt sich sehr glücklich und tief mit den anderen Gruppenteilnehmern verbunden. In seinem Bild stellt er den Blitz dar:

Vor dem schwarzen Bildgrund wird am oberen Bildrand ein gelber Blitzstrahl sichtbar, der in zwei Hälften geteilt nach unten zuckt. Der Blitz gilt in vielen Kulturen als Symbol göttlicher Energie, als eine heilige Kraft. Er stellt eine Kraft in ursprünglicher Form dar, die zerstören und erleuchten kann. In der christlichen Kunst wird der Heilige Geist manchmal als Flamme oder Blitz aus dem Himmel gezeigt – von ihm getroffen zu werden, bedeutet symbolisch, von der Hand Gottes berührt zu werden. Nach C. G. Jung spiegelt der Blitz in bildlichen Darstellungen von Patienten die Wirksamkeit therapeutischer Interventionen und symbolisiert auch «eine plötzliche, unerwartete und überwältigende Zustandsänderung» (GW 9/I). Auch Michael spürt, daß mit dem Blitz eine Kraft ausgedrückt ist, die feste Konzepte zerstört und ihn verwandelt. Die Erfahrung der «Blitzenergie» geht über das hinaus, was er mit den beiden Pyramiden ausdrücken konnte, und schließt ihn an das Licht an, das er mit der «Einweihung» erfuhr: «Der Blitz ist auch die Energie, die mich mit dem Großen in Verbindung bringt, also mit etwas, was über mir steht, was mir Licht sendet. Für diese Energie muß ich nichts tun, nur eine bestimmte Haltung einnehmen, damit ich die Stimme in mir hören kann; in ihr ist Klarheit und Wissen. Der Blitz ist auch eine Energie, die verwandelt, wobei alte Formen von mir abfallen. Dabei ist dann wenig Zeit für Umgestalten und Ummodeln. Und das ist die Seite, die mich bisher bewogen hat, das nicht zuzulassen. Aber was ich allmählich lerne, ist: daß nicht nur Altes kaputtgeht, sondern daß Richtiges entsteht. Und ich weiß, daß ich das leben muß, vor dem ich früher ausgewichen bin.»

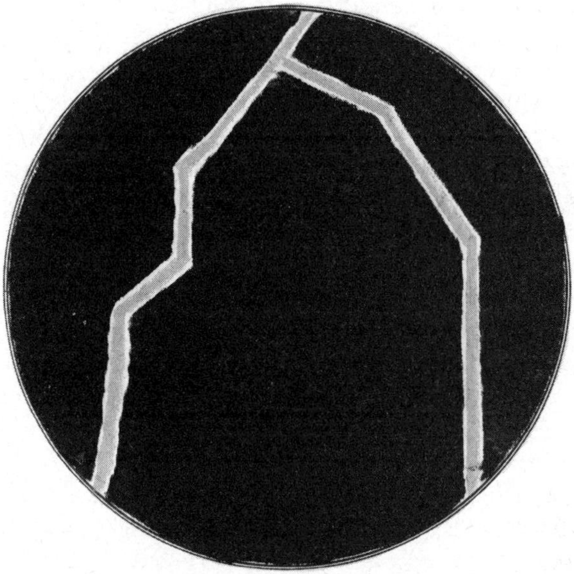

Die helle Blitzenergie steht in Kontrast zu der Dunkelheit des Bildgrundes und scheint einem Zentrum zu entspringen, das außerhalb des Mandalakreises liegt – und auch der Bereich des Blitzeinschlags ist nicht sichtbar. Das «Große» erfährt Michael als «über ihm stehend», es trifft seine psychische Welt in den dunklen Tiefenschichten. Die Auswirkungen sind noch nicht darstellbar; sie deuten sich an in dem androgynen Januskopf, der Möglichkeit, die komplementäre Ergänzung im Kontakt mit dem weiblichen Geschlecht zu erfahren. Sie werden spürbar in dem liebevollen Händedruck der unsichtbaren Macht und in der Verbundenheit mit anderen Menschen.

In der Begegnung mit seinem Schatten wird Michael auf einen Weg zu seiner inneren Ganzheit und Menschlichkeit geführt. Er begegnet dabei seiner großen Angst vor Hilflosigkeit und Traurigkeit, erlebt, wie er gelernt hat, diese Empfindungen mit Bewegung, Tätigkeit und Willenskraft unter Kontrolle zu halten, wie er die innere Bewegung durch äußeres Tun und rationale Bewertung unterbricht. Und er überläßt sich auch diesen «Niederungen» und löst damit die gestaute Wut und Aggression. Indem er seine einseitige Haltung aufgibt, erfährt er die Öffnung zum ersehnten Licht und beginnt zu erkennen, daß er aus der Tiefe zurückholen muß, was er zu seiner Entfaltung, Ganzwerdung und Belebung braucht. Michael hat sich einseitig mit seiner «Himmelsseite» identifiziert, die ihm die Erde, die Mutter, das weibliche Prinzip fremd und böse erscheinen ließ. In seinem Prozeß wird deutlich, daß die Verachtung des unteren Bereichs – der eigentlich der innere, auch unbewußte seelische Bereich ist – sehr stark mit dem Gefühl verbunden ist, von ihm bedroht zu werden. Nach Neumann ist es ein Kennzeichen der patriarchalischen Welt, daß sie die Kräfte der Tiefe in die Unterwelt, die Hölle, verbannt, wobei sie sich dann zu dem verkehren, was allgemein der «Teufel» genannt wird. Indem Michael den dunklen Kräften in sich begegnet, schafft er auch die Möglichkeit zu ihrer Integration und Verwandlung in konstruktive Energien, die die überbetonte mentale Bewußtseinsstruktur, die zielgerichtete Willens- und Handlungskraft in ihm ergänzen und transzendieren können und ihm so Zugang zu der Erfahrung seines inneren Wesens erschließen. In seinem Prozeß beginnt Michael, den Schatten – das noch Unerlöste, dessen Ablehnung ihm das innere Licht verstellt – kennenzulernen und als Chance für seine Entwicklung widerwillig zu akzeptieren. Dürckheim nennt den Schatten «ein Licht in der Gestalt dessen, der es verstellt». Michael tritt der Schatten in menschlicher Gestalt gegenüber und wird als Oberkörper verbildlicht. Das bedeutet möglicherweise auch, daß sein Versuch, sein Mensch- und Mann-Sein nur im einseitig «oberen», mentalen Bewußtseinsbereich zu leben, ihm ein wirkliches und vollständiges Sein verstellt. Mit dieser Darstellung rührt Michael sowohl persönliche als auch kollektive Dimensionen des Schattens an. Die von Angst angetriebene Ablehnung der seelischen Tiefenkräfte und die Überbetonung des männlichen Prinzips durchziehen als innere Ambivalenz von Geist und Materie unsere gesamte Kultur.

Michaels Prozeß zeigt, daß die Überwindung dieser Ambivalenz im Kontakt und in der Auseinandersetzung mit Licht und Schattenseiten geschieht. Von der dritten Sitzung an bekommt sein Erleben Tiefe, eine Sichtveränderung findet statt, die sich in einem deutlichen Wandel der Betonung ausdrückt. Dunkle Dimensionen treten hinter der hellen Oberfläche hervor und weisen den vertrauten Bewußtseinsinstanzen einen neuen Stellenwert im Gesamtbereich der Psyche zu. Sie lassen sich in ihrer Unermeßlichkeit nur ahnen. Sie führen Michael zurück zur Dunkelheit des mütterlichen Schoßes, zur Ahnung der urvertrauten Geborgenheit und Glückseligkeit. Und sie führen ihn auch über die verschiedenen Phasen des Geburtsvorgangs zu einer Öffnung, einer Einweihung, zu einem Kontakt mit seinem inneren Selbst.

Dieser Weg zu einer inneren Zentrierung folgt einem bestimmten Rhythmus. In Michaels Bildern wird ein Wechsel deutlich, der sich als immer wieder neu erfahrene Spannung zwischen Zentrum/Peripherie (beziehungsweise Innen/Außen) und Oben/Unten darstellt: Das Bild der ersten Sitzung zeigt ein zentrales Licht, zu dem Michael hingezogen wird. Das zweite Bild stellt im oberen Bereich den Himmel, im unteren das Wasser dar. Mit der dritten Sitzung erscheint hinter der bunten und bewegten Oberfläche der Welt der dunkle Schatten. Zur vierten Sitzung öffnet sich der Blick nach unten auf die Dunkelheit der inneren Welt und nach oben auf das schmerzlich helle Licht. Zur fünften Sitzung werden im Zentrum ein kleines Licht und in der Peripherie Dunkelheit verbildlicht. Das Bild der sechsten Sitzung stellt in neuer Sicht den Himmel (im oberen Bereich) und die Hölle/Erde dar. Im Bild der siebten Sitzung wird vor dem Hintergrund des «Schwarzen Nichts» das Licht des verwandelnden Blitzes erfahrbar, das Michael aus verfestigten Sehweisen und Haltungen zum Leben befreien kann. Die bildlichen Darstellungen zeigen, daß er aus dem Erleben innerer Zentrierung immer auch wieder in die Polarität, die Welt der Gegensätze gerät. Vor allem sein fünftes und sein siebtes Bild deuten an, daß er letztlich die Reise in die dunkle Tiefe des Abgelehnten bestehen muß, um den wahren Weg zum ersehnten Licht, das heißt zu seinem inneren Zentrum zu finden. Michael wird das von ihm als «niedrig» abgelehnte und als gefährlich empfundene «Untere», das «Schwarze Nichts», weiter und noch tiefer erleben müssen, um das Wirken des weiblich-mütterlichen Prinzips in sich würdigen zu können, in dem alles Leben im Ursprung enthalten ist, das jedoch auf Erhellung und Formgebung wartet.

Als Michael vier Monate nach seiner letzten Sitzung auf seine Prozeßerfahrungen zurückblickt, wird deutlich, daß sich sein Lebensgefühl und seine Haltung zum Leben zu verändern begonnen haben: «Das zentrale Thema in meinem Prozeß möchte ich ‹Zentrierung› nennen. Es ist die über viele Monate gewachsene Erkenntnis, daß ich in mir Zugang zu sehr tiefen Ebenen und Informationen habe und daß diese Ebenen mehr Kraft und Bedeutung haben als äußere Umstände und verstandesmäßige Konzepte, die oft anderes sagen. Wichtige Stationen auf meiner inneren Reise waren die Erfahrungen der Geburt, mein Abstieg auf die Erde, mein Schatten, das Schwarze Nichts, dann die Begegnung mit dem höchsten Licht, das in mich flutete, und die Erfahrung einer großen Kraft in mir, die ich als ‹Blitzenergie› erlebte.

Diese Stationen spiegeln meine Haltung zum Leben hier wider, aber auch den Beginn einer Veränderung. Die Erfahrung des schmerzhaften Abstiegs aus einer Art Heimat auf eine abschreckende Welt paßt zu meinem Lebensgefühl von genereller Unzufriedenheit, die sich meist als Langeweile ausdrückte, und zu meinem Verlangen nach immer neuen Abwechslungen, starken Reizen. Dahinter stand der Wunsch, es mir hier bequem und lustig einzurichten und, wenn es irgend möglich ist, mich nicht mit dem zu befassen, was mich tatsächlich umgibt und was tatsächlich auch in mir los ist.

In meinen Sitzungen wurde mir aber gezeigt, daß dies genau mein Weg ist: hinein in die Welt, in den schwarzen Tunnel, das Chaos. Als ich diesem Weg folgte, kam ich mit großen Kräften in Kontakt; in einer Sitzung war ich zu großer Demut und Unterwerfung fähig. Und ich erfuhr mehr Glück als je zuvor in meinem Leben. Ich beginne zu verstehen: Wenn ich meine Wahrnehmung öffne, meine Aufmerksamkeit auf das richte, was gerade da ist, auch wenn es mir alltäglich und unangenehm erscheint, finde ich, was ich immer gesucht habe und dort nie vermutet hätte: einen Sinn, Resonanz in mir für alles, was mich umgibt und was in mir ist ... Wenn ich in engem Kontakt zu meiner Wahrnehmung bin, bin ich oft nicht sehr bequem für andere. Freunde wenden sich von mir ab, ich verletze ungeschriebene Regeln von Rücksicht usw. Aber mein Leben wird irgendwie stetiger, es folgt einem Plan, den ich nicht kenne. Immer seltener plagt mich Langeweile. Meine Erfahrungen sagen mir nicht, wie ich mich in jedem Moment verhalten soll, aber sie haben mir einen Weg gewiesen: Aufmerksamkeit und Respekt vor jeder Erscheinung in jedem Moment.»

Licht und Schatten auf dem Weg zu uns selbst

Wenn wir die Erlebnisprozesse von Jan, Anne, Tom, Marianne, Margrit und Michael noch einmal im Überblick betrachten und miteinander vergleichen, so werden bestimmte Gemeinsamkeiten deutlich: Alle erkunden zunächst spezifische Widerstandsmuster, die sich ihnen als Körperspannung, Emotion und leibhaftig verfestigte innere Haltung zeigen. Diese Erlebnisse machen ihnen deutlich, wie sie gelernt haben, mit Schwierigkeiten umzugehen, und auf welche Bewertung und Weltanschauung sich ihr Lebensgefühl gründet. Dann begegnen sie einer Grenze, einer Barriere, einer Mauer, und indem sie sie überschreiten, gelangen sie in einen unvertrauten Bewußtseinsraum, in einen Schattenbereich. Hier erleben sie eine bildhafte und emotional verdichtete Ausgestaltung ihrer tiefsten Ängste. Indem sie sich mit diesem Schatten konfrontieren und ihn auch mehrmals erleben, wird er ihnen als Teil vergessener, abgespaltener und abgelehnter Lebenserfahrungen verständlich. Mit dieser Erkenntnis öffnet sich eine neue Perspektive, körperliche und seelische Spannungen lösen sich, die Bedrohung schwindet. Eine solche Öffnung und Erweiterung wird als Kontakt mit einer großen Kraft, mit «kosmischer Energie» erlebt und als Belebung, liebende Erfüllung und als Lichtwahrnehmung beschrieben.

Betrachten wir zunächst, wie die einzelnen die grundlegende innere Haltung zum Leben, die Weltanschauung, zum Ausdruck bringen: Jan hat den Eindruck, einer feindseligen Macht ausgeliefert zu sein, der er als «Einzelgänger» mit rationaler und Willenskraft standhält. Anne bewahrt sich vor Zurückweisung und Liebesverlust durch kühle Zurückhaltung. Tom geht davon aus, daß er zwischen zwei Kräften vernichtet werden kann, wenn er seine Selbstkontrolle aufgibt. Marianne schützt sich gegen aggressive Überwältigung mit einer passiv-hilflosen Haltung und begrenzt ihre selbständige Erkenntnis und Handlungsfähigkeit durch Selbstabwertung und Schuldgefühle. Margrit fühlt sich hilflos und passiv einer sadistischen und überwältigenden Macht ausgeliefert und unterdrückt in sich alle Impulse, diese schreckliche Macht wahrzunehmen. Michael versucht, die bedrohlichen «niederen» Kräfte durch Verachtung, Willenskraft und Tätigkeit unter Kontrolle zu halten.

Gemeinsam ist allen ein grundlegendes Gefühl, daß das Leben – oder bestimmte Aspekte des Lebens – feindselig, bedrohlich und vernichtend seien, so daß man sie mit Rationalisierung und Willen unter Kontrolle halten, die Wahrnehmung dieser gefährlichen Aspekte in sich unterdrücken oder sich der Auseinandersetzung mit ihnen kindlich-hilflos entziehen muß.

Ich gehe davon aus, daß diese Weltanschauung und dieses im Grunde sehr unsichere und gefährdete Lebensgefühl in uns allen ist und daß sich darin frühe Lebens- und Lernerfahrungen spiegeln, die wir im Kontakt mit unserer Umwelt gemacht haben. Doch ist uns dieses grundlegend unsichere Lebensgefühl im allgemeinen nicht bewußt, tritt jedoch in Lebenskrisen – wenn wir zum Beispiel im persönlichen oder beruflichen Bereich starke Veränderungen oder Verluste erleben – hervor oder wird unter bestimmten therapeutischen Bedingungen zugänglich.

Die Ängste, die mit der Annäherung an die Grenzen des vertrauten Lebensgefühls wach werden, verdeutlichen einerseits jeweils individuelle, abgespaltene Lebenserfahrungen und Triebkräfte, sie bringen jedoch auch bestimmte kollektive Gemeinsamkeiten zum Ausdruck. Betrachten wir dies einmal getrennt für die drei Frauen und die drei Männer: Marianne begegnet einem schwarzen Eingeborenen, einem wilden Mann. Er ist sexuell erregt und fällt mit erigiertem Penis über eine passiv und hilflos daliegende Frau her. Diese aggressive sexuelle Kraft hat Marianne zuvor als gezackte rote Linien, die in einen geschützten Lebensraum vordrangen, und als eindringende Kraft erfahren, die ihre Verschlossenheit und Stummheit heftig durchbrach. Doch erst jetzt, als sie in menschlich-männlicher Form auftritt, erkennt Marianne sie als Teil ihrer selbst. Sie erlebt, daß sie sowohl die hilflose Frau als auch der wilde Mann ist, und sie verliert ihre Angst. Wenn man das Bild des wilden

Mannes und der passiven Frau einmal auf sich wirken läßt, dann mögen vielleicht eigene Ängste vor Vergewaltigung oder Gewalttätigkeit aufsteigen. Es drängt sich jedoch auch der Eindruck auf, daß diese passive Frau einen tatkräftigen und wilden Gefährten braucht, um erreicht zu werden. Um aus ihrer Gehemmtheit und Handlungsunfähigkeit befreit zu werden, muß Marianne die aktiven, vitalen, ganz ursprünglichen Kräfte in sich freisetzen und sich mit ihnen verbinden. Und so zeigt ihre Erfahrung auch, daß sie gar nicht überwältigt oder vergewaltigt wird – vielmehr schwindet die Angst davor in dieser Begegnung.

Margrits Angst verbildlicht sich in ganz ähnlicher Form: Hier tritt der Teufel auf, das heißt ein wilder und auch dunkler Mann mit übermenschlichen Attributen. Und auch die Erfahrung ist sehr ähnlich: Die hilflose, bewegungs- und handlungsunfähige Frau wird von einer männlichen Kraft aggressiv und sexuell überwältigt. Margrit erfährt erst im weiteren Verlauf ihres Prozesses, daß diese Kraft ein Teil von ihr selbst ist. Um diese Erfahrung möglich zu machen, wird die überwältigende männliche Gestalt ihrer übermenschlichen Züge entkleidet. Der Teufel wird zum Tyrannen, eine Gestalt, in die Margrit hineinschlüpfen kann. In der Rolle des Tyrannen kann sie erleben, daß Machtausübung ohne Gegenüber unbefriedigend ist, und auch, daß es keine wirkliche Erfüllung bringt, Leid zuzufügen.

In Annes Prozeß tritt kein wilder Mann oder Teufel auf, die aggressive und sexuelle Kraft erscheint ihr in weiblicher Gestalt. Das Bild der dunklen Muttergottheit mit den brutalen und grausamen Zügen macht Anne keine Angst. Vielmehr erkennt sie diese mächtige Erdmutter in sich als Wurzel ihrer Kraft und Energie an. Mit diesem Bild, daß sie in ihrer weiblichen Identität nicht bedroht, spürt sie in sich eine Macht, die eher für andere erschreckend ist. Der zahnbewehrte Mund im weiblichen Unterleib, die Vagine dentata, ist wohl eines der bedrohlichsten Bilder für das männliche Bewußtsein und für die männliche Potenz, was auch damit zusammenhängt, daß «die Frau sich unmittelbar mit der Erdmutter identifizieren kann, der Mann dagegen nicht (ausgenommen psychotische Fälle)» (Jung, GW 9/I).

Die Überbetonung dieser dunklen und erdhaften weiblichen Kraft mit ihren grausamen und hexenhaften Zügen führt Anne jedoch ebenfalls in eine stagnierende Gebundenheit. In dieser Bindung an eine weibliche, gebärfähige und auch verschlingende Macht ist sie lieblos und kalt geworden. Mit ihrer auch angstvollen Abwehr gegen dieses dumpfe «Programm» bleibt sie verschlossen und für befruchtende und differenzierende Kräfte unerreichbar. Auch in ihrem Prozeß läßt sich die belebende und ergänzende Kraft als männlich erkennen. Sie zeigt sich als Lichterfahrung, als aufrecht stehendes strahlendes Dreieck, das das Unbewußte und Dunkle konsequent, aber sanft und behutsam erhellt und die starre Abwehr durchlässig macht.

Anne scheint mit ihrer Aggression und Sexualität sehr viel stärker in Kontakt zu sein als Marianne und Margrit. So eine zahnbewehrte Kali würde vor einem wilden Mann oder auch dem Teufel wohl nicht erschrecken – sie würde beide wohl mit Leichtigkeit depotenzieren können. In dieser Mächtigkeit bleibt sie jedoch isoliert und allein. Und so ist das Kristall-Ei, das Anne in sich spürt, ebenfalls ein Bild für die unter Verschluß gehaltene Lebenskraft und für die Stauung vitaler Energien, für die Begrenzung der Kontakt- und Liebesfähigkeit. Es drückt eine andere Form der Zurückgehaltenheit aus, die mit den Bildern der gelähmten Frauen korrespondiert. Um diese Barriere, diese Fesseln und diese Verhaltenheit zu durchdringen und die damit gebundene Kraft und das innere Feuer zu befreien, bedarf es einerseits eines wilden Mannes oder Teufels und andererseits einer eher geistig betonten Lichtkraft, die hilft, das Dunkel aufzuhellen. Alle drei Frauen verbildlichen jedoch die seelischen Kräfte, die Bedrohlichkeit oder einseitige Formen der Angstbewältigung zum Ausdruck bringen, mit dunklen Gestalten und bringen die Erfahrung der Belebung, Durchlässigkeit und Ergänzung mit Lichtkräften in Verbindung.

Und was erleben die Männer, wenn sie an die vertrauten Grenzen ihres Selbstbildes stoßen und sie überschreiten? Zunächst fällt mir auf, daß die Empfindungen und Verbildlichungen der Angst und der abgespaltenen Kräfte im Vergleich zu den weiblichen Prozessen unkonkreter und weniger greifbar scheinen.

In Jans Erleben wird zunächst einmal die enorme Stärke der Barriere, der Mauer deutlich, mit der er sich schützt und abgegrenzt hält. Und wir können vermuten, daß die «Power» dieser Mauer der empfundenen Mächtigkeit der bedrohlichen Kraft entspricht, die Jan auf diese Weise abwehrt. Diese Kraft umgibt ihn von allen Seiten und greift mit vielen Händen nach ihm, ohne sich als konkrete Wesenheit deutlich zu erkennen zu geben. Sie hat Jan eingesperrt, und nur sein wütender Protest bewahrt ihn vor der vollkommenen Vernichtung. Diese gesichtslose und vielarmige Kraft ist schwer greifbar und wohl auch schwer zu bekämpfen. Sie wirkt wie ein vielarmiger Krake, dem jeweils ein neuer Arm zuwächst, wenn einer abgeschlagen wird. Von einer anderen Seite zeigt sich diese Kraft, wenn Jan die angstvolle und auch feindselige Mauer in sich durchlässig werden läßt. Dann kommt er in Kontakt mit einer Energie, die die eisige Barriere zu weichem Wasser macht. Dieses Wasser trägt ihn, es fließt, und es lehrt ihn, sich dem natürlichen Lauf der Dinge zu überlassen.

Als weiche und doch tragende Wellenbewegung wirkt diese Kraft belebend, lösend und kräftigend für Jan und führt ihn zunehmend einer Zentrierung zu. Jan muß sein Zentrum in sich spüren, seine eigene starke Lebenskraft erfahren, um dieser ganz anderen Macht, die ihm vielarmig und als anpassungsfähiges Wasser begegnet, erkunden zu können – um sowohl der Gefährdung durch diese Macht gewachsen zu sein als auch ihre belebende Wirkung zulassen zu können.

Für Tom verbildlicht sich das Bedrohliche und Unheimliche als Meer, als Tiefe, wird als Kälte, Nacht und als Leere, Nichts erfahren und konkretisiert sich schließlich in der Begegnung mit der Mutter. Mit diesen Bildern gibt sich das Bedrohliche, mit dem sich Tom konfrontiert, als gegengeschlechtliche, als weibliche Kraft zu erkennen. In der Konfrontation und im Kontakt mit dieser Kraft findet Tom in der Dunkelheit seinen Weg – er kann sich einer energiereichen Lichtkraft öffnen und, so gestärkt, seinen Weg zu sich selbst auch gehen.

Für Michael tritt das Dunkle als menschliche Gestalt hinter

der bunten Oberfläche der vertrauten Realität hervor. Es zeigte sich zuvor als Wasser, dann als düstere Erde, es konfrontiert ihn mit dem schwarzen Nichts und erscheint als trübes Abbild einer hellen Pyramide. Auch aus diesen Bildern tritt eine unergründliche Macht hervor, die sich dem weiblichen Prinzip zuordnen läßt. Sie konfrontiert Michael mit der ignorierten, verachteten und bedrohlichen Macht des Dunklen und der Tiefe und erschließt in ihm Erfahrungen, die er als «höchstes Licht» erkennt. In der Dunkelheit des schwarzen Nichts erlebt er die durchschlagende, erneuernde und erhellende Wirkung des Blitzes. Aus einer blütenförmigen Vagina steigt der Januskopf auf, der zwei Sehweisen in sich vereinigt.

Das Unfaßbare, das Wasser, die Erde, die Nacht, Dunkelheit, die Leere, das Nichts – in den Prozessen der Männer tritt eine weibliche Ergänzungskraft hervor, die sich nicht so sehr zu konkreten weiblichen Gestalten verdichtet und differenziert, sondern das männliche Bewußtsein mit eher globalen und noch kollektiven Motiven dieses Archetyps in Verbindung bringt. Es sind die auch in unserer Kultur verdrängten und abgespaltenen «Niederungen», die dunklen und chthonischen Züge der großen Mutter, das Ungreifbare und nicht zu Bekämpfende ihrer Macht, die hier dem Bewußtsein zugänglich werden.

So zeigt sich in den Erlebnissen der Männer auch, daß das Fremde und Bedrohliche der chthonischen Kräfte nicht wirklich dadurch gebannt werden kann, daß man diese Züge des Weiblichen entwertet, ablehnt und ignoriert. Die einseitige Betonung des Guten, Lichten und Ewigen im Frauen- und Mutterbild der patriarchalischen und christlichen Kultur bewirkt letztlich nur, daß die dunklen Züge der Erdmutter verdrängt werden, die Angst davor diffus bleibt und schwerer zu konfrontieren ist.

In den Prozessen der drei Frauen und der drei Männer wird deutlich, daß sich ihnen im Kontakt mit der Angst, mit dem Dunklen, mit dem Schatten zugleich auch gegengeschlechtliche seelische Ergänzungskräfte erschließen, die zuvor abgelehnt, ignoriert und unbekannt waren. Die Bedrohung oder auch Ergänzung kommt für die Frauen teilweise «von oben» und personifiziert sich als männliches oder auch geistiges Prinzip. Den Männern begegnet das Unbekannte oder auch Bedrohliche im unteren Bereich, dem chthonischen Reich der Erdmutter. In den Frauen erschließen die ergänzenden Kräfte den Zugang zu ihrer Handlungs- und Erkenntnisfähigkeit. Die Männer werden zu einer Zentrierung und zu neuer Beziehungsfähigkeit geführt, die die Anerkennung des intuitiven, noch unstrukturierten, unbewußten Bereichs einschließt.

Die Begegnung mit dem Schatten erlebt das Ich – die Bewußtseinsinstanz in uns, die unser Selbst- und Weltbild formuliert, ordnet und ausgestaltet – zunächst als Bedrohung. Die hier dargestellten Erlebnisse zeigen jedoch, daß eine Veränderung einsetzt, wenn man diese Bedrohung unter einer erhöhten Erlebnisintensität zulassen kann. Dieses Sich-Einlassen auf das Unbekannte ist kein bewußter Willensakt, sondern ein gewährendes Geschehenlassen. Es gibt den in den Tiefenschichten des Bewußtseins ruhenden Kräften die Möglichkeit, aufzusteigen und sich dem Bewußtsein zu zeigen, es zu befruchten und auszuweiten. Die so aufsteigenden Bilder und Erfahrungen sind in sich ambivalent, oft unverständlich und auch vage. Und so wird anschließend das Ich gebraucht, der Wille, die Erfahrung festzuhalten, zu verstehen, zu integrieren. Mit diesem Versuch, das Unbekannte zu verstehen und zu erkennen, wird zunehmend auch eine Faszination und ein tiefes Bedürfnis nach Erweiterung und Ausdehnung des Bewußtseinsraumes erlebt.

Die Begegnung mit der Angst, mit dem Schatten schafft – wenn man sich ihr überlassen kann – die Möglichkeit, körperliche und seelische Blockierungen zu lösen. Entspannung, Erweiterung lassen das Dunkel schwinden und erschließen die Erfahrung von Licht. Die Begegnung mit dem Schatten, die Licht hervortreten läßt, öffnet auch den Blick auf das Widerspiel von Licht und Schatten, aus dem lebendige Erfahrung entsteht – und sie läßt einen Weg ahnen, der immer auch wieder an Grenzen der gewohnten Bewußtseinswelt, in den Schatten führt, um den uns vertrauten Raum zu erweitern und zu erhellen, bis wir alle uns innewohnenden Möglichkeiten ans Licht und zur Verwirklichung gebracht haben.

Literatur

Baker, E.: Der Mensch in der Falle. Das Dilemma unserer blockierten Energie: Ursachen und Therapie. Kösel, München 1980

Dürckheim, K. Graf: Übung des Leibes. Lurz, München 1978

Eberhard, L.: Heilkräfte der Farben. Drei Eichen, München 1984

Erikson, E. H.: Kindheit und Gesellschaft, Klett-Cotta, Stuttgart 1982

Frieling, H.: Das Gesetz der Farbe. Musterschmidt, Göttingen 1968

Furth, G. M.: Die Verwendung von Zeichnungen, angefertigt in einer Lebenskrise. In: E. Kübler-Ross (Hg.): Verstehen was Sterbende sagen wollen. Einführung in ihre symbolische Sprache. Kreuz, Stuttgart 1982

Gebser, J.: Ursprung und Gegenwart. Gesamtausgabe Bd. 2 und 3. Novalis, Schaffhausen 1978

Grof, Ch.: Bericht über persönliche Erfahrungen mit Hyperventilation. Konferenz ‹Psychotherapy of the Future›, Spanien 1980

Grof, St.: Topographie des Unbewußten. Klett-Cotta, Stuttgart 1978

Grof, St.: LSD-Psychotherapie. Klett-Cotta, Stuttgart 1983

Harner, M.: Der Weg des Schamanen. Ansata, Interlaken 1982

Haugartner-Wurtz, B.: Psychologische Determinanten des Hyperventilationssyndroms. Unveröffentlichte Diplomarbeit, Universität München, 1976

Heimendahl, E.: Licht und Farbe. De Gruyter, Berlin 1961

I Ging. Das Buch der Wandlungen. Aus dem Chinesischen übersetzt und erläutert von Richard Wilhelm. Diederichs, Düsseldorf/Köln 1976

Itten, J.: Kunst der Farbe. Subjektives Erleben und objektives Erkennen als Wege zur Kunst. Otto Maier, Ravensburg 1961

Jacobi, J.: Vom Bilderreich der Seele. Wege und Umwege zu sich selbst. Walter, Freiburg 1981
Jaffé, A.: Erinnerungen, Träume, Gedanken von C. G. Jung. Walter, Freiburg 1981
Jaffé, A.: C. G. Jung, Bild und Wort. Walter, Freiburg 1983
Jores, A.: Praktische Psychosomatik. Huber, Bern/Stuttgart/Wien 1981
Jung. C. G.: Die Archetypen und das Kollektive Unbewußte. Gesammelte Werke 9/I. Walter, Freiburg 1983
Jung, C. G.: Aion. Beiträge zur Symbolik des Selbst. Gesammelte Werke 9/II. Walter, Freiburg 1983
Kuhn, A.: Innere Erlebnisprozesse bei Verstärkter Atmung. Unveröffentlichte Diplomarbeit, Universität Hamburg, 1982
Lauf, D.-I.: Symbole. Verschiedenheit und Einheit in östlicher und westlicher Kultur. Insel, Frankfurt a. M. 1981
Leboyer, F.: Geburt ohne Gewalt. Kösel, München 1981
Lowen, A.: Bio-Energetik. Scherz, Bern/München 1976 (Taschenbuchausgabe: Rowohlt, Reinbek 1979)
Lowen, A.: Depression. Unsere Zeitkrankheit – Ursachen und Wege der Heilung. Kösel, München 1978
Lowen, A.: Körperausdruck und Persönlichkeit. Kösel, München 1981
Masters, R.; Houston, J.: The Varieties of Psychedelic Experience. Dell, New York 1966
Moody, R.: Leben nach dem Tod. Rowohlt, Reinbek 1977
Neumann, E.: Ursprungsgeschichte des Bewußtseins. Kindler, München 1980
Neumann, E.: Zur Psychologie des Weiblichen. Fischer, Frankfurt a. M. 1983
Orr, L.; Ray, S.: Rebirthing in the New Age. Celestial Arts, Millbrae 1977
Pfeffer, J. M.: The Aetiology of the Hyperventilation Syndrome. A Review of the Literature. *Psychoth. Psychosom.* 30, 1978
Piiper, J.; Koepchen, M. P.: Atmung. Physiologie des Menschen, Bd. 6. Urban und Schwarzenberg, München/Berlin 1975

Plotzitzka, F.: Psychische und körperliche Erlebnisprozesse und kurzfristige Veränderungen bei Verstärkter Atmung. Eine Untersuchung anhand von subjektiven Berichten und körpertherapeutischen Fremdeinschätzungen zu Gesichtsveränderungen der Teilnehmer. Unveröffentlichte Diplomarbeit, Universität Hamburg, 1983

Pschyrembel, W.: Klinisches Wörterbuch. De Gruyter, Berlin/New York 1982

Reich, W.: Massenpsychologie des Faschismus. Sexpol, Kopenhagen 1933

Reich, W.: Die Entdeckung des Orgons I. Die Funktion des Orgasmus. Fischer, Frankfurt a. M. 1981

Reinhold, R.: Seelisches Erleben bei Verstärkter Atmung. Untersuchung von Gruppenprozessen. Unveröffentlichte Diplomarbeit, Universität Hamburg, 1984

Riedel, I.: Farben in Religion, Gesellschaft, Kunst und Psychotherapie. Kreuz, Stuttgart/Berlin 1983

Sheldrake, R.: Das schöpferische Universum. Die Theorie des morphogenetischen Feldes. Meyster, München 1983

Teegen, F.: Verstärkte Atmung und seelisches Erleben. In: H. Petzold (Hg.): Leiblichkeit. Junfermann, Paderborn 1985

Tietze, H. G.: Botschaften aus dem Mutterleib. Ariston, Genf 1984

Weimann, G.: Das Hyperventilationssyndrom. Urban und Schwarzenberg, München 1968

Wirsching, M.; Stierlin, H.: Krankheit und Familie. Konzepte, Forschungsergebnisse, Therapie. Klett-Cotta, Stuttgart 1982

Wolff, Ch.: Die Hand des Menschen. Kindler, München 1973

Register

abstraktes Malen 83
Aggression, Erkundung der 54f, 61, 189
Aktivität als Vermeidungsverhalten 227
analytische Ebene 44
Angst 40
– vor *Einkoten* 136
– bei Annäherung an die vertrauten *Grenzen* 239–242
– vor *Sexualität* 58, 201
Animus 205
Anpassung, Bemühen um 191
Archetyp 42f, 76
– *Mutter* 121–123, 132, 149, 240
– *weiblicher* 42f, 243
Atem → Atmung
Atem, Intensivierung des → Verstärkte Atmung
Atemstörung → Atmung, Blokkierung
Atemtherapie 14–18, 63; s. a. Verstärkte Atmung
– als *spirituelles Verfahren* 14f, 17
Atmung 13
– *Blockierung* 13–16, 40, 43f, 99, 127, 193f, 197, 213f, 218, 222
– und *Emotionen* 13
– und *Lebensenergie* 102
– *verstärkte* → Verstärkte Atmung
Auge 88
– *Blockierung* im Augensegment 140, 192 (Fußnote), 194, 196, 208
– als *Symbol* 207–209
Ausagieren 26

Baker, Elsworth 99f, 189f, 192 (Fußnote), 209
Bauch, Blockierung im Bauchbereich 100, 105, 138–141
Becken, Blockierung im Beckensegment 121, 124f
Bedrohung 108
Bewußtsein 41
– *archaisches* 45
– *Entwicklung* des 45–48
– *integrales* 45, 49
– *magisches* 45f, 48f
– *mentales* 45, 47f
– *mythisches* 46f, 49
Bewußtseinsstrukturen 45–48
Bilddeutung
– *abstraktes Malen* 83
– *Aufteilung* des Malraums 83, 204
– *Bewegung* des Bildes 84
– *Bildrand* 84
– *Farbe* 81–83
– *Formgebung* 83
– *Harmonie* des Bildes 83
– *Mittelpunkt* des Bildes 83f, 87
– *Organisiertheit* 84f
– *Strichfigur* 83
– *Unterteilung* (Trennung) 84
Blasenentzündung 126f
blau 82, 113, 186f

Blitz (Symbol) 104, 231–233
Blockierung (s. a. Panzerung)
- beim *Atmen* 13–16, 40, 43 f, 99, 127, 193 f, 197, 213 f, 218, 222
- im *Augensegment* 140, 192 (Fußnote), 194, 196, 208 f
- im *Bauchbereich* 100, 105, 138–141
- im *Bauch-Becken-Raum* 196 (Fußnote)
- im *Beckensegment* 121, 124 f
- im *Brustbereich* 99 f, 123
- im *Gesicht* 171
- von *Hals* und Kehle 189 f
- im *Kiefer* 124 f, 140, 169 f
- der *Liebesfähigkeit* 133
- *Lösung* 176
- im *Rücken* 143
- des *Schließmuskels* 136
- des *Zwerchfells* 95 f, 100, 150
Blockierung, körperliche
- und *seelische Blockierung* 39 bis 41, 43 f
Blockierung, körperlich-seelische 25 f
Brust, Blockierung im Brustbereich 99 f, 123
Buddha (Symbol) 70

Charakterpanzer → Panzerung

Daumen (Symbol) 142
«Delegation» als familiengeschichtliches Phänomen 58
Dhikr 15, 228 f
Drachenmaul (Symbol) 88
Dreieck (Symbol) 130 f, 132, 229 f
«Dunkle Macht» → Schatten
DÜRCKHEIM, KARLFRIED GRAF 114, 234

EBERHARD, LILLI 82 (Fußnote)
Ei (Symbol) 117, 119 f, 134, 153, 241
Einsamkeit, Auseinandersetzung mit 52, 97 f, 100 f, 145, 154
«Einweihung» 228 f, 231; s. a. «Initiation»
Energie → Lebensenergie, «kosmische Energie»
Energiemuster, Änderung des körperlichen 199
Entladung 33, 98 f
Entspannung 26, 33
Entspannungsverfahren, Rolle der Atmung bei 15
Erbrechen 65
Erfahrungen, transpersonale → transpersonale Erfahrungen
Ergänzungskräfte, gegengeschlechtliche 243
ERIKSON, ERIK 208
Erlebnisebenen 44–49

Fallangst 158 f
Fallen (Sichfallenlassen) 158 f
Familienstrukturen 57–61
Farbe 81–83
- *blau* 82, 113, 186 f
- *farblos* 82, 95 f
- *gelb* 82
- *grau* 173, 217
- *grün* 86
- *orange* 137
- *rot* 82, 187
- *schwarz* 82, 161, 188
- *silbern* 160 f
- *weiß* 82, 148, 187
farblos 82, 95 f
Farbtherapie 81 f (Fußnote)
Fesseln (Symbol) 163 f
Festhalten 127
Feuer (Symbol) 31

Fluß (Symbol) 31
Frieling, Heinrich 83
Frühgeburt 223
Furth, Gregg 83

Gebser, Jean 45–49
Geburt 16f
– und *Kernerfahrung* 17
– *sanfte* 16 (Fußnote), 77
Geburtserfahrung 28, 37, 63–77, 147, 165f, 178f, 198–200, 206, 222–226
Geburtstrauma 63
Gefangensein 108f, 111, 113f
Gefühle bei Verstärkter Atmung 26f
gelb 82
Gesicht, Verspannung im 171
«Gott», Begegnung mit 31
Große Mutter 121–123, 132, 149, 240
grau 173, 217
Grof, Christina 20f
Grof, Stanislav 18, 21, 46, 51, 70–75
grün 86

Hakenkreuz 202–204
Hals, Blockierung des 189f
Haltung zum Leben 109
Hände, Verspannung 141
Hara 15, 114
Harner, Michael 80
Haß → Wut
Haugartner-Wurz, B. 19
heilende Kraft, innere 128–130
Heimendahl, Eckard 137
Herz (Symbol) 88f
Hilflosigkeit, Erkundung der 61
Himmelsleiter (Symbol) 139
Homosexualität 88
Houston, Jean 44
Hyperventilation 17–20
Hyperventilationstetanie 25f (Fußnote)

Ich 41, 244
Individuation 41–43, 49
«Initiation» 76; s. a. «Einweihung»
integrale Ebene 44
Itten, Johannes 81

Jacobi, Jolande 82f, 96, 148
Januskopf (Symbol) 231–233
Jores, Arthur 19
Jung, Carl Gustav 41–43, 49, 51, 76, 79f, 84, 148f, 188f, 221, 225, 232

Kali 121–123, 131f
Kälteempfindungen 194
Katze (Symbol) 54
Kehle, Blockierung der 189f
Kelch (Symbol) 182, 202
Kernerfahrung 17
Ki 102
Kiefer, Verspannung im 124f, 140, 169f
kleinmachen, sich 165
Koepchen, M. P. 18
kollektives Unbewußtes → Unbewußte, das
Komplex 51, 58, 61
Kontrolle, moralische 208
Kopf, Hinundherwerfen des 143, 158
Körperpanzer → Panzerung
Körpersegmente 40
Körperwahrnehmung 29, 36, 43f
«kosmische Energie» 179–181, 198–200, 231–233, 238
Kreis (Symbol) 78, 148
Kreuz (Symbol) 88
Kristall (Symbol) 164f

Kugel (Symbol) 85f, 112–114
KUHN, A. 25 (Fußnote)

Ladung 33
Lähmung 28
– *depressive* 163f
Lebensbejahung 52
Lebensenergie 102, 181, 198–200
Lebensgefühl, zentrales 109, 238f; s. a. Haltung zum Leben
Lebensverneinung 52, 105f, 182
LEBOYER, FRÉDÉRICK 16, 77
Leere, Konfrontation mit der 148f, 153
Lemniskate (Symbol) 193
Liebe
– *Blockierung* der Liebesfähigkeit 133
– *Sehnsucht* nach 53, 98, 123f, 145, 154
Linksdrehung 203
Loslassen 127–129, 136, 138f
LOWEN, ALEXANDER 15, 158, 194
LSD-Therapie 44, 48

Macht 42
– *männliche* tyrannische 201f, 204–206, 240
– *Unterordnung* unter die 49
Magengeschwüre 196, 198
Mandala-Bild 25, 78–89
Mann als Teufel 189
Mann als tyrannische Macht 201f
«Männchenhaltung» 140, 154
männlich–weiblich 243
männliches Prinzip 201f
– *Integration* des 161
MASTERS, ROBERT 44
Matriarchat, Bewußtseinsbereich des 123
Mattigkeit als Form der Vermeidung 142, 146
Mauer (Symbol) 95–98, 238, 242
Menstruation 127
MOODY, RAYMOND 150
morphogenetische Felder 76 (Fußnote)
Mudra 26, 202
Mund, Blockierung 124f
Muskelpanzer → Panzerung
Mutter (s. a. Große Mutter)
– *Antagonismus* mit der 72f
– *Beendigung des Einsseins* mit der 75f
– *Begegnung* mit der 150
– *Synergie* mit der 73–75
– *Ureinheit* mit der 71f
Mütterlichkeit 123–125, 131
Mythos 46f

NEUMANN, ERICH 48 (Fußnote), 131f, 148, 205, 234
Nichts, Begegnung mit dem 148f, 153

Oben-unten-Polarisierung 216
ödipales Stadium, Fixierung auf 205
orange 137
Orgon 102
ORR, LEONARD 16f, 34, 63

Panzerung 39–41, 96–105; s. a. Blockierung
– *Lösung* 98–103, 111, 113f
perinatale Erfahrungen 44
perinatale Matrizen 70–76
PFEFFER, J. M. 19
PIIPER, JOHANNES 18
PLOTZITZKA, FRITZ 35
Pseudostärke 105
Psyche 41, 225

Rachephantasien 106f
Raubtier, Identifizierung mit 54–57
Rebirthing → Verstärkte Atmung
Rechtsdrehung 203
Regression 206
REICH, WILHELM 15, 33, 39f, 96f, 102, 121, 159, 202f, 208
REINHOLD, ROGER 25 (Fußnote)
Reinlichkeitserziehung 136 (Fußnote)
Rhombus (Symbol) 226
RIEDEL, INGRID 186
Röhre (Symbol) 64–66
ROLF, IDA 15
rot 82, 187
Rücken, Verpanzerung des 143

Satan → Teufel
Scham 207f
schamanische Rituale 80
Schließmuskel, Verspannung des 136
schwarz 82, 161, 188
Schatten 8, 188f, 201f, 207, 221
– *Begegnung* mit dem 41–43, 213–216, 234–244
Sehstörung 140; s. a. Auge, Blockierung
Selbst 41, 225
– *Weg zum* 41–43, 80, 231
Selbstanklage 183
Selbstbestimmung 176f
Selbstbewahrung, weibliche 131–133
Selbstregulationskraft 63
Selbstverantwortlichkeit 182
Selbstvertrauen, Verlust von 191
sensorische Ebene 44
Sexualität 105, 159f, 170
– *Angst* vor 58, 201
– Abscheu vor Sex mit *Männern* 167
– *sexuelles Bedürfnis* 52f, 58 bis 61
– *Vergewaltigung* durch den Vater 190f
SHELDRAKE, RUPERT 76 (Fußnote)
Shiva 122 (Fußnote), 132
silbern 160f
Sonne (Symbol) 32
Sonnenrad → Hakenkreuz
Spannungs-Ladungs-Formel 33
Spiritualität, Erfahrung von 181f
Stein (Symbol) 31
Sterben → Tod
STIERLIN, HELM 58
Strahlen (Symbol) 86
Strichfiguren 83
Swastika → Hakenkreuz
Symbole
– *Auge* 88, 207–209
– *Blitz* 104, 231–233
– *Buddha* 70
– *Daumen* 142
– *Drachenmaul* 88
– *Dreieck* 130–132, 229f
– *Ei* 117, 119f, 134, 153, 241
– *Fessel* 163f
– *Feuer* 31
– *Fluß* 31
– *Hakenkreuz* 202–204
– *Herz* 88f
– *Himmelsleiter* 139
– *Januskopf* 231–233
– *Katze* 54
– *Kelch* 182, 202
– *Kreis* 78, 148
– *Kreuz* 88
– *Kristall* 164f
– *Kugel* 85f
– *Lemniskate* 193

- *Mauer* 95–98, 238, 242
- *Rhombus* 226
- *Röhre* 64–67
- *Sonne* 32
- *Stein* 31
- *Strahlen* 85f
- *Tao-Symbol* 220f
- *Teufel* 234, 240
- *Tiger* 55f
- *Vulkan* 164f
- *Wasser* 219
- *Weltraum* 197

symbolische Ebene 44
Systeme verdichteter Erfahrung 51, 58

Tanz 120
Tao-Symbol 220f
Teufel
- *Begegnung* mit dem 184–186, 234, 240
- als *Verkörperung des Männlichen* 189

Tiger (Symbol) 55f
Tiefenpsychologie 41–43
TIETZE, HENRY G. 64, 72, 223
Tod, Auseinandersetzung mit dem 30, 65, 149f, 179f, 182
Todesnähe-Erlebnis 150
transpersonale Erfahrungen 9, 28f, 41, 44, 71
Traurigkeit 228
Tunnel → Röhre

Übelkeit 65
Unbewußte, das 42
Urgrund des Seins, Erinnerung an 229

Verspannung, körperlich-seelische → Blockierung/Panzerung
Verstärkte Atmung 9, 15–18, 20–23, 63
- und Erkundung von *Aggressionen* 61 (s. a. Aggression, Wut)
- und *akustische Wahrnehmungen* 30
- *Ausagieren* 26
- *Auswirkungen* 34–38
- und *Berührungsempfindungen* 30
- und *bildhafte Wahrnehmung* 29f, 41
- und Erfahrung von *Einheit* 32
- *Entspannung* 26
- *Erlebnisebenen* 44–49
- *Erlebnisprozesse* 39–50, 238 bis 244
- und Erkundung von *Familienstrukturen* 57–61
- und *Farbwahrnehmungen* 30
- und *Ganzheitserfahrung* 48
- und *Geburt* 28, 37, 63–77, 147, 165–167, 178f, 198–200, 206, 222–226
- *Gefahren* 49f
- und Aktivierung von *Gefühlen* 26f
- und Erkundung zentraler *Haltungen zum Leben* 238f
- als *Heilungsprozeß* 34, 63, 128–130
- Erfahrung als *Helfer* 36 (Fußnote), 191
- und Erkundung von *Hilflosigkeit* 61
- und *Kontakt* (Identifikation) *mit nichtmenschlichen Wesenheiten* 30f
- und *Körperwahrnehmung* 29, 36, 43f
- und *kosmische Erfahrung* 31f, 57
- und *Lähmungserscheinungen* 28

– und Erkundung grundlegender *Lebensgefühle* 52 (s. a. Lebensgefühl, zentrales)
– *Prozeßerfahrung* 25–38
– *Prozeßerfahrung von Frauen* 54f
– *Prozeßerfahrung von Männern* 54
– *Prozeßverlauf* 33f
– und *rechtshemisphärische Wahrnehmung* 29
– und *religiöse Erfahrung* 31, 37, 57
– und *Schmerz* 162f
– *Setting* 21–25, 50
– und *Sexualität* 36
– und *Spiritualität* 37, 181f
– und Auseinandersetzung mit dem *Tod* 30, 65 (s. a. Tod, Auseinandersetzung mit)
– und *transpersonale Erfahrung* 28f, 41
– und Erkundung *traumatischer Erfahrungen* 27f, 51–62
– und *Übergangserlebnisse* 63–77
– und *vorgeburtliche Erfahrungen* 28
– und *Wahrnehmungsveränderung* 32
vorgeburtliche Erfahrung 28, 166f
Vulkan (Symbol) 164f

Wahrnehmung
– *bildhafte* 29f, 41
– *rechtshemisphärische* 29
Wahrnehmungsebenen → Erlebnisebenen
Wasser (Symbol) 219
weiblich (Archetyp) 42f
weiblich–männlich 243
weibliche Identität 240f
weibliches Prinzip, Identifizierung mit 147–149
Weiblichkeit 123–125, 131
WEIMANN, G. 19
weiß 82, 148, 187
Weltanschauung → Lebensgefühl, zentrales
Weltraum 197
Widerstand, innerer 40
– gegen das *Männliche* 188f
Widerstandsmuster, Erkundung von 238
«Wiedergeburt» 37f, 68
WILHELM, RICHARD 221
WIRSCHING, MICHAEL 58
WOLFF, CHARLOTTE 142
Wu Gi 148
Wut 52f, 106–108, 110, 171f, 190, 198, 228

Yang 220f
Yin 220f, 230
Yoga 15

Za-Zen 15
Zentrierung, innere 114f, 235f, 242
Zwerchfell, Blockierung des 95f, 100, 150

Frauke Teegen

Ganzheitliche Gesundheit

Der sanfte Umgang mit uns selbst

288 Seiten mit zahlreichen Abbildungen
und achtseitigem Tafelteil. Gebunden

«Geht unsere Medizin in Forschung und Praxis von einem unvollständigen Menschenbild aus? ‹Bedroht› uns eine Krankheit, oder ist sie eine ‹Verbündete›, die uns auf eine existentielle Bedrohung aufmerksam machen will? Wie können wir die ‹Botschaft› einer gesundheitlichen Störung verstehen lernen? Wie können wir eine Krankheit als Möglichkeit zur Selbsterfahrung und Veränderung unserer Lebensweise nutzen? Seit vielen Jahren beschäftigt Frauke Teegen sich mit alternativen Diagnose- und Therapieverfahren.
Im Zentrum ihrer Kritik steht das mechanistische Menschenbild der orthodoxen Medizin und die aus ihm abgeleiteten Formen der Behandlung von Erkrankungen: der Körper als Maschine, aus Einzelteilen zusammengesetzt, die zu Funktionsstörungen neigen und dann vom Arzt repariert werden. Frauke Teegen stellt dieser traditionellen Seh- und Handlungsweise ein ganzheitliches Konzept von Gesundheit und Krankheit entgegen.» *Mobil*

Frauke Teegen, Anke Grundmann
Angelika Röhrs

Sich ändern lernen

Anleitungen zur Selbsterfahrung
und Verhaltensmodifikation

rororo sachbuch 6931

Regine Lorenz, Rainer Molzahn
Frauke Teegen

Verhaltensänderung in der Schule

Systematisches Anleitungsprogramm für Lehrer
Verhaltensprobleme erkennen und lösen

rororo sachbuch 6983

Rowohlt